国内外经典教材辅导系列·社会学类

风笑天《社会研究方法》

笔记和课后习题(含考研真题)详解

【适用第6版教材】

主编：圣才考研网

www.100xuexi.com

中国石化出版社

内 容 提 要

本书是“十二五”普通高等教育本科国家级规划教材、教育部普通高等教育精品教材、国家级精品课程教材《社会研究方法》（第6版，风笑天著）的学习辅导书。本书遵循该教材第6版的章目编排，共分为16章，每章由三部分组成：第一部分为复习笔记（含导学视频），梳理本章的核心考点，并加以适当拓展；第二部分为课（章）后习题详解，对该教材的习题进行了详细的分析和解答，部分给出了提示；第三部分为考研真题与典型题详解，精选部分名校近年的考研真题，补充典型习题，并提供了详细的解答。

圣才考研网（www. 100xuexi. com）提供风笑天《社会研究方法》电子书、题库。购书即可享受大礼包增值服务【导学视频 + 本书电子书（手机版，电脑版）】，手机扫码（本书封底）领取本书大礼包

图书在版编目（CIP）数据

风笑天《社会研究方法》笔记和课后习题（含考研真题）详解/圣才考研网主编．—北京：中国石化出版社，2022.7

国内外经典教材辅导系列·社会学类

ISBN 978-7-5114-6787-4

Ⅰ．①风…　Ⅱ．①圣…　Ⅲ．①社会学-研究方法-研究生-入学考试-自学参考资料　Ⅳ．①C91-03

中国版本图书馆 CIP 数据核字（2022）第124570号

中国石化出版社出版发行

地址：北京市东城区安定门外大街58号

邮编：100011　电话：（010）57512500

发行部电话：（010）57512575

http://www. sinopec-press. com

E-mail：press@ sinopec. com

武汉市盛宏源印务有限公司印刷

全国各地新华书店经销

*

787×1092毫米 16开本 15.5印张 388千字

2022年8月第1版　2022年8月第1次印刷

定价：62.00元

序　言

我国各大院校一般都把国内外通用的权威教科书作为本科生和研究生学习专业课程的参考教材，这些教材甚至被很多考试(特别是硕士和博士研究生入学考试)和培训项目作为指定参考书。为了帮助读者更好地学习专业课，我们有针对性地编写了一套与国内外教材配套的复习资料，并提供配套的名师讲堂和题库。

风笑天著的《社会研究方法》是我国高校采用较多的社会研究方法权威教材之一。作为该教材第6版的学习辅导书，本书具有以下几个方面的特点：

1. 视频导学+框架图表体系，通俗易懂易记

本书提供视频导学，在全方位把握核心考点的同时，提纲挈领地以知识框架思维导图形式，呈现重要的考点、难点，脉络清晰，一目了然，更容易记忆。

2. 下划线+星级标记，透彻剖析核心考点

本书每章的核心考点均按重要程度分为一星(一般了解)至五星(熟练掌握)，并对相关重要知识点进行了延伸，标记了关键词，方便考生更有针对性地复习。

3. 解析课后习题，提供详尽答案

本书参考大量社会研究方法相关辅导资料，对每章的课(章)后习题都进行了详细的分析和解答，部分给出了提示。

4. 精选考研真题，补充典型习题

本书精选了部分名校近年的社会研究方法考研真题，并补充了典型习题。所选习题涵盖的知识点全面，特别注重理论联系实际，凸显当前热点。

要深深牢记：考研不同一般考试，概念题(名词解释)要当作简答题来回答，简答题要当作论述题来解答，而论述题的答案要像是论文，多答不扣分。有的论述题的答案简直就是一份优秀的论文(其实很多考研真题就是选自一篇专题论文，完全需要当作论文来回答)!

购书即可享受大礼包增值服务！手机扫码(本书封底)领取本书大礼包。具体包括：①导学视频；②本书电子书(手机版、电脑版)。

圣才考研网(www.100xuexi.com)是圣才学习网旗下的考研考博专业网站，提供考研公共课和全国各高校社会学类专业考研辅导班【一对一辅导(面授/网授)、网授精讲班等】、电子书、题库、全套资料(历年真题及答案、笔记讲义等)、国内外经典教材名师讲堂、考研教辅图书等。

考研辅导：kaoyan.100xuexi.com(圣才考研网)
资格考试：www.100xuexi.com(圣才学习网)

圣才考研网编辑部

目 录

第一编 社会研究基础

第二编 定量研究方式

第三编　定性研究方式

第一编

社会研究基础

第一章　导　论

1.1　复习笔记

【视频导学(名师点拨)】

导　论

扫码看视频导学

【知识梳理(庖丁解牛)】

- 导论
  - 社会研究的含义、目标、特征、意义
  - 社会研究的方法体系
    - 方法论：哲学基础、逻辑、范式、价值、客观性
    - 研究方式
      - 定量研究方式
      - 定性研究方式
    - 具体方法和技术：资料收集和分析方法、操作程序和技术
  - 定量研究与定性研究
    - 方法论背景：实证主义、人文主义
    - 定量研究与定性研究的比较
  - 研究的过程：选择问题、研究设计、研究实施、资料分析、得出结果

【考点难点归纳(去粗取精)】

考点一：社会研究的含义、目标、特征(见表1－1)　★★

表1－1　社会研究的含义、目标、特征

要点	主要内容	
含义	以经验的方式，对各种社会现象以及社会产物所进行的科学的探索活动。通常可理解为对社会现象和社会行为进行研究、解释和预测的科学方式和方法	
目标	探索和理解人们所生活的社会世界	
三大特征	研究主题——社会的[非自然]	社会研究的对象必须包括作为社会主体的人，必须包括人的社会行为，以及由人们的行为所构成的各种社会现象

续表

要点	主要内容	
三大特征	研究方式——经验的 ［非思辨］	经验性是指社会研究必须依据可感知的资料。即社会研究只研究可以看到、听到和接触到的东西
	研究问题——科学的 ［非价值判断］	社会研究者所研究的社会现象不涉及价值判断的问题，即他们不去研究“应该如何”，而是去研究某一现象“是什么”或“为什么这样”

拓展：社会研究方法的意义（作用）：是社会科学的重要组成部分；对探索现实问题起指导作用；使社会科学与哲学相区分，与人文学科相区分。

考点二：社会研究的方法体系——方法论、研究方式、具体方法和技术 ★★★★★

1. 社会研究方法论（见表1－2）

表1－2　社会研究方法论

要点	主要内容	
关注点	社会研究方法论主要关注原理、原则、方法	
两种基本倾向 （对立关系）	实证主义方法论 （主流）	常采用定量研究［最典型特征］，崇尚自然科学的研究方法，强调具体、客观，重视经验概括，并且认为研究过程应可重复
	人文主义方法论	常采用定性研究，重视人的特殊性（投入人对人的理解），强调研究者的主观性

2. 两大类研究方式（见表1－3）

表1－3　两大类研究方式

研究方式	具体类型	倾向
定量研究方式	实验研究、调查研究、内容分析、二次分析、现存统计分析等	集中地体现了实证主义方法论的倾向
定性研究方式	实地研究、个案研究、扎根理论、文本分析、行动研究等	集中地体现了人文主义方法论的倾向

拓展：社会研究中定量与定性研究的实质性区别就在于数据化与非数据化。

3. 社会研究的具体方法和技术

社会研究的具体方法和技术即资料收集和分析方法（与四种基本研究方式对应），以及各种特定的操作程序和技术。其中，资料收集和分析方法的特点包括专门性、技术性以及操作性等。

拓展：社会研究的伦理

①基本的伦理准则：参与者必须出于自愿。

②最首要的伦理准则：必须对研究者无害。

考点三：定量研究方式与定性研究方式的比较（见表1－4）★★★★

表1－4　定量研究方式与定性研究方式的比较

不同点	定量研究	定性研究
哲学基础	实证主义	人文主义
研究范式	科学范式	自然范式
逻辑过程	演绎推理（从一般到特殊）	归纳推理（从特殊到一般）
理论模式	理论检验	理论建构
回答的问题	有关整体、相对宏观、普遍、侧重客观事实的，特别是有关变量之间关系的问题	有关个体、相对微观、特殊、侧重主观意义的，特别是有关具体情境之中的互动问题
研究目标	确定相关关系和因果联系	深入理解社会现象
研究程序（广义）	系统性、固定性、结构性	灵活性、开放性、变动性
研究策略	化繁为简	扩简为繁（还原现实的复杂性）
研究工具	抽样、测量，采用问卷、量表等标准化、高信度的工具	以研究者自身为工具，强调研究的参与性
分析方法	统计分析	文字描述与阐释
主要方式	实验、调查	实地研究、个案研究
资料收集技术	量表、问卷、结构观察等	参与观察、深度访问等
研究特征	客观	主观

考点四：社会研究的基本过程 ★★★

社会研究的基本过程包括选择问题、研究设计、研究实施、资料分析以及得出结果这五个阶段。

1.2　课后习题详解

一、基本概念

1. 社会研究

答：社会研究是指一种以经验的方式，对社会世界中人们的行为、态度、关系，以及由此所形成的各种社会现象、社会产物所进行的科学的探究活动。研究的目的在于认识客观社会，解决社会中的各种问题，探讨社会发展的客观规律，推动社会的发展。

2. 方法论

答：方法论是指关于人们认识世界和改造世界的根本方法的哲学学说。在社会科学和人文科学领域里，实证主义方法论与人文主义方法论的争论旷日持久。社会学实证主义方法论因其唯科学主义的核心思想，因其社会文化现象可以还原为自然现象并可用自然规律来解释社会过程的假设，因其试图完全排斥人的价值观来体现所谓的科学性、客观性的幻想，故而，从社会学诞生不久乃至实证主义方法论的鼎盛时期，始终遭受到人文主义方法论的顽强抵抗。

3. 研究方式

答：研究方式是指研究所采取的具体形式或研究的具体类型。社会研究的具体方式分为定量研究方式和定性研究方式两大类。每一类方式又包括了各种不同的具体类型，主要有四种：①调查研究；②实验研究；③实地研究；④利用文献的定量研究。其中，每种方式都有一定的基本元素或特定的语言，构成了特定社会研究与其他社会研究不同的鲜明特征。同时，每种方式都可以独立完成特定社会研究的整个过程。

4. 定量研究

答：社会研究方式可以分为定量研究与定性研究。其中，定量研究是实证主义方法论的最集中体现，它侧重于且较多地依赖于对事物的测量和计算，用数字和量度来描述现象，强调客观事实、强调现象之间的相关、强调变量之间的因果联系，强调研究程序的标准化、系统化和操作化。定量研究的主要目标是"确定"变量之间的关系、相互影响和因果联系。

5. 定性研究

答：社会研究方式中的定性研究是人文主义方法论的最集中体现，它侧重于和依赖于对事物的含义、特征、隐喻、象征的描述和理解，强调研究程序、研究方式和研究手段上的灵活性、特殊性，注重现象与背景之间的关系，注重现象的变化过程，注重现象和行为对于行为主体所具有的意义。定性研究的主要目标是深入地"理解"社会现象。

二、复习思考题

1. 联系实际举例说明社会研究所面临的主要困难。

答：社会研究所面临的主要困难包括以下五个方面：

(1)人的特殊性

社会研究的对象是人及其行为，以及人和行为构成的社会现象和社会产物。人有自我意识和主观意志，会对社会研究活动做出反应。出于个人利益或其他原因，人可能不会配合研究人员，这导致对社会现象的解释和预测通常不如自然科学那样准确。

例如，美国哈佛大学教授梅奥主持的"霍桑实验"是对这种主观意识及其影响的最好解释。

(2)研究的干扰性

对人们的社会行为进行研究，这种行为本身也有可能改变它所研究的行为。采取观察法、实验法等，都会不同程度影响研究对象的行为。

例如，假设要研究贫困人员的消费行为，当研究人员观察贫困人员在日常生活中的消费行为时，肯定会对其产生影响，研究人员看到的行为，其实是受到影响后的行为，如果没有研究人员的出现，实际状况可能不同。

(3)社会现象的复杂性

社会现象有很多维度，很难准确测量，导致某一社会现象产生的原因可能是多方面的。不仅受到人们生理和心理因素的影响，还受到社会环境、社会成员之间互动的影响。与自然科学相比，社会科学面对复杂多变的变量，有时很难区分原因和结果。

例如，集群行为的出现，既可能与当时人们的个人生理、心理因素有关，还可能与个人所处的环境场所、个人的社会关系情况等有关，因此导致集群行为出现的原因是非常复杂的。

(4)研究受到特定的制约

除了受到自然条件的限制外，社会研究还受到道德、政治、文化等因素的限制。社会研究人员必须顾及研究对象的尊严，尊重研究对象的习俗。

例如，社会研究人员研究民族对饮食行为的影响时，要顾及少数民族的习俗。

(5)保持客观性的困难

与自然科学家不同，社会学家本人也是他所研究的对象的一部分。社会研究者有自己的价值观和喜好，在与研究对象的互动过程中，可能因为有共同的价值观而影响对研究对象行为的看法，最终影响对数据的解释。

例如，对性工作者从业原因的研究中，研究者很可能由于对性工作者的不认同感而在研究的过程中出现价值偏向的问题。

2. 社会研究的方法体系由哪几个部分构成？不同的方法论、研究方式和具体方法之间存在着怎样的关系？

答：(1)社会研究的方法体系的构成

通常将社会研究的方法体系划分为三个不同的层次或部分：

①方法论。社会研究的方法论主要涉及规范科学学科的原理、原则和方法的体系。

②研究方式。研究方式指的是研究所采取的具体形式或研究的具体类型。可分为定量研究方法和定性研究方法两大类，各自包括不同的特定类型。

③具体方法和技术。研究人员在研究过程中具体使用的资料收集方法、资料分析方法以及各种特定的操作程序和技术。

(2)不同的方法论、研究方式和具体方法之间的关系

社会研究的方法体系是一个有机的整体。方法论与研究方式之间，研究方式与具体方法之间有着非常紧密的内部联系。

①方法论是指导研究的一般思维方法和哲学基础，不同的方法论观点不仅影响研究者对研究问题的选择，而且直接影响研究者对研究方法的选择，从而在研究方法与方法论之间逐渐形成了固定的模式，如：

a. 使用实证主义方法的社会研究人员通常采用调查研究、实验研究和定量研究，增强研究的准确性和客观性。

b. 使用人文主义方法的社会研究人员，更经常使用现场研究方法来突出研究过程的特殊性、深度和主观性。

②各种不同的具体方法和技术与不同的研究方式之间，也存在着一种内在的联系。比如：

a. 调查研究的方式往往需要运用抽样的方法、需要设计问卷的技术、需要运用计算机对收集的资料进行统计分析。

b. 实地研究的方式往往需要运用参与观察的方法、无结构访问的方法，以及定性资料的分析技术。

c. 实验研究需要运用随机指派的方法、量表测验的方法、量表制作技术、实验刺激技术和实验控制技术。

d. 利用文献的定量研究的方式往往需要运用内容分析、二次分析、现存资料统计分析

方法等。

3. 找几篇发表在《社会学研究》或相关社会科学学术刊物上的社会研究报告进行阅读，看看它们分别采取的是哪种社会研究方式，所用的具体资料收集方法是什么。

提示：此题为开放题，可根据个人所找的具体文章进行分析，言之成理即可。

4. 实证主义方法论的主要特点是什么？人文主义方法论的主要特点又是什么？你如何看待这两种不同的方法论主张？

答：经验研究中，实证主义和人文主义代表了两种不同探索知识的方法。

(1)实证主义方法论的主要特点

实证主义认为，社会研究应与自然科学研究保持一致，社会世界中的现象及其相互关系应与自然科学类似地进行探索。强调把“社会现象”当作“物”来看待。要通过非常具体、非常各观的观察，通过经验概括得出结论。同时，这种研究过程还应该是可以重复的。在研究方式上，定量研究是实证主义方法论的最典型特征。

(2)人文主义方法论的主要特点

人文主义方法论认为，在研究社会现象和人们的社会行为时，有必要充分考虑人的特殊性，考虑社会现象和自然现象之间的区别，并在研究过程中充分发挥研究者的主观性。在研究方式上，定性研究是人文主义方法论的典型特征。

具体而言有两个方面：

①从本体论的角度来看，定性研究范式假设人类行为是一种有意义的行为，它可以通过人类的意识和情感来完成所有的认知。同时，人们的行为也是面向社会的。因此，人们不仅通过自己追求意义，而且还必须通过他人来赋予世界意义。

②从认识论的角度来看，它强调知识的形成和发展是由主体的意识在日常生活世界不断与其他的人或事物接触中来建立可供沟通的知识，而并非只受知识内在理性原则的限制或是纯粹由理性推论而来。因此，人们应该从相互主体的立场交流彼此的观点，并用它们来解释行为的意义，进而建立日常生活中达成共识的规则或知识。

(3)对两种方法论主张的评价

价值在社会研究问题选择和资料解释中的影响、理论与研究之间的关系、研究结果对行为的预测能力等方面，实证主义方法论与人本主义方法论之间都存在明显的差异。但两者只是观察和理解社会世界的两种不同视角，本身无优劣之分，都是进行社会学研究的传统范式和方法论。

5. 定量研究与定性研究存在哪些主要的差别？如何理解二者之间不存在好坏优劣之分？请说明理由。

答：(1)定量研究与定性研究的主要差别(见表1－5)

表1－5　定量研究与定性研究的主要差别

要点	具体内容	
分析方式不同	定量研究	侧重于且较多地依赖于对事物的测量和计算
	定性研究	侧重于和依赖于对事物的含义、特征、隐喻、象征的描述和理解

续表

要点		具体内容
发展程度不同	定量研究	发展十分迅速，进展也很大
	定性研究	往往被人们忽视，在实践上常被批评为“非科学的”和缺乏信度的，因而其进展遭遇了很大的阻力
范式不同（根本的区别）	定量研究	源于实证主义，它更接近范式中的科学范式
	定性研究	从属于人文主义的自然范式，即研究应在自然的环境和条件中进行，而研究所获得的结果和意义也只适应于这种特定的环境和条件。这种方法的核心是“整体地”理解和解释自然情景
研究的逻辑过程不同	定量研究	与演绎的过程更为接近，即它从一般的原理推广到特殊的情景中去
	定性研究	基于描述性分析，它在本质上是一个归纳的过程，即从特殊情景中归纳出一般的结论
研究的目标不同	定量研究	定量研究者往往强调客观事实、强调现象之间的相关、强调变量之间的因果联系，其主要目标是“确定”变量之间的关系、相互影响和因果联系。定量研究者强调在研究中一定要努力做到“价值无涉”和“价值中立”
	定性研究	定性研究者更加注重现象与背景之间的关系、更加注重现象的变化过程、注重现象和行为对于行为主体所具有的意义，其主要目标是深入地“理解”社会现象。定性研究者认为事实和价值无法分离
理论与研究的关系不同	定量研究	定量研究常常用来进行理论检验
	定性研究	定性研究通常与理论建构的目标相伴随，理论是在研究的过程中逐渐发现和形成的。并且，随着研究的进行，理论不断被选择、被改变、被放弃、被修正
研究方式不同	定量研究	定量研究者更加强调研究程序的标准化、系统化和操作化。实验、调查、内容分析等，是定量研究中最常见的研究方式；量表测量、问卷调查、结构式访问、结构式观察等是定量研究中常见的资料收集方法
	定性研究	定性研究者往往更加强调研究程序、研究方式和研究手段上的灵活性、特殊性。实地研究是定性研究最常见的研究方式，参与观察、无结构访问、个人生活史等，则是定性研究中主要的资料收集技术
所得资料的性质及其结果的说明方式不同	定量研究	所获得的主要是数量化的资料；结果主要靠统计分析数据来表达；结果在概括性、精确性上特征明显
	定性研究	所获得的是具体的、个别的实例；结果靠文字的描述来说明；以其资料的丰富性、细致性和理解的深入性而与定量方法相对照、相补充

总的来说，定量研究与定性研究是社会研究过程中可以采取的两条途径，二者之间不存在孰优孰劣的问题。

(2)定量研究与定性研究之间不存在好坏优劣之分的原因

定量研究与定性研究是社会研究过程中可以采取的两条途径，它们所能提供的是两种不同性质的图画。在社会研究者对社会现象的认识过程中，它们可以回答不同的问题，并以不同的方式回答问题。二者发挥的作用不同，适用的范围也不同。在实际的社会研究中使用哪种方法，不仅取决于研究者的个人兴趣，还取决于他要解决的问题，不能简单地说孰优孰劣。

6. 陈述社会研究的一般程序，画出这一过程及其主要内容的简图。

答：社会研究过程的五个阶段包括：选择问题阶段、研究设计阶段、研究实施阶段、资料分析阶段、得出结果阶段。社会研究的基本过程如图 1 -1 所示。

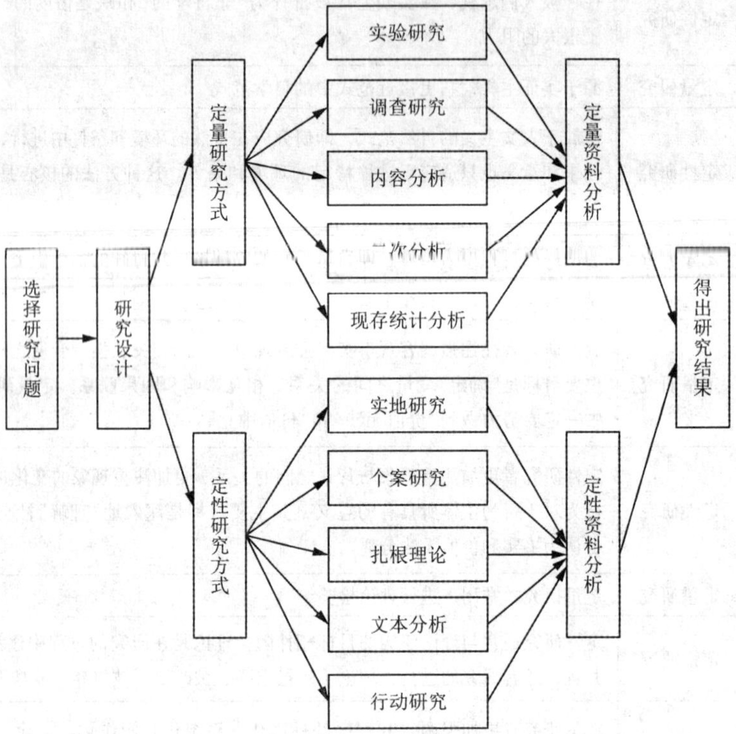

图 1 -1　社会研究的基本过程

1.3　考研真题与典型题详解

一、判断并改错题

1. 实证主义方法论认为研究社会现象和人们的社会行为时，需要充分考虑到人的特殊性，考虑到社会现象与自然现象之间的差别。（中财 2010 年研）

答：错误。具体分析如下：

在社会研究中，存在着两种相互对立的方法论倾向，即实证主义方法论和人文主义方法论。人文主义方法论认为研究社会现象和人们的社会行为时，需要充分考虑到人的特殊性，考虑到社会现象与自然现象之间的差别。实证主义方法论通过非常具体、非常客观的观察，通过经验概括得出结论。

2. 实证主义方法论与人文主义方法论的根本区别在于运用的领域不同。（南林 2015 年研）

答：错误。具体分析如下：

实证主义方法论和人文主义方法论的主要区别在于研究方式不同。定量研究是实证主义方法论的最典型特征，定性研究是人本主义方法论的典型特征。

3. 解释范式是一种定性研究范式，它的发展主要受到西方社会思潮中现象学、诠释学、批判理论、民俗方法论、符号互动论等思想和理论的影响，同时也部分源于文化人类学的研究方法。（中财2010年研）

答：正确。具体分析如下：

以涂尔干为代表的实证主义、以韦伯为代表的解释主义和以马克思为代表的批判主义是三个相当具有号召力的社会学传统或范式。其中，解释范式是一种定性研究范式，它的发展主要受到西方社会思潮中现象学、诠释学、批判理论、民俗方法论和符号互动论等思想和理论的影响，同时也部分源于文化人类学的研究方法。

4. 调查研究、理论研究、利用文献的定量研究和实地研究是社会研究的四种基本的研究方式。（中财2010年研）

答：错误。具体分析如下：

调查研究、实验研究、利用文献的定量研究和实地研究是社会研究的四种基本的研究方式。

二、概念题

1. 经验研究（北师大2010年研）

答：经验研究即实证研究，是指与纯理论研究相对的另一种社会学研究方法，通常指搜集第一手资料的研究。或者说是针对某一种看法或观点，需要透过实地的经验来证实或检验的研究。因此实证研究在社会学中，不同于以下两种取向：①透过抽象概念探讨建立一套概念体系的研究；②只透过抽象理论分析以解释某种社会现象，未经实地验证的研究。在社会科学中，实证研究取向主要在于需要透过实地的经验来证实或检验。

2. 实证主义（复旦大学2025年研；吉林大学2017年研；中南财大2010年研）

答：实证主义是由法国社会学家奥古斯特·孔德提出来的，实证主义强调感觉经验、排斥形而上学，将哲学的任务归结为现象研究，以现象论观点为出发点，把知识“局限在经验事实的范围内”，以“发现现象的实际规律”。“实证”一词具有五个方面的含义：①实证意味着真实；②实证意味着有用；③实证意味着肯定；④实证意味着精确；⑤实证意味着相对。

3. 定性研究与定量研究（中山大学2021年研）

答：参见本章课后习题基本概念第4、5题答案。

三、简答题

1. 简述社会研究方法体系的三个层次和研究过程的五个阶段。（华中农大2011年研）

相关试题：

(1)什么是社会研究的方法论？试述它所探讨的主要问题。（中财2010年研）

(2)简述社会学研究方法体系的构成。（东财2007年研）

答：(1)社会学研究方法体系的三个层次

①方法论

社会研究的方法论主要涉及规范科学学科的原理、原则和方法的体系。

②研究方式

研究方式是指研究所采取的具体形式或研究的具体类型。通常，其具体方式可分为四种主要类型，即调查研究、实验研究、实地研究以及利用文献的定量研究。

③具体方法与技术

研究人员在研究过程中具体使用的资料收集方法、资料分析方法以及各种特定的操作程序和技术。资料收集和分析是社会研究过程中的两项重要任务，与四种不同的研究方式相对应，研究者可以采用多种不同的资料收集方法和分析方法。

(2)研究过程的五个阶段

①选择问题阶段

选择研究问题是社会研究活动的起点，也是整个研究工作的第一步。确定研究问题的同时，就确定了整个研究活动的目标和方向。研究问题的选择在一定程度上决定了整个研究工作的成败，并决定了研究结果的质量。

②研究设计阶段

如果选择研究问题的意义在于确定研究的目标和方向，那么研究设计阶段的所有工作就可以理解成为实现研究目标而进行的路径选择和工具准备。

③研究实施阶段

主要任务是具体落实研究设计中确定的思路和策略，并按照研究设计中确定的方式、方法和技术进行资料收集工作。该阶段也称为资料收集阶段。

④资料分析阶段

主要任务是系统地审核、整理、归类、统计和分析所收集到的原始资料。

⑤得出结果阶段

这一阶段的任务主要是撰写研究报告，交流研究成果。

2. 简述社会研究的四种主要方式。(华中农大 2010 年研)

相关试题：调查研究(概念题，山东大学 2017 年研)

答：研究方式是研究所采取的具体形式或研究的具体类型，社会研究的四种主要方式包括调查研究、实验研究、利用文献的定量研究和实地研究。

(1)调查研究

调查研究简称调查或社会调查，是社会研究中一种最常见的研究方式。调查是根据研究目的对一定对象进行实际考察，获得相关信息，通常需要采用一定的工具如问卷等，对通过调查收集到的数据进行统计分析，来分析社会现象及其规律。调查研究是社会研究及其他众多研究领域中广泛使用的、强有力的研究方法。

(2)实验研究

实验是根据一定目的，运用必要的手段，在人为控制的条件下，观察研究事物。社会学实验是指根据事先拟订的研究假设，通过对研究对象采取某项措施或施加一定的影响，来进行观察、记录、分析，以发现或证实变量间或社会现象间的因果关系。

(3)利用文献的定量研究

利用文献的定量研究是一种通过定量地收集和分析现存的，以文字、数字、符号、画面等信息形式出现的文献资料，来探讨和分析各种社会行为、社会关系及其他社会现象的研究方式。

(4)实地研究

实地研究是一种深入研究现象的生活背景中，以参与观察和无结构访谈的方式收集资料，并通过对这些资料的定性分析来理解和解释现象的社会研究方式。实地研究是一种定性研究方式，也是一种理论建构型的研究方式。

四、论述题

1. 试论述社会研究要讨论的主要问题。

答：社会研究方法论要讨论的主要问题包括：应当从何种角度分析社会？如何分析社会现象的因果联系？何种解释方式才称得上是系统的、科学的解释？……如果不解决这些问题，所提出的任务只不过是一些空洞的哲学原则。

(1)社会研究的层次与角度

要对社会进行研究，就需要对研究对象的范围有全面的了解。社会学家认识到，社会是一个多层次的整体，社会学的对象包括各部分具有深度的社会现实，从社会表层及形态基础(地理的、人口的、生态的、工具的等等)到日常实际所构成的上层建筑，复至集体的价值观念和思想，最后直至既是集体的又是个人的社会意识，都是不断往复运动的，组成了社会现实之网，所有这些纵深层次互相渗透，构成一个不可分割的整体，即总的社会现象。

(2)社会研究的科学性

社会研究能否科学地、客观地认识社会现象，也就是说，社会现象是否具有规律性？社会科学能否采用自然科学的研究模式？人的主观价值是否会对研究的客观性造成影响？社会科学能否成为一门科学？这些问题是社会研究方法论所要解决的一些主要问题。

(3)社会理论的构造

社会研究是在经验层次和抽象层次上进行的。在抽象层次上的任务是建立科学理论。理论的主要功能是：①指导研究的方向；②描述事物的状况和性质；③解释现象之间的关系；④预测未来的事件或现象。

(4)解释现象

研究的目的是对研究对象做出解释。"解释"即解答困惑、释疑。自然科学对现象的解释方式通常是客观分析这一现象的产生原因，以及导致现象运动或变化的影响因素，说明现象之间普遍的因果联系。而社会科学的不同学科、不同学派对人类行为和社会文化现象的解释方式是不同的。

2. 试论社会研究中定量研究与定性研究的差异，并举例说明两种研究方式之间如何进行互补。(中财2010年研)

相关试题：

(1)请比较定量研究与定性研究。(中财2017年研)

(2)请简述定量方法和定性方法的异同。(吉林大学2017年研)

(3)试论定量研究与定性研究的联系与区别，结合实例展开说明。(赣南师大2017年研)

(4)定量研究方式与定性研究方式的区别有哪些？(简答题，华中农大2016年研)

(5)请用归纳—演绎的概念来说明定量研究与定性研究的关系。(简答题，中山大学

2016 年研）

（6）如何理解定量研究与定性研究的差异？（北科大 2007 年研）

答：（1）定量研究与定性研究的差异

参见本章课后习题复习思考题第 5 题答案。

（2）定量研究与定性研究之间的互补

①社会研究大多属于定量与定性研究的结合，单一的定量或定性的研究较少。进行社会调查活动时，根据所要达到的目的可以采用定性研究和定量研究两种方法。同一研究中常常综合使用这两种研究方式，这样有利于两种研究方式之间优势互补。

②一般见到的调查报告大多是定量研究的结果，定量研究多采用大量的表格和数据来比较精确地阐释某一问题。定量研究的结果比较精确一些，但这并不是凭空而来的，而是在定量研究之前，研究者已经进行了一些定性的研究，从中概括出基本规律，找准目标，然后再运用定量研究对这些规律进行研究，因此，可以说定性研究是定量研究的基础。

3．请结合你所熟悉的一项具体的研究实例（可以是你自己做过的，也可以是别人做过的）来说明社会学实证研究的基本程序或者说主要阶段。（中财 2007 年研）

相关试题：

（1）简述研究的基本程序。（简答题，华中农大 2015 年研）

（2）举例说明社会研究过程。（北科大 2008 年研）

答：（1）社会研究的过程

社会研究的过程分为五个阶段：

①确定研究课题并将其系统化；

②设计研究方案和准备研究工具；

③资料的收集；

④资料的处理与分析；

⑤结果的解释与报告。

（2）举例——新业态从业人员的社会保险问题研究

①确定调查课题

某研究者根据生活中和外卖骑手交流引发的思考以及对相关资料的研读，确定了研究的主题：新业态从业人员的社会保险问题研究。根据所确定的研究主题，将研究内容明确为以下几个方面：经济新业态及其从业人员的界定和特征概括；美团外卖等经济新业态从业人员社会保险缺失问题的根本原因分析和解决路径设计等等。

②设计研究方案

研究者根据研究主题，决定采取问卷调查法和访谈法，对 J 省 S 市的美团外卖经济新业态从业人员就社会保险问题方面进行问卷调查和深度访谈，对他们的社会保险缺失问题展开较为全面而深入的研究，深入分析他们的社会保险缺失原因，并进一步根据原因相应地提出解决的有效路径等。

③收集资料

第一步，主要通过《中国知网》搜集有关美团外卖等经济新业态从业人员及其社会保险问题方面研究的文献资料；

第二步，对搜集到的有关美团外卖等经济新业态从业人员社会保险的有限的研究文献资料进行认真研读，了解与有关经济新业态方面的知识和美团外卖等经济新业态从业人员社会保险方面的一些情况；

第三步，通过随机调查的方式，对美团外卖等经济新业态从业人员展开试调查；

第四步，结合搜集到的相关资料和试调查的结果，运用社会调查研究的技术与方法制定调查美团外卖骑手案例研究的具体方案，设计调查问卷和访谈提纲；

第五步，在J省S市对美团外卖经济新业态从业人员进行实地的问卷调查研究和深度访谈，成功调查骑手144名。

④整理与分析资料

对收集到的问卷资料进行审核，剔除不合格或无效问卷。并通过spss软件对有效问卷进行编码、数据录入、数据分析等工作。数据分析包括变量的描述统计分析，也包括对变量与变量之间的相关性分析，以此对新业态从业人员社会保险缺失现状以及导致其缺失的原因有清楚的了解。

⑤得出研究结果

结合文献资料研究与个案研究成果，对美团外卖等经济新业态从业人员的社会保险缺失问题开展较为全面而深入的研究。认为美团外卖等经济新业态从业人员的劳动关系不合法使得他们无法享有社会保险，并得出了“解决美团外卖等新业态从业人员社会保险缺失问题的有效路径是实现有关法律法规和劳动关系认定上的创新”等具有一定创新性的结论。这就为合理解决灵活就业人员或非正规就业人员的社会保险问题提供了新的启示。结合对新业态从业人员社会保险缺失问题现状的描述、原因分析以及解决对策等方面的研究，研究者最终完成了一篇硕士论文。

第二章　研究的类型

2.1　复习笔记

【视频导学(名师点拨)】

研究的类型	扫码看视频导学

【知识梳理(庖丁解牛)】

- 研究的类型
  - 研究的目的：探索、描述、解释
  - 研究的性质：理论性、应用性
  - 时间维度
    - 横向研究(横剖研究)
    - 纵向研究
      - 趋势研究
      - 同期群研究(人口特征组或共同特征组研究)
      - 同组研究(定组研究或追踪研究)
  - 分析单位
    - 概念
    - 主要类型：个人、群体、组织、社区、社会产品
    - 相关的两种错误：区群谬误、简化论

【考点难点归纳(去粗取精)】

考点一：研究的目的——探索、描述、解释(见表2－1)　★★★

表2－1　研究的目的

要点	主要内容
探索(初步)	探索性研究事先没有理论假设，它只是初步了解所研究的现象或问题(形成概念和初步印象)
描述(是什么)	描述性研究的主要目的是提供有关总体结构、现象特点等方面的信息(描述总体状况和分布特征)
解释(为什么)	解释性研究的目的在于揭示现象发生或变化的内在规律，探寻现象背后的原因(变量关系和理论检验)

拓展：三类研究的样本选择

探索性研究采用非随机选取的方式，对象一般是小样本。该研究类型能够为后面研究提供基础和方向。

描述性研究采用简单随机、按比例分层等方式，对象一般是大样本。该研究类型通常是要发现总体在某些特征上的分布状况。

解释性研究采用不按比例分层的方式，对象一般是中样本。该研究类型通常是相关或因果分析。

考点二：研究的性质——理论性、应用性(见表2-2) ★★★

表2-2 研究的性质

要点	主要内容
理论性研究	指侧重于发展有关社会世界的基本知识，特别是建立或检验各种理论假设的经验研究。重点在于理解因果关系和内在规律，理解社会世界、社会事物及社会现象的运转、联系、发展与变化等，致力于发展一般性的社会认知
应用性研究	指侧重于认识现实社会问题并有针对性地提供特定的社会政策的经验研究。应用性研究通常是描述性的，注重解决现实中的社会问题。主要包括社会状况研究、社会问题研究、社会政策研究、社会影响评估等类型

考点三：横向研究与纵向研究 ★★★★★

社会研究根据时间维度可以划分为两类方式，即横向研究与纵向研究。二者的含义与特点如表2-3所示。

表2-3 横向研究与纵向研究的含义与特点

要点	含义	特点
横向研究（横剖研究）	在一个时间点上收集研究资料，并用以描述研究对象在这一时间点上的状况，或者探讨这一时间点上不同变量之间的关系	①最常见，特别是在各种探索性研究和描述性研究中的运用。 ②可以用来分析和比较某一社会现象或社会总体中的不同部分的特点及其相互关系
纵向研究	在若干个不同的时间点上收集资料，用以描述现象的发展变化，以及解释不同现象前后之间的联系。其主要包括三种类型：趋势研究、同期群研究、同组研究	可以描述事物变化的过程，比横向研究更能探寻不同现象相互之间的因果关系

拓展：近似历时研究

有时候，截面资料隐含着逻辑性的历时过程。只要变量的时间顺序清楚，就可以进行逻辑推论。通常，在截面研究中，年龄差距会构成推论历时过程的基础。另外，进行"生命历程"式的深度访谈也是一种历时性研究。

考点四：分析单位 ★★★★★

1. 分析单位的概念、类型及特点(见表2-4)

表2-4 分析单位的概念、类型及特点

要点	主要内容
概念	即一项社会研究中的研究对象(被研究的人或事物)

续表

要点	主要内容
类型	主要包括个人、群体、组织、社区以及社会产品等
特点	①研究收集的资料可以直接描述分析单位中的每一个个体。 ②将对个体的描述聚合，可以描述由这些个体所组成的群体(研究的样本)，甚至可以描述由这一群体所代表的更大的群体(总体)，进而可以解释社会现象

拓展：分析单位与调查对象的区别

①分析单位是一项社会研究所研究的对象，而调查对象则是研究者收集资料时所直接询问的对象，研究的内容或主题则是分析单位的属性或特征。

②分析单位与调查对象有时可能会由同一种对象承担着，这种情况比较多地发生在以个人为分析单位的研究中。

2. 区群谬误与简化论(见表2－5)

表2－5　区群谬误与简化论

要点	具体内容
区群谬误(层次谬误、体系错误)	指在社会研究中，研究者用一种集群的分析单位做研究，而用非集群的分析单位做结论的现象。或者说，研究者用一个集群的分析单位收集资料，而用一个非集群的分析单位下结论的现象
简化论(简约论)	指研究者用个体层次的资料来解释宏观层次的现象。在形式上，简化论的错误与区群谬误相反。简化论的表现如下： ①研究者用非集群的分析单位来进行测量，而做出的是有关集群的分析单位是如何运行的结论。 ②研究者所拥有的是微观的有关个人如何行为的资料，但是他所做出的却是有关宏观层次的单位如何运作的结论

2.2　课后习题详解

一、基本概念

1. 探索性研究

答：探索性研究是指在研究者对研究题目的范围和概念不甚清楚，对研究对象的内在联系不熟悉，不能确定假设和研究方向，并且缺乏前人的研究信息和理论，无法提出具体方法以进行精密研究的情况下所用的一种研究方法。探索性研究通常采用参与观察和无结构式访问等方法收集资料，其所研究的对象的规模通常都比较小。探索性研究的资料结果主要用于“探测”某类现象或问题的基本范围、内容或特征，“提示”深入研究这一现象或问题的可能途径。

2. 描述性研究

答：描述性研究是指对社会现象的状况、过程和特征进行客观、准确的描述，即描述社会现象是什么，它是如何发展的，它的特点和性质是什么的研究方法。描述性研究的特点在于它不受假设的束缚，它可以在实际研究过程中进一步完善这些设想或改变原有的设想。描述性研究的应用范围比较广泛，它不仅适用于民意测验、市场调查、社会问题调查、政府部门的统计调查和各类普查(如人口、农业、工业、家庭生活)等应用性研究课题，而且还可用于理论性的研究课题，如对社区的全貌、对近几十年来的社会变迁、对各种制度和组织的运行机制等进行描述。

3. 解释性研究

答：解释性研究是指以一定的理论原则为指导，对经验材料进行概括和分析，从而揭示事物的本质的研究方法。解释性研究的主要目的是说明社会现象的原因、预测事物的发展趋势或后果、探寻现象之间的因果联系，从而解释现象为什么会产生，为什么会变化。解释性研究的理论色彩更浓，一般需要有明确的假设。在分析方法上，它往往要求进行双变量和多变量的统计分析。

4. 理论性研究

答：理论性研究是指侧重于发展有关社会世界的基本知识，特别是侧重于建立或检验各种理论假设的经验研究。这类研究力图理解和解释社会世界（或其中的一部分）是如何运转和相互联系的，社会事物或社会现象又是如何发生、发展和变化的。其关注点主要在于探索现象之间的因果关系，在于增加对社会现象的内在规律的认识。理论性社会研究的研究者往往是在较长的一段时期中，不辞劳苦地寻求那些对一个世纪的人们的思想产生影响的问题的答案。

5. 应用性研究

答：应用性研究是指侧重于认识某种现实社会问题，有针对性地提供特定的社会政策的经验研究。这类研究通常是描述性的，其关注点比较集中地体现在迅速地了解现实状况，分析现象或社会问题形成的原因，并力图在此基础上有针对性地提供政策建议，以帮助制定社会政策，解决社会问题，以及评估社会后果等。应用性研究课题的来源常常是各级政府机构以及涉及社会各个具体领域的工作部门。

6. 横向研究

答：横向研究是指在一个时间点上收集研究资料，并用以描述研究对象在该时间点上的状况，或者探讨该时间点上不同变量之间的关系的研究方法。它主要是在某一个时间对研究对象进行横断面的研究。横断面是指研究对象的不同类型在某一时点所构成的全貌。如不同年龄、不同职业、不同地区的人在某一时间对政治体制改革的各种意见和态度。横向研究的优点是调查面广、多半采用统计调查的方式、资料的格式比较统一且来源于同一时间，因而可对各种类型的研究对象进行描述和比较。但资料的深度和广度较差。

7. 纵向研究

答：纵向研究是指在若干个不同的时间点上收集资料，用以描述现象的发展变化，以及解释不同现象前后之间的联系的方法。纵向研究主要有三种不同的类型：①趋势研究；②同期群研究；③同组研究。

8. 趋势研究

答：趋势研究是指对一般总体随时间推移而发生的变化进行的研究。趋势研究的时间跨度应根据研究目的而定。在较大时间跨度的条件下，容易介入许多无关因素，影响和干扰研究的结果。因此，为了提高研究的准确性，趋势研究不宜采用过大的时间跨度。

9. 同期群研究

答：同期群研究是指对同一时期同一类型的研究对象随时间推移而发生的变化的研究。

同期群研究注重的是某一类型，而不是某一个体的特征。所以在不同时间可以调查不同的人，只要他们都属于同一类型。但每次调查的抽样都应当是随机的，以保证被调查到的样本可以代表这一类型的人。被调查的样本通常都与时间或年代相关。

10. 同组研究

答：同组研究又称定组研究或追踪研究，是指对同一组研究对象随时间推移而发生变化的研究。同组研究与同期群研究比较相似，区别在于同组研究每次研究时，所用的都是同一个样本。同组研究主要用来探讨人们的行为、态度或意向的改变模式和变化过程，并分析影响这种改变的各种因素。

11. 分析单位

答：分析单位是指一项社会研究中的研究对象，即一项研究中被研究的人或事物。分析单位有五种主要的类型：个人、群体、组织、社区以及社会产品。无论是哪一种类型的分析单位，都具有下列特点：①研究收集的资料，直接描述分析单位中的每一个个体；②将这些对个体的描述聚合起来，可以描述由这些个体所组成的群体(研究的样本)，以及由这一群体所代表的更大的群体(总体)，或者用这种描述的聚合去解释某种社会现象。

12. 区群谬误

答：区群谬误又称层次谬误，是指用一种高层次的分析单位做调查，却用另一种低层次的分析单位做结论。或者说，研究者用一个集群的分析单位收集资料，而用一个非集群的分析单位下结论的现象。例如，以城市为分析单位研究犯罪问题时发现："流动人口多的城市比流动人口少的城市的犯罪率高。"这是从人口统计资料和犯罪率调查中得到的客观、真实的资料，但是如果由这些资料得出结论说："流动人口比非流动人口的犯罪率高"，就犯了区群谬误。

13. 简化论

答：简化论是指研究人员用个体层次的资料来解释宏观层次的现象。从形式上来看，简化论的错误与区群谬误相反。在研究人员用非集群的分析单位来进行测量，而做出的是有关集群的分析单位是如何运行的结论时，或者说在研究人员所拥有的是微观的有关个人如何行为的资料，但是其所做出的却是有关宏观层次的单位如何运作的结论时，这种错误最容易发生。

14. 研究计划书

答：研究计划书是指研究者将自己的研究设计和研究计划写出来所形成的一种书面报告。从大的方面说，研究计划书中应当包括下述几方面的内容：①说明研究课题的目的和意义；②说明研究的内容；③说明研究的理论假设；④说明研究的分析单位和抽样方案；⑤说明研究资料的收集方法与分析方法；⑥说明研究人员的组成、组织结构及培训安排；⑦确定研究的时间进度和经费使用计划。

二、复习思考题

1. 描述性研究关注的焦点是什么？列举两例常见的描述性研究的例子。

答：(1)描述性研究关注的焦点

描述性研究所关注的焦点通常不在于为什么会存在这样的分布，而在于回答这种分布是怎样的。描述性研究的主要目的是收集资料，发现情况，提供信息，特别是从杂乱的现象中描述出主要的规律和特征。它是一种对研究的总体或某种现象在某些特征上的分布状况进行描述的研究类型。

(2)常见的描述性研究的例子

比如，当研究者需要了解那些不同规模、结构和社会地位的家庭如何支配他们的收入，那些不同年龄段的人们如何应对计划生育政策的改变，那些不同受教育程度的人们在社会流动方面的经历差异等问题时，往往需要进行描述性研究。

2. 试述探索性研究、描述性研究、解释性研究三者的特点及其关系。

答：(1)探索性研究、描述性研究、解释性研究三者的特点

①探索性研究是指在研究者对研究题目的范围和概念不甚清楚，对研究对象的内在联系不熟悉，不能确定假设和研究方向，并且缺乏前人的研究信息和理论，无法提出具体方法以进行精密研究的情况下所用的一种研究方法。探索性研究具有设计简单、形式自由的特点。

②描述性研究通常是要发现总体在某些特征上的分布状况。通常要对社会现象的状况、过程和特征进行客观、准确的描述，即描述社会现象是什么，它是如何发展的，它的特点和性质是什么。描述性研究具有系统性、结构性和全面性等特点。

③解释性研究是指以一定的理论原则为指导，对经验材料进行概括和分析，从而揭示事物的本质的研究方法。解释性研究具有设计复杂、理论性强的特点。

(2)探索性研究、描述性研究、解释性研究之间的关系

①探索性研究是一种先导性的研究，这种研究的成果往往为描述性研究和解释性研究开辟道路、指示方向和提供途径。

②描述性研究在对社会现象进行认识上，比探索性研究前进了一大步。如果说探索性研究只是对现象的一种初步的“探测”的话，那么，描述性研究则可以说是一种对现象的全面的“清查”和系统的反映。

③解释性研究在研究方案的设计上，除了与描述性研究同样具有系统性和周密性以外，它还比描述性研究更为严谨，针对性也更强。在对社会现象的探索中，描述性研究与解释性研究发挥着不同的作用。前者的作用更为基础，后者的作用则更为深入。

3. 从社会学刊物中，找出几篇社会研究报告，分析和说明它们各自采用的研究方式是什么。

提示：此题为开放题，可从《社会学研究》等社会学刊物中找出几篇社会研究报告，分析说明它们各自采用的研究方式，言之成理即可。

4. 理论性研究与应用性研究的主要差别是什么？

答：(1)理论性研究的含义

理论性研究是指侧重于发展有关社会世界的基本知识，特别是侧重于建立或检验各种理论假设的经验研究。理论性研究致力于理解和解释社会世界(或其中某一部分)是如何运转和相互联系的，社会现象又是如何发生、发展和变化的。其关注点主要在于探索现象之间的因果关系。

(2)应用性研究的含义

应用性研究是指侧重于认识现实社会问题并有针对性地提供特定的社会政策的经验研

究。其主要类型包括社会状况研究、社会问题研究、社会政策研究和社会影响评估等。该类研究通常是描述性的，其关注点比较集中地体现在迅速地了解现实的社会问题，尽可能广泛地从总体上描述社会现象的状况，并且有针对性地提供政策建议等方面。

(3)两者的主要差别

理论性研究更关注如何发展出某种一般性的社会认知；而应用性研究则更关注如何有效地解决现实社会问题。

5. 分析你所找出的那几篇社会研究报告中所用的分析单位是什么。

提示：此题为开放题，根据本章课后习题复习思考题第3题中所选取的社会学研究报告，分析其作用的分析单位，言之成理即可。

6. 确定上一章你所选定的研究课题中的分析单位，并为这一课题设计一套具体方案。

提示：此题为开放题，根据第四章(选题与文献回顾)课后习题复习思考题第6题所选择的研究课题，确定其分析单位并设计研究方案，言之成理即可。

7. 指出下列例题中的分析单位：

例1：女人看电视的时间比男人长，因为女人在家庭之外工作的时间比男人短。年轻人每天看电视的时间比老年人平均少30分钟。

例2：独生子女家庭中，子女的消费水平略高于父母；相比之下，非独生子女家庭中的子女消费水平则与父母相当。

答：(1)分析单位是指一项社会研究中的研究对象。或者说，是一项社会研究中被研究的人或事物。

(2)例1的分析单位是个人；例2的分析单位是群体(家庭)。

8. 同期群研究是如何进行的？这种研究的主要作用是什么？

答：(1)同期群研究是对同一时期同一类型的研究对象随时间推移而发生的变化的研究。同期群研究注重的是某一类型，而不是某一个体的特征。所以在不同时间可以调查不同的人，只要他们都属于同一类型。但每次调查的抽样都应当是随机的，以保证被调查到的样本可以代表这一类型的人。被调查的样本通常都与时间或年代相关。

(2)同期群研究的主要作用是描述某一特殊人群变化的过程，便于探寻不同现象相互之间的因果关系。

2.3 考研真题与典型题详解

一、单项选择题

1. 从研究的目的划分，社会研究可分为(   )。(中山大学2015年研)

A. 探索性研究、描述性研究和解释性研究

B. 普查、抽样调查和个案调查

C. 定量研究和定性研究

D. 理论性研究和应用性研究

【解析】社会研究者在对各种特定现象进行研究时，其研究的具体目的千差万别、各不

相同。从研究目的划分，社会研究可分为探索性研究、描述性研究和解释性研究。

2. 在社会研究中，研究者用一种集群的分析单位做研究，而用非集群的分析单位做结论的现象被称为( )。(暨南大学 2018 年研)

A. 间接推理 B. 区群谬误 C. 典型个案研究 D. 局外观察

【解析】区群谬误又称层次谬误或体系错误，是指用一种高层次的分析单位做调查，却用另一种低层次的分析单位做结论。或者说，研究者用一个集群的分析单位收集资料，而用一个非集群的分析单位下结论的现象。

二、多项选择题

以下不属于纵向研究的局限的是( )。(中山大学 2018 年研)

A. 测量误差 B. 样本的流失

C. 研究设计重点的前后变化 D. 无法应对异质性问题

【解析】纵向研究是在不同时点或较长的时期内观察和研究社会现象，用以描述现象的发展变化，以及解释不同现象前后之间的联系。纵向研究主要有三种不同的类型：趋势研究、同期群研究、同组研究，在进行纵向研究时，会出现样本在研究过程中流失以及研究设计重点前后变化的问题。

三、概念题

1. 研究设计(华中农大 2017 年研)

答：研究设计是指对整个研究工作进行规划，根据不同的研究类型制定出相应的策略，确定研究的最佳途径，选择合适的研究方法等过程。同时，它还包含着制定详细的操作步骤及研究方案等方面的内容。

2. 理论性研究(山东大学 2017 年研)

答：参见本章课后习题基本概念第 4 题答案。

3. 探索性研究(中南大学 2025 年研；郑州大学 2025 年研；暨南大学 2022 年研)

答：参见本章课后习题基本概念第 1 题答案。

4. 描述性研究(暨南大学 2022 年研；吉林大学 2017 年研；广西民大 2016 年研；山东大学 2015 年研)

答：参见本章课后习题基本概念第 2 题答案。

5. 解释性研究(苏州大学 2017 年研；北科大 2014 年研；中南财大 2010 年研)

答：参见本章课后习题基本概念第 3 题答案。

6. 区群谬误(华东师大 2018 年研；广西民大 2017 年研；中山大学 2016 年研；南航 2015 年研；华中农大 2015 年研)

相关试题：层次谬误(重庆工商 2017 年研)

答：参见本章课后习题基本概念第 12 题答案。

7. 简化论(吉林大学 2019 年研；人大 2017 年研；山东大学 2015 年研；华中农大 2011 年研；东财 2010 年研)

答：参见本章课后习题基本概念第 13 题答案。

2B ▎AD

8. 趋势研究(吉林大学2025年研；河北大学2016年研)

答：参见本章课后习题基本概念第8题答案。

9. 分析单位(南京大学2025年研；郑州大学2025年研；北大2018年研；中央民大2018年研)

答：参见本章课后习题基本概念第11题答案。

四、判断并改错题

1. 1968年，某城市职工在1000人以上的企业有13家，其产值占工业增加值的60%。到1988年，该城市此类企业降至11家，其产值占工业增加值的比重也降到了48%。这句话中的分析单位是城市。(中财2012年研)

答：错误。具体分析如下：

一项社会研究中的研究对象称为分析单位。换句话说，分析单位就是研究中将被分析和描述的对象(人或事物)。本题中的分析单位是该城市的企业。

2. 描述性研究指的是那种探寻现象背后的原因，揭示现象发生或变化的内在规律，回答各种"为什么"的社会研究的类型。(中财2010年研)

答：错误。具体分析如下：

解释性研究是指那种探寻现象背后的原因，揭示现象发生或变化的内在规律，回答各种"为什么"的社会研究的类型；描述性研究是一种对研究的总体或某种现象在某些特征上的分布状况进行描述的研究类型，回答的是"是什么"的问题。

3. 在社会研究中研究者用个体层次的资料来解释宏观层次的现象，其所犯的错误称为"层次谬误"。(中财2010年研)

答：错误。具体分析如下：

"简化论"错误是指研究者用个体层次的资料来解释宏观层次的现象；层次谬误又称区群谬误或体系错误，它是指在社会研究中，研究者用一种集群的分析单位做研究，而用非集群的分析单位做结论的现象。或者说，研究者用一个集群的分析单位收集资料，而用一个非集群的分析单位下结论的现象。

4. 对某一特殊人群随时间推移而发生变化的研究称为同期群研究；对同一组人随时间推移而发生变化的研究称为同组研究。(中财2010年研)

答：正确。

同期群研究是对同一时期同一类型的研究对象随时间推移而发生的变化的研究。同期群研究注重的是某一类型，而不是某一个体的特征。所以在不同时间可以调查不同的人，只要他们都属于同一类型。这类研究对象通常都与时间或年代相关。同组研究又称为定组研究或追踪研究，同组研究是对同一组人随着时间推移而发生的变化进行研究。同组研究与同期群研究比较相似，二者的区别在于同组研究每次研究时，所用的都是同一个样本。

五、简答题

1. 简述解释性研究的目的及其建立模型的方式。(北师大2008年研)

答：(1)解释性研究的目的

①解释性研究的主要目的是说明社会现象的原因、预测事物的发展趋势或后果、探寻

现象之间的因果联系，从而解释现象为什么会产生、为什么会变化。

②解释性研究主要运用假设检验逻辑，它在研究之前需要建立理论框架(理论假设)并提出一些明确的研究假设，然后将这些假设联系起来，构成一个因果模型。

(2)解释性研究建立模型的方式

①列出现象的原因或结果。研究者通过初步探索，并根据某些理论和实际经验找出各种可能的影响因素，然后从中筛选出几种最主要的原因，建立多因一果的模型。

同理，研究者也可用这种方式建立一因多果的模型。这两种模型还可以合为一个，即同时探求现象的原因与结果。

②详细分析两变量间的关系。研究者选择一个最主要的自变量建立研究假设，然后用各种资料来检验这一假设，并在深入详细地分析了这两个变量与其他变量之间的关系之后再建立因果模型。

③深入分析变量间的作用机制。社会现象是错综复杂、相互联系、相互作用的，因此即使两种现象之间存在着因果关系，它们之间的影响也是通过各种因素起作用的，要有效地解释现象，就必须对现象之间的各种作用机制进行考察。

2. 简述探索性研究、描述性研究、解释性研究三者的特点及关系。(华中农大2017年研)

相关试题：

(1)探索性研究的特点。(苏州大学2017年研)

(2)请论述描述性调查、解释性调查二者的特点及其关系。(论述题，重庆工商2016年研)

(3)探索性研究、描述性研究、解释性研究三者的特点及其关系是什么？(河北师大2016年研)

(4)结合你个人的经验或者实例，阐释探索性研究、描述性研究、解释性研究三者的特点及其关系。(南航2015年研)

答：参见本章课后习题复习思考题第2题答案。

3. 简述分析单位的主要类型。(北师大2007年研；东财2007年研)

相关试题：

(1)分析单位的主要类型有哪些？(南航2017年研)

(2)简述分析单位及其主要类型。(西北师大2015年研)

答：分析单位有五种主要的类型，这就是个人、群体、组织、社区、社会产品。

(1)个人

个人是社会科学中最常用的分析单位，大部分社会研究都要通过分析个人特征来解释和说明各种社会现象。作为分析单位的个人可以用他所隶属的社会群体来指示其特征。

(2)群体

群体主要指具有某些共同特征的一群人，如妇女、儿童、青少年、老年人、工人、农民、干部、富人、帮派、非正式团体、朋友、社交圈等等。它们可作为社会研究的独立的分析单位。当以社会群体作为分析单位时，它们的特征有时与群体中个人的特征有关；有时群体的特征可以从其成员的特征中抽取。

(3)组织

各种正式的社会组织同样可以成为社会研究中的分析单位。社会组织是社会的基本构成单位，它是社会研究的重要对象。社会研究一般要分析某一组织在社会系统中的位置和功能，它与其他部门的联系以及组织内部的结构与人际关系等。

(4)社区

社区可以作为研究中的分析单位。可以对社区的各方面特征来进行描述，也可以通过分析社区不同特征之间的关系，来解释和说明某些社会现象。将社区作为分析单位通常是描述社区居民的生活状况、交往活动、文化活动、行为规范以及社区的历史发展过程等。由社区研究可进一步扩展为对整个社会的研究，从而上升到宏观层次。

(5)社会产品

社会产品的范围涉及各种形式的人类行为以及由人类行为所导致的各种社会产物。

4. 什么是“分析单位”和“抽样单位”，二者之间的区别与联系何在？(中山大学2006年研)

答：(1)分析单位和抽样单位的含义

①分析单位是指一项社会研究中的研究对象。换言之，分析单位就是研究中将被分析和描述的对象(人或事物)。分析单位有五种主要的类型：个人、群体、组织、社区、社会产品。

②抽样单位是指一次直接的抽样所使用的基本单位。抽样单位与构成总体的元素有时是相同的，有时又是不同的。

(2)分析单位和抽样单位的区别

分析单位是一项社会研究中的研究对象，而抽样单位是一次直接的抽样所使用的基本单位。分析单位在社会研究中是固定的，而抽样单位在进行调查的不同阶段可以有所不同。

(3)分析单位和抽样单位的联系

在社会调查研究中，抽样单位与分析单位有时是相同的，即分析单位有时是最终的抽样单位。比如，从某省总数为12.8万人的大学生总体中，按一定方式抽出1000名大学生进行调查。单个的大学生既是构成某省12.8万名大学生这一总体的元素，又是从总体中一次直接抽出1000名大学生的样本时所用的抽样单位。但是，当从这一总体中一次直接抽出40个班级，而以这40个班级中的全部学生(假定正好1000名)作为样本时，抽样单位(班级)与构成总体的元素(学生)就有区别。

5. 什么是简化论？引起简化论的原因是什么？如何避免这种错误？(湖南师大2016年研)

答：(1)简化论的含义

简化论是指研究人员用个体层次的资料来解释宏观层次的现象。从形式上看，简化论的错误正好与区群谬误相反。在研究人员用非集群的分析单位来进行测量，而做出的是有关集群的分析单位是如何运行的结论时，或者说在研究人员所拥有的是微观的有关个人如何行为的资料，但是其所做出的却是有关宏观层次的单位如何运作的结论时，这种错误最容易发生。

(2)引起简化论的原因

导致简化论发生的一个基本原因，是由于社会研究能轻易获得有关个人的具体资料，而宏观层次的单位是如何运行的往往比较抽象和模糊、不易直接获得。

(3)避免简化论的方法

要避免犯简化论这种错误，最关键的是要保证在做出结论时所使用的分析单位，就是在做调查时所使用的分析单位。这也提醒研究者在做社会研究时，必须明确所使用的分析单位。

6. 什么叫纵向研究？简述纵向研究的三种不同类型。（华中农大2012年研）

相关试题：

(1)什么是横向研究、纵向研究？（南林2017年研）

(2)纵向研究（概念题，人大2017年研）

答：(1)纵向研究的含义

纵向研究是指在若干个不同的时间点上收集资料，用以描述现象的发展变化，以及解释不同现象前后之间的联系。其优点是可以描述事物变化的过程，在探寻不同现象相互之间的因果关系上优越于横向研究。

(2)纵向研究的三种类型

①趋势研究，是指对一般总体随时间推移而发生的变化的研究。趋势研究的目的是通过对一般总体在不同时期的态度、行为或状况进行比较，以揭示和发现社会现象的变化趋势和规律。

②同期群研究又称人口特征组或共同特征组研究，是指对某一特殊人群随时间推移而发生变化的研究。在这种研究中，每次研究的样本并不相同，即每次研究的具体对象可以不一样，但他们必须都同属于这一特殊人群。这种特殊人群通常都与时间或年代相关。

③同组研究又称定组研究或追踪研究，是指对同一组研究对象随时间推移而发生变化的研究。同组研究与同期群研究比较相似，区别在于同组研究每次研究时，所用的都是同一个样本。同组研究主要用来探讨人们的行为、态度或意向的改变模式和变化过程，并分析影响这种改变的各种因素。

7. 什么是追踪研究？举例说明。（浙大2009年研）

相关试题：同组研究（概念题，郑州大学2025年研；东财2009年研）

答：(1)追踪研究的含义

追踪研究又称同组研究，是指对同一组研究对象随时间推移而发生的变化的研究。追踪研究每次研究时，所用的都是同一个样本，即第一次对一组人进行了研究，以后每次再研究时，依旧还需要以这些人作为样本，无论这些人分散在哪里，都要一一找到。

追踪研究通常用于探讨特定的社会事件或者特定的社会环境的变化对人们的行为、态度或意向的改变，并分析影响这种改变的各种因素。

(2)举例

追踪研究是对同一批研究对象随时间推移而发生的变化的研究。如分析同一批人在结婚前和结婚后、或无子女时和有了子女之后的政治态度的变化。追踪研究注重个体特征，因此要求在各次调查中都调查同一批对象，例如，费孝通的“江村研究”是在五十年间三次实地考察一个农村。

8. 什么是同期群研究？什么是同组研究？二者有哪些不同？（南航2018年研）

相关试题：

(1)举例说明同期群研究和同组研究的异同。（论述题，河北大学2017年研）

(2)同期群研究与同组研究。（概念比较和辨析题，中财 2015 年研）

答：(1)同期群研究的定义

同期群研究是指对同一时期同一类型的研究对象随时间推移而发生的变化的研究。同期群研究注重的是某一类型，而不是某一个体的特征。所以在不同时间可以调查不同的人，只要他们都属于同一类型。但每次调查的抽样都应当是随机的，以保证被调查到的样本可以代表这一类型的人。被调查的样本通常都与时间或年代相关。

(2)同组研究的定义

同组研究又称为定组研究或追踪研究，它指的是对同一组研究对象随着时间推移而发生变化的研究。追踪研究每次研究时所用的都是同一个样本。

(3)同期群研究与同组研究的不同点

同组研究与同期群研究比较相似，二者的区别在于同组研究每次研究时，所用的都是同一个样本，即第一次对一组人进行了研究，以后每次再研究时，依旧还需要以这些人作为样本，无论这些人分散在哪里，都要一一找到。然而，对于同期群研究而言，每次研究的具体对象可以不一样，只要研究样本同属于所调查的那个特殊群体即可。

六、论述题

1. 请结合实际，论述研究报告中“研究设计”部分的主要内容。（东财 2007 年研）

答：研究设计是指对整个研究工作进行规划，根据不同的研究类型制定出相应的策略，确定研究的最佳途径，选择合适的研究方法等过程。同时，它还包含着制定详细的操作步骤及研究方案等方面的内容。一项研究的研究计划书中应当包括以下几方面的内容：

(1)说明研究课题的目的和意义

主要是说明研究课题在理论方面或在实践应用方面的价值，对于人们认识世界、改造世界能起到的作用。

(2)说明研究的内容

研究内容是对研究问题的具体分解和细化。在研究计划书中，要详细说明研究的内容。研究课题的确定只是指出了所研究现象的大致范围或基本方向，至于在该题目下，究竟应该研究哪些具体事项，则是在研究计划书中要解决的问题和应完成的任务。

(3)说明研究的理论假设

一般来说，探索性研究和描述性研究不需要事先建立明确的理论假设；只有在解释性研究中，才必须事先建立起明确的理论假设。所以，在解释性研究的计划书中，不能缺少对理论假设的陈述和说明。

(4)说明研究的分析单位和抽样方案

明确研究课题的分析单位，可以使研究者有针对性地收集研究所需要的资料，同时也可以使研究者避免犯层次谬误或简化论的陷阱。而抽样常常涉及研究对象的选取问题，它也是社会研究中一项十分重要的工作。从总体中所抽出的那一小部分样本对总体是否具有代表性、有多大的代表性，与研究中的抽样方法和抽样过程紧密相关。

(5)说明研究资料的收集方法与分析方法

资料收集方法的选择要综合考虑多种因素，比如研究对象的性质、样本规模的大小、研究的目标和重点、研究课题完成的时间要求、研究者的人力、物力是否充足等等。在研究计划书中，需要对上述内容做出恰当的安排。根据研究类型的不同，资料分析方法也有一定的差别，比如探索性研究依赖于定性分析方法，而描述性研究则侧重于基本的描述统计和推论统计。

(6)说明研究人员的组成、组织结构及培训安排

对于一项较大规模的研究课题来说，往往需要多个研究者的共同努力才能完成。同时还可能会涉及挑选、培训调查员的问题。因此，在研究计划书中，必须对研究课题的组成人员及其在研究中所承担的任务进行说明，明确分工，并制定相应的组织和管理办法。对调查员的挑选、培训工作也要事先进行规划，制定出切实可行的培训方案。

(7)确定研究的时间进度和经费使用计划

研究者在开始课题研究之前应该对整个研究工作的时间分配和进度进行安排。每一阶段所分配的时间要合适，还要留有一点余地。特别要注意给研究的设计和准备阶段多安排一些时间。关于如何使用课题经费，应有一个大致的考虑和适当的分配，以保证研究各个阶段的工作都能顺利进行。

2. 试论研究方式的选择，结合实例说明其中一种。

答：研究方式是指贯穿于研究全过程的程序、策略和方法。社会研究首先要根据研究课题和研究目的确定一定的研究类型，然后制定具体的研究程序和研究方案，选择研究的实施方式。社会学的研究方式主要有：调查研究、实验研究、实地研究、利用文献的定量研究。

(1)调查研究

调查研究是指一种采用自填式问卷或结构式访谈的方法，系统地、直接地从一个取自总体的样本那里收集资料，并通过对资料的统计分析来发现和认识社会现象及其规律的社会研究方式。

例如，为了聚焦于中国劳动力的现状与变迁，系统地监测村/居社区的社会结构和劳动力及其家庭的变化与相互影响。由中山大学社会科学调查中心主持一项调查，该调查采用多阶段、多层次与劳动力规模成比例的概率抽样方法，样本覆盖29个省市（除港澳台、西藏、海南外），包含劳动力个体、家庭和社区三个层面的追踪和横截面数据，内容涵盖迁移、教育、工作、健康、社会等信息，通过入户访问与问卷填答收集资料，形成中国劳动力动态调查(CLDS)数据库。

(2)实验研究

实验研究即通过人为地控制环境、情景和影响因素，然后操纵原因变量，考察变量之间的因果关系。在社会研究中，实验法主要应用于社会心理学研究和小群体研究。

(3)实地研究

实地研究是一种深入研究对象的生活背景，以参与观察和无结构访谈的方式收集资料，并通过对这些资料的定性分析来理解和解释现象的社会研究方式。有的研究者按照不同的标准，将实地研究区分为参与观察、个案研究等。它包括对个人、群体的生活史或发展史的考察，对行为动机和社会文化背景的理解以及对社会单位与整个社会环境之间的复杂联系的分析。

(4)利用文献的定量研究

利用文献的定量研究是一种通过收集和分析现存的，以文字、数字、符号、画面等信息形式出现的文献资料，来探讨和分析各种社会行为、社会关系及其他社会现象的研究方式。主要包括内容分析、二次分析和现存统计资料分析。

七、设计题

1. 试就“城市中产阶级的生活方式”这一课题拟一研究方案。（浙大 2007 年研）

相关试题：假设某政府部门委托你来做一个有关城市贫困人群的调查，需要你提供一份研究方案，你该如何完成这一任务？（请结合研究设计中研究方案应当具备的基本内容，完成一份简单的研究方案）（南航 2017 年研）

答：对“城市中产阶级的生活方式”这一课题，拟定的研究方案如下：

（1）研究目的

了解在消费大潮下当代中国中产阶级的生活方式。

（2）研究意义

在中国，中产阶级正以每年新增数百万人的速度强势崛起，构成了新时代中国社会各阶级之中最引人注目的一个群体。中产阶级拥有比较多的机会，创造和享受不断更新的生活方式，他们是创造“新生活方式”的中坚力量，他们的人生观、价值观和财富观等等形成了这个时代和新服务的重要驱动力。

（3）研究内容

本研究将从文化研究角度来了解在消费大潮下当代中国中产阶级的生活方式，包括物质消费方式、精神活动方式和社会交往方式。

（4）研究的分析单位和抽样对象

分析单位是个人，即城市中的中产阶级。城市中产阶级的自我身份意识发展决定着他们的生活方式。抽样对象是城市中产阶级，采用非概率的抽样法。城市中产阶级均属于青壮年，年龄均在 20～40 岁之间。

（5）研究资料的收集方法与分析方法

①研究资料的收集

a. 采用调查研究中的访谈问卷调查。通过对中产阶级，即对 100 位各行各业中产阶级的调查，了解他们在生活中的表现，以及调查他们对生活的评价和整合程度及他们的归属感。

b. 采用定性访谈法，深入研究中产阶级生活方式的表现。通过非顺序性的交谈，了解他们在这一特定阶级中的感想和对此的评价及情感特征。

②研究资料的分析

采用定性资料的分析方法，对所收到的问卷和录音记录进行分析和解释，探讨中产阶级在个人、家庭、社会等因素影响下是如何看待社会生活的，即生活方式是消极还是积极的。

（6）研究人员的组成、组织结构、培训安排

研究人员的组成、组织结构（略）。

培训安排：事先假定突出的研究对象，然后与之进行交谈，了解城市中产阶级的生活方式及其背景。

(7)研究时间进度和经费计划

①准备阶段(第1~3周)

查阅相关文献和最新的统计数据；向负责人提交详细的研究计划。

②调查阶段(第4~8周)

挑选必要的、典型的城市中产阶级；在与城市中产阶级的接触过程中进行实地观察；与部分城市中产阶级交谈，以了解他们在生活中的困难和对群体的评价。

③分析阶段(第9~10周)

对原始资料的整理和审核，进行归类；将原始资料与其他文献资料加以比较；通过统计，将问卷调查的结果进行归类，分析每项的比重。

④总结阶段(第11~13周)

与当地的工作人员探讨实地研究的成果；讨论研究调查中出现的社会问题；进行统计分析，评价问题的难易程度；撰写调查报告。

2. 2009年以来，北京、上海和深圳等一线大城市的房价飞涨，给城市青年人工作和生活等各方面造成较大压力。(中山大学2017年研)

如果由你负责研究“住房分层对广州市青年社会态度的影响”，你计划如何进行?

答：(1)研究计划的撰写

在实际研究中，研究者往往需要将自己的研究设计与研究计划写出来，形成书面报告。这就是研究计划书。从大的方面说，研究计划书中应当包括下述几方面的内容：

①说明研究课题的目的和意义。

②说明研究的内容。

③说明研究的理论假设。

④说明研究的分析单位和抽样方案。

⑤说明研究资料的收集方法与分析方法。

⑥说明研究人员的组成、组织结构及培训安排。

⑦确定研究的时间进度和经费使用计划。

(2)本项目的研究计划书

①研究主题：住房分层对广州市青年社会态度的影响。

②研究目的与研究意义

a. 研究目的：了解广州市青年居住情况，对广州市青年的居住分布特征有一个具体的了解，并在此基础上调查广州市青年群体对自己住房情况的满意度、对住房分层现象的态度以及对社会的态度。

b. 研究意义：将社会分层理论运用于住房领域，研究一种新领域的不平等，探讨住房不公对百姓特别是作为社会中坚力量的青年的社会态度的影响，为国家住房领域改革提供理论依据。

③研究假设

a. 住房分层会使广州市青年感觉到社会不公。

b. 住房分层会使感受到社会不公的广州市青年对社会产生厌恶感。

④研究内容

a. 分析单位：个人，即广州市全体青年。

b. 研究内容：研究广州市青年住房分布特征，以及该市青年对自己住房的满意度，然后在此基础上探讨青年对住房的不公平感，以及分析这种不公平感对他们的社会态度有什么样的影响。

⑤研究方法

研究采用调查研究与实地研究相结合的方式：

a. 抽样方法：研究计划在广州市内按 PPS 抽样方法抽取 2000 名青年进行问卷调查，然后在这 2000 名青年中挑选 20 名进行深度访谈。

b. 问卷设计：问卷从住房满意度，住房不公平感，对社会的厌恶感三个维度进行测量。

⑥研究进度：略。

⑦研究经费：略。

第三章　理论与研究

3.1　复习笔记

【视频导学（名师点拨）】

理论与研究

扫码看视频导学

【知识梳理（庖丁解牛）】

- 理论与研究
  - 理论及其层次
    - 理论的概念
    - 理论的层次
    - 判断理论优劣的标准
  - 理论的构成要素
    - 概念
    - 变量
    - 命题与假设
  - 理论与研究的关系
    - “科学环”（研究的逻辑）
    - 推理方式：归纳推理、演绎推理、假设演绎法
  - 理论建构与理论检验（过程）

【考点难点归纳（去粗取精）】

考点一：理论的层次（见表3－1）★★

表3－1　理论的层次

层次	主要内容
宏观（一般性）理论	针对全部社会现象（各种社会行为），提供高度概括的解释框架
中观（中层）理论	只针对某一方面的社会现象（某一类型的社会行为），提供相对具体的分析框架（证实或证伪）
微观理论	指的是这样一组命题：陈述若干概念之间的关系，而且在逻辑上相互联系（部分可以通过经验来检验）

> **拓展**：理论在研究中的功能
> ①可以消除侥幸心理；
> ②可以合理解释观察到的模式，并且指出更多的可能性；
> ③可以建立研究的形式和方向，指出实证观察可能有所发现的方向。

考点二：理论的构成要素(见表3－2) ★★★★

表3－2 理论的构成要素

要素	主要内容
概念	①含义：对现象的一种抽象(即一类事物的属性在人们主观上的反映)。 ②形式：由定义构成，通常以语言、数字或符号的形式来指明和限定概念所指称的现象
变量	变量实际上属于概念的子集，二者之间的关系如图3－1所示
命题与假设	①命题，陈述一个概念的特征或者多个概念之间的关系。 ②假设，是一种尝试性陈述，陈述有关变量间的关系(它是最常用的命题形式，属于可用经验事实检验的命题)

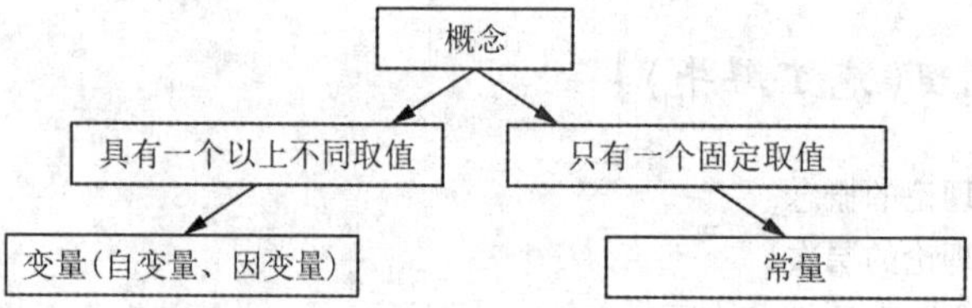

图3－1

考点三：研究的逻辑(“科学环”) ★★★★

根据美国社会学家华莱士在《社会学中的科学逻辑》一书的观点，科学过程中的主要信息成分、方法控制和信息转换(“科学环”)如图3－2所示。

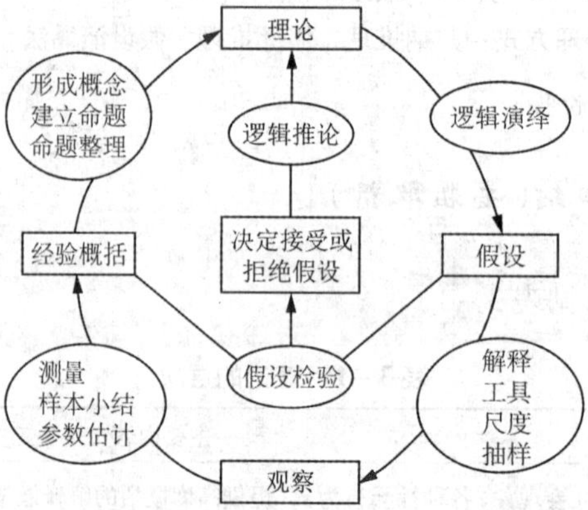

图3－2 科学过程中的主要信息成分、方法控制和信息转换

注：矩形表示信息成分，椭圆表示方法控制，箭头表示信息转换。

“科学环”说明，科学是理论与研究之间不断相互作用的过程。同时要注意，理论和研究在永恒的循环当中，是两个相对独立的组成部分。

拓展："科学环"中的两个入口

①从观察与记录事实入手：观察—经验概括—理论—假设—假设检验。

②从理论出发：理论—假设—观察—经验概括—修改理论或提出新的理论。

考点四：社会研究中的推理方式 ★★★

1. 归纳推理

其过程是从一组具体的观察结果推导出一般性的规律或法则(即从特殊到一般)。归纳推理的作用包括以下几个方面：

(1)系统地提出问题；

(2)提出带规律性的结论；

(3)建构解释现象的理论。

2. 演绎推理

其过程是从一般到特殊(与归纳推理的过程相反)，即从研究者所希望检验的一般性理论开始，然后到现实中去观察、收集资料，以检验这种一般性理论。其作用在于帮助人们检验和判断理论的正确性。

3. 假设演绎法

假设演绎法是归纳推理与演绎推理的有机结合。在科学研究中，一般会将归纳推理与演绎推理的过程相结合运用。

考点五：理论建构与理论检验(见表3-3) ★★★★

表3-3 理论建构与理论检验

要点	主要内容
理论建构的过程 (观察—概括—埋论)	①观察．观察经验现象。 ②经验概括：对现象反复出现的规律或特征进行总结。 ③理论：经过人们的理解之后，对某种事物或现象提出合理的解释(在理解当中孕育创造)
理论检验的过程	以理论为起点，通过演绎推理，作出预言或预测，并通过对实际事物的观察来检验预言的正确性

拓展：经验概括也可以说是对变量之间反复出现的某种相互关系的一种说明。它是对一种由经验数据证实了的变量特征或者变量间关系的一般性阐述。

3.2 课后习题详解

一、基本概念

1. 理论

答：理论是指以系统化的方式将经验世界中某些被挑选的方面概念化并组织起来的一组内在相关的命题。理论具有三方面的特征：①理论来自经验的实践；②理论是一种抽象的、系统的认识；③理论的目标是对经验现实作出解释。

2. 概念

答：概念是指人类在认识过程中，从感性认识上升到理性认识，把所感知的事物的共同本质特点抽象出来并加以概括的一种表达。概念由定义构成，研究者根据概念的定义来理解和想象该概念所指示的现象。

3. 变量

答：变量是指事物的数量标志值随着时间或其他事物的变化而可以取到不同的数值的概念。根据变量取值的性质不同，可以将其分为类别变量、顺序变量、间距变量和比率变量四种类型。根据变量相互之间的关系，又可以将其分为自变量、因变量以及中介变量。

4. 自变量

答：引起其他变量变化的变量称为“自变量”，用 x 来表示。在实验研究中，自变量是实验者主动操纵其变动的变量，即实验刺激；在调查研究中，自变量多为属性变量，比如性别、年龄、民族等。

5. 因变量

答：由于其他变量的变化而导致自身发生变化的变量称为“因变量”，用 y 来表示。在实验研究中，因变量是受实验刺激影响而变动的变量；在调查研究中，因变量多为行为或态度变量。

6. 中介变量

答：中介变量是指出现在更为复杂一些的因果关系链中的第三个变量。它在自变量与因变量的联系中处于二者之间的位置，表明自变量影响因变量的一种方式或途径。在同一个因果关系链中，两个变量之间的因果关系是通过中介变量而相连接的。例如，变量 X 与 Y 之间的关系是另一变量 A 的“媒介”作用的结果，即 X 导致 A，而 A 又导致 Y，X 通过 A 的作用产生与 Y 的关系，变量 A 对 X 与 Y 之间关系的建立起了中介作用，A 即是中介变量。

7. 命题

答：命题是指关于一个概念的特征或多个概念间关系的陈述。命题是由概念直接构成的，一组命题又构成了理论。命题具有不同的类型，包括公理、定律、假设、经验概括等。在社会研究中最常用的命题形式是假设。

8. 假设

答：假设是指以已有的实际材料和科学理论为依据，对未知事实及其规律做出的一种假定性阐述。一般有如下三种陈述形式：①条件式陈述，“如果 A，则 B”；②差异式陈述，“A 不同，B 亦不同”或“A 不同，B 相同”；③函数式陈述，“y 是 x 的函数：$y = f(x)$”。包括三种类型：理论假设、统计假设、工作假设。在社会学研究中，假设起着重要的导向作用。研究者可以从假设中的一般关系推论到具体关系，而具体关系可以通过设置指标加以测定，并通过对一系列指标的测定，证实或否定假设，促进理论发展，充实科学知识。

9. 经验概括

答：经验概括是指对重复出现的现象的规律或特征的总结。它是对一种由经验数据证实了的变量特征或者变量间关系的一般性阐述，适用于所研究的整个一类变量，而不是其中的某一种具体情况。经验概括所阐述的是整个一类变量的或然性，而非必然性。

二、复习思考题

1. 为什么社会研究中常见的理论只是某种“中层理论”，甚至只是陈述“变量之间关系的假设”？

答：中层理论是指介于最高层次的抽象理论(巨型理论)与经验调查(描述性研究)之间的社会学理论。美国默顿批评传统功能主义时提出了该理论。他在 1949 年出版的《社会理论与社会结构》一书中认为，社会学以研究社会生活为目的，但社会生活涉及的问题十分广泛，因而难以概括出一个可以解释全部社会生活、社会现象和人与人之间关系的普遍性理论。因此应当先作一些中层的理论研究，提出比较小的范围的假设，以一些社会现象和社会问题作为研究对象。

默顿认为迪尔克姆对自杀的研究、韦伯对新教伦理与资本主义发展的关系的研究都是中层理论，他自己对社会结构与失范的研究、科层制人格的研究等也属于这一类中层理论研究。他认为这种理论介于一般理论与个别过程之间，用于指导经验研究。

2. 如何衡量几种不同理论的优劣？列举实例说明。

答：(1)在其他条件相同的情况下，判断理论优劣的标准如下：

①解释范围越广泛的理论越是好的理论。

这一条标准反映的是理论的影响面或概括范围。当一种理论的解释范围越大，说明它对多种不同的社会现象都具有解释能力，无疑比那种仅仅只对某一具体的现象有解释力的理论作用更大，因而其应用范围也更广。

②解释越精确的理论越是好的理论。

这一条标准反映的是理论的效果或精确程度。对社会现象的解释和说明更为精确的理论具有更大的解释力。这种理论的逻辑性强，概念精确，具有内在一致性，其对社会现象的解释和说明更令人信服。

③结构越简练的理论越是好的理论。

这一条标准反映的是理论的效率或节俭性。对于同样的社会现象，哪种理论所用的变量最少、所附加的条件最少、理论本身的结构最简单，那么这种理论就最好。

(2)**提示：**此题为开放题，可根据自己掌握的知识，列举不同社会学家的理论并进行相应的评价，言之成理即可。

3. 理论的结构要素包括哪些？它们之间的相互关系是怎样的？

答：(1)理论的结构要素

理论的构成要素包括概念、变量、命题与假设。

①概念由定义构成，这种定义通常以语言的，有时也可以以数字的或符号的形式来指明和限定概念所指称的现象。

②变量是具有一个以上不同取值(不同的子范畴、不同的属性，或不同的亚概念)的概念。在社会研究中，理论是由变量语言构成的，其目的在于描述不同变量及其不同属性之间所存在的某种逻辑关系。

③命题是指关于一个概念的特征或多个概念间关系的陈述。在社会研究中最常用的命题形式是假设。

④假设是指一种有关变量之间关系的尝试性陈述，或者说是一种可用经验事实检验的

命题。

(2)理论的结构要素之间的相互关系

①概念是建构理论的“砖石”和“基本材料”，正是逻辑地联系起来的多个概念形成了理论。

②在社会研究中，理论是由变量语言构成的，其目的在于描述不同变量及其不同属性之间所存在的某种逻辑关系。

③理论的基本组成部分是概念，但理论并不是直接由概念构成的。直接由概念构成的是命题，而理论则是由一组命题所构成的。

④变量是概念的一种特殊形式，假设也是命题的特殊形式。

4. 理论对研究的主要作用体现在哪些方面？用实际研究中的例子说明理论的这些作用。

答：理论对研究的主要作用以及对应的实际研究中的例子具体如下：

(1)理论作为研究的基础、背景，为研究提供特定视野和概念框架

对于特定的社会研究课题，有两个最基本和最重要的来源：现实和理论。许多经验研究都直接源自于理论并为之服务。对于从特定的社会现实中所提出的研究课题，理论还通过提供特定的视野和概念框架来反映这种作用。

例如，对于下岗工人的再就业的现象。提出这一研究课题时，“社会资本”理论、“社会分层”理论、“社会网络”理论等理论都可以帮助人们更深入地探讨该现象。这些不同理论视野的概念框架将引导人们的研究过程探索到一个新的水平。

(2)理论指导研究的方向

进行某个具体的经验研究时，理论可以指导研究者收集特定的事实，指导研究的方向。

例如，对于青少年犯罪的研究，在“制度性”视野下，研究人员往往考察犯罪青少年的家庭背景、社会婚姻制度、学校教育制度以及处理青少年犯罪的司法制度，而在“互动”的视野下，研究人员更加关注青少年犯罪的“互动场景”，考察青少年的交往对象、交往过程、同辈群体等。

(3)理论提供研究的解释

在资料的分析过程中，理论也有着十分重要的作用。具体因果关系模型的确定、相关变量的选择、对变量之间相关关系及因果关系的判断和解释等都离不开理论框架的指引和正确的逻辑分析。

例如，假设一位社会研究者调查发现：黑人男性与白人女性结婚的比例为20%，黑人女性与白人男性结婚的比例为4%，前者远超后者。如果没有理论来解释，研究者只能知其然而不知其所以然。解释二者之间比例的悬殊性，就需要使用某种理论(如交换理论)：由于在社会上，男性的社会地位通常高于女性，因此黑人男性用较高的社会地位去换取白人女性的人种地位，而黑人女性不具有这种条件。

总体而言，理论通过解释所观察到的各种现象，为研究提供有效的指导，从而增加研究成果的价值和意义。

5. 默顿提出的经验研究对理论发展的功能是什么？结合实际研究中的例子说明其中的一个功能。

答：(1)默顿提出的经验研究对理论发展的功能

经验研究并不只是被动地为理论服务，即被动地检验理论、证实理论。它还扮演着另外四种主动的角色。美国社会学家默顿认为，经验研究“至少执行四个主要功能以帮助决定理论的发展”。这四个功能是：开创理论、重整理论、扭转理论、廓清理论。

①开创理论

经验研究中所获得的那些“不期而遇、异乎寻常而有关全局的资料”，经常成为某种理论的开创者。越是富有成效的经验研究，就越有可能成为新的假说和理论的发源地。默顿特别强调，正是这种不期而遇、异乎寻常和有关全局的经验事实，构成了一种“偶发机遇模式”。

②重整理论

一项具体的理论有某种相对性，其往往主要针对现实中的某一类特定现象或过程。但实际社会研究中人们往往会发现一些新的、原有理论框架和概念系统并未注意的事实。这些事实提出了新的变量，它迫使研究者将这些新的变量与一个具体的理论相结合，导致原有理论的重整。

③扭转理论

经验研究中新的研究方法与研究技术的运用大大地拓展了研究者探索现实、建立理论和检验理论的能力。如问卷调查方法、计算机技术、统计软件、历年人口统计资料数据库、内容分析方法、二次分析方法、心理测验、参与观察、焦点小组讨论等，这些新的研究方法的运用不断帮助研究人员形成新的理论兴趣中心，不断为研究者打开建立新理论的窗口与途径。

④廓清理论

经验研究促使概念的澄清。概念是理论建构的砖石，其含义要准确、清晰，这是进行理论建构的基础与前提。“理论化”的工作的一个重要部分即进行概念的澄清。经验研究的一个基本要求是要对概念进行界定，同时，经验研究还通过对所讨论的变量的选取与确定指标来澄清概念。这种概念操作化的过程，要求研究者对概念的内涵与外延、概念的维度、概念的层次性等弄得清清楚楚。

(2)以“开创理论”为例的说明

例如，在霍桑工厂所进行的实验中，研究者所关注的本来是劳动条件与工人生产的产量之间的关系，然而研究在这方面却没有获得结果。幸运的是，研究者意外地从实验中得到了重要的“副产品”：一个以前未被研究者所认识，但却对社会及行为科学研究有着重要影响的现象——那些意识到自己正在被别人观察的个人具有改变自己行为的倾向——这就是著名的“霍桑效应”。

6. 找几篇描述性研究报告，看看报告中是如何对观察进行经验概括的。试以其中的两个经验概括为基础，尝试建立解释它们的理论。

提示：此题为开放题，可从《社会学研究》等期刊中找出几篇描述性研究报告，分析其进行经验概括的方式，并以其中两个经验概括为基础，尝试建立解释它们的理论。

7. 在课堂上就上一题你所提出的理论进行讨论，比较不同理论解释的优劣。

提示：此题为开放题，根据上一题所提出的理论，分析其优劣，言之成理即可。

3.3 考研真题与典型题详解

一、判断并改错题

1. 实证主义方法论往往与归纳法相联系，而人文主义方法论往往与演绎法联系。（南林2014年研）

答：错误。具体分析如下：

在社会学研究中，实证主义方法论和人文主义方法论均可用这两种推理方法。

归纳的过程是从特殊到一般，即从一组具体的观察结果推导出一般性的规律或法则。演绎的过程是从一般到特殊。研究者从他所希望检验的一般性理论开始，然后到现实中去观察、收集资料，以检验这种一般性理论。

2. 假设是对现象的一种抽象，它是一类事物的属性在人们主观上的反映，它在形式上常常是用字、词或词组来表示。（中财2010年研）

答：错误。具体分析如下：

概念是对现象的一种抽象，它是一类事物的属性在人们主观上的反映，同时概念由定义组成，在形式上常常是用字、词或词组以及数字、符号来表示其指明的对象。假设是一种有关变量之间关系的尝试性陈述，或者说一种可用经验事实检验的命题。

3. 演绎推理的过程是从特殊到一般，即从一组具体的观察结果推导出一般性的规律或法则。（中财2010年研）

答：错误。具体分析如下：

归纳推理的过程是从特殊到一般，即从一组具体的观察结果推导出一般性的规律或法则。演绎推理与此正好相反，其推理过程是从一般到特殊。

二、概念题

1. 命题与假设（中央民大2019年研）

相关试题：命题（河北大学2018年研；西北师大2015年研）

答：（1）命题

命题是理论的构架，是对现象之间的关系的陈述，它用于说明“为什么”的问题，命题可依据其理论用途的不同划分为各种类型，不同的类型在抽象性、概括性和可被经验证实的程度方面各不相同。命题的类型主要有：公理、定理、经验概括和假设。

（2）假设

假设是为得出逻辑的或经验的结论并加以检验而设立的试验性假说，假说含有目前未获得充分证据的意思，因而只是一种尝试性的解释。假设可由理论演绎得到。假设必须是可检验的，也就是说，假设必须能够以变量语言来表述。假设有几种不同的陈述方式：①函数式陈述；②条件式陈述；③差异式陈述。

2. 理论（华中农大2015年研；东财2008年研）

答：参见本章课后习题基本概念第1题答案。

3. 中观理论（暨南大学2022年研；南航2015年研）、**中层理论**（广西民大2016年研）

答：中观理论又称中层理论，是以某一方面的社会现象或某一类型的社会行为为对象，提供一种相对具体的分析框架。默顿认为："中观理论的意义在于架通抽象理论研究与具体经验分析之间的桥梁，是一种介于抽象的统一性理论与具体经验性描述之间的理论。"中观理论并不排斥宏观经典理论的思想观点和理论建构策略，而是针对宏观理论因普遍化、抽象化所产生的理想化和空洞化的弊端，旨在开辟被宏观理论所忽视的具体领域和研究方法，增强理论研究的适应性和指导性。

4. 宏观理论（南航 2017 年研）

答：宏观理论又称巨型理论，它往往以全部社会现象或各种社会行为为对象，提供一种高度概括的解释框架。宏观理论往往并不直接与具体的、经验的社会研究发生联系，它们更多的是作为研究人员观察问题、分析问题时所采取的一种理论视角或所依据的一种理论背景。

5. 因果关系（中山大学 2016 年研；南开大学 2016 年研）

答：因果关系是指在两个变量中，一个变量的变化伴有另一变量的变化，即一个变量影响另一个变量，但反过来不成立。例如，抽烟与肺癌的关系就是一个因果关系，抽烟可以导致肺癌，但反过来肺癌不会导致抽烟。一项基本的因果关系只需要一个自变量和一个因变量。

6. 经验概括（南航 2018 年研）

答：参见本章课后习题基本概念第 9 题答案。

7. 演绎（江西师大 2016 年研）

答：演绎是一种推理过程，它是从一般到特殊。研究者从他所希望检验的一般性理论开始，然后到现实中去观察、收集资料，以检验这种一般性理论。在没有经过经验检验的情况下，理论解释通常只是一种可能的解释，因此，演绎推理的作用在于帮助人们检验和判断理论的正确性。

8. 假设演绎法（北科大 2009 年研）

相关试题：归纳法与演绎法（中山大学 2021 年研）

答：假设演绎法是指人们在对事物进行观察与研究的过程当中并提出不同的观点与看法，接下来再引入假设和推理的模式来还原问题并得出结论，然后利用实践来对该结论的真实性进行验证的方法。实践之后所得出的结论如果与假设推理出的结果相一致，可以确认假说是正确的，反之亦然。现阶段主流的假设演绎法模型为：在进行某一个研究工作的时候，对于该问题的研究运用逻辑思维或者推理、想象的方式，将一个假说引出，然后再由该假说推出必然的可观察的待检验陈述。

9. 理论建构与理论检验（中财 2014 年研）

答：（1）理论建构

理论建构是指研究者根据经验观察和经验概括而建构理论假设的过程。在理论形成的过程中要经历一个从经验观察到经验概括，再从经验概括上升到理论的过程。从经验概括到理论需要通过专门的理论建构程序来实现。理论建构的目标是形成理论假设。理论假设在形态上已具有理论命题的形式，但是它还需要通过检验，以形成理论。

（2）理论检验

理论检验是指在社会研究中将已有的理论解释应用于特定社会现象，并以经验事实对其进行验证的过程。其特征是演绎推理。

三、简答题

1. 简述判断理论优劣的标准。（广西民大 2018 年研；赣南师大 2017 年研）

答：(1)理论的概念

理论是以一种系统化的方式将经验世界中某些被挑选的方面概念化并组织起来的一组内在相关的命题。理论有以下特征：①理论来自经验的实践；②理论是一种抽象的、系统的认识；③理论的目标是对经验现实作出解释。

(2)判断理论优劣的标准

参见本章课后习题复习思考题第 2 题答案。

2. 理论的结构要素包括哪些？它们之间的相互关系是怎样的？（暨南大学 2018 年研）

答：参见本章课后习题复习思考题第 3 题答案。

3. 简述概念的主要功能及其应用。

答：(1)概念的主要功能

①提供一种观察或勾画那些无法直接观察到的事物的方式；概念的抽象性对于理论有着重要的作用；概念的发展为研究者提供了一种思想网络，它将各种单个的研究成果相互连接，并且使得不同时期的经验得以组织和再组织。正是这种由概念所形成的思想网络，指引着各个领域的具体研究。

②概念是建构理论的"砖石"和"基本材料"，理论由逻辑地联系起来的概念所形成。概念作用的大小主要取决于以下三个方面的考虑：a. 现象必须至少是潜在可观察的；b. 概念必须是精确的；c. 概念是具有理论重要性的。

(2)概念的应用

①科学概念和术语使得一个科学共同体中的成员相互之间具有某种共同的语言。比如：经济学中，"理性"的含义是"经济行为都是力图以最小的代价去获得最大的利益。"

②在社会研究中所涉及的概念具有复杂性和模糊性，同一概念对于不同的研究者来说，其含义不太一样。因此研究者必须对他所使用的概念加以明确界定。

③社会研究中的概念与现实社会、与人们日常生活经历具有接近性。这给研究者增加了一种将日常生活交谈中所用的概念与在社会研究中所用的同样概念进行区分的负担。

④实际研究中，提炼概念的工作有两种基本的方式：a. 从理论文献中借用概念；b. 从经验材料中抽出概念。

4. 简述因果关系和相关关系的区别。（北科大 2010 年研）

答：(1)相关关系

如果说变量 x 与变量 y 有相关关系，意思就是它们一同起变化，即 x 有变化、y 也有变化，反之也一样。

例如，"声望随着权力的变化而变化"，这里面的声望和权力就是一种相关关系，一个声望很高的人一定也有很大的权力，但这里没有提示，是由于权力而获得声望，还是由于声望而获得权力。也就是说，在相关关系中，一般无法区分哪个是原因，哪个是结果，两者是互为因果的。

如果一个变量值的增加伴随着另一个变量值的增加，或者一个变量值的减少伴随另一个变量值的减少，则这个关系称为正相关，或称直接相关。一个变量值的增加，伴随着另一个变量值的减少，则这个关系称为负相关，或称逆相关。

例如，“交往次数的增加伴随着感情的增加”，那么交往与感情就是正相关的。“现代化程度的提高伴随着人们直接交往的减少”，那么，现代化与交往就是负相关的。

在使用符号表示时，“+”表示正相关，“-”表示负相关，但要注意，正负号并不表示关系的强度，而仅表示变化的方向。

(2)因果关系

在有相关关系的两变量中，如果明确说明了一个变量的变化引起了另一个变量的变化，那么这种关系就可以称作因果关系。因果关系就是“因 x 的变化导致了 y 的变化。”

因果关系必须符合三个条件：①x 和 y 有相关关系；②x、y 之间的关系不是由其他因素形成的；③x 的变化在时间上先于 y 的变化。

例如，如果说“社会整合程度影响越轨行为”，那么，首先“社会整合”(社会组织中一个人与大多数人相结合的程度)与“越轨行为”(偏离或违反社会规范的行为)之间是相关的，它们共同起变化。其次，假如控制其他可能与“越轨行为”相关的因素(如社会经济地位、年龄、性别等)，“社会整合”与“越轨行为”也仍然是相关的。最后，在时间上“社会整合”的变化先于“越轨行为”的出现，由此可以认为这种关系是因果关系。

(3)因果关系和相关关系的主要区别

①因果关系是确定性的关系，而且必定有先后的联系，一个变量是因，另一个变量是果，二者是引起和被引起的关系。而相关关系的两个变量是不确定性的关系，两者是互为因果的。

②相关关系是因果关系的前提条件。如果 x 与 y 之间有因果关系，那么必然有相关关系；反之则不成立。

5. 简述变量的分类并分别举例加以说明。(东财 2010 年研)

相关试题：变量(概念题，广西民大 2018 年研；中财 2010 年研；中山大学 2007 年研)

答：根据不同的标准，可将变量分为不同的类型。

(1)根据变量取值的性质不同，可以把变量分为类别变量、顺序变量、间距变量和比率变量四种类型，对应的测量层次分别称为定类测量、定序测量、定距测量和定比测量。

①类别变量的值只能把研究对象分类，即只能决定研究对象是同类抑或不同类，例如性别、民族背景、婚姻状况。

②顺序变量能决定次序，即变量的值能把研究对象排列高低或大小。如文化程度、工厂规模、年龄。

③间距变量是区别同一类别个案中等级次序及其距离的变量，它除了包括顺序变量的特性外，还能确切测量同一类别各个案高低、大小次序之间的距离，但没有绝对的零点。如摄氏温度。

④比率变量除了具有上述三种变量的全部性质外，还具有一个绝对的零点。如出生率、离婚率、人口密度等。

(2)根据变量相互之间的关系，又可以把变量分为自变量、因变量以及中介变量。

①引起其他变量变化的变量称为自变量。

②由于其他变量的变化而导致自身发生变化的变量称为因变量。

③中介变量则是出现在更为复杂一些的因果关系链中的第三个变量，它在自变量与因变量的联系中处于二者之间的位置，表明自变量影响因变量的一种方式或途径。

例如，涂尔干在研究自杀现象时，提出了解释"婚姻状况"与"自杀率"之间关系的理论。该理论与三个变量有关：婚姻状况、社会融合程度和自杀率。其中，婚姻状况为自变量，自杀率为因变量，社会融合程度为中介变量，它位于自变量和因变量之间。

6. 简述华莱士提出的"科学环"的内容。(华中农大2016年研)

相关试题：

(1)华莱士的"科学环"原理，比较社会研究中两种推理方法。(华中师大2019年研)

(2)阐述美国社会学家华莱士提出的社会研究的逻辑过程。(华中农大2015年研)

答：美国社会学家华莱士在其名著《社会学中的科学逻辑》中提出并详细阐述了社会研究的逻辑过程。

(1)科学环的左右两部分主要体现了社会学研究的两种路径。

①科学环的左边一半意味着从观察出发，通过对观察进行归纳来进行理论建构。

研究人员首先从观察事实、记录事实入手，通过描述和解释观察到的事实，形成经验概括并上升为理论。然后在这个理论的基础上作出预测，即对未知事物的假设，再通过观察新的事实以检验这种预测。

②科学环的右边一半则意味着从理论出发，通过演绎，应用理论于观察中，进行理论检验。

研究人员首先从理论出发，由理论产生假设，再由假设导致观察，然后由观察形成经验概括，用这种概括支持、反对或建议修改理论，或提出新的理论。

(2)科学环的上、下两部分主要体现了社会学研究的两种研究逻辑。

科学环的上面一半代表着运用归纳和演绎等逻辑方法的理论化过程；而科学环的下面一半则代表着运用研究方法所从事的经验研究过程。

7. 什么是假设？它有哪些来源和陈述方式？(中财2010年研)

相关试题：举例说明假设的几种表达方式。(北师大2008年研；浙大2007年研)

答：(1)假设的含义

假设是指以已有的实际材料和科学理论为依据，对未知事实及其规律做出的一种假定性阐述。假设是命题的特殊形式。

(2)假设的来源

在实际的社会研究中，假设常常来源于常识、个人预感或猜测、现有调查资料等几个方面。

①常识来自于人们对现实生活现象的经验总结，它经常直接涉及两种或多种不同现象之间的关系。

②个人的预感或猜测也可能产生研究的假设，当研究者受到某些经验现象和感性认识的启示时，常常可以提出解释现象之间关系的假设。

③现有调查资料和现有理论更经常地成为假设的重要来源。理论本身包含着众多抽象的命题，只要经过合适的逻辑演绎、恰当的操作化，这些来自理论的命题均可以转化为探

讨变量之间关系的经验假设。

(3)假设的陈述方式

一般而言，假设有三种陈述方式：条件式陈述、差异式陈述和函数式陈述。

①条件式陈述，即“如果 x，则 y”，x 称为先决条件，y 称为后果，这种方式常常说明两变量间的因果关系，但有时也只表示相关关系。

②差异式陈述，表达形式是“x 不同，y 也不同”，或者“x 不同，y 相同”。

③函数式陈述，其基本形式是：$y=f(x)$，即 y 是 x 的函数，它是说明若 x 发生变化，则 y 也随之发生变化，反之亦然。在社会研究中，与这种形式对应的假设通常是以“本研究的目的在于探讨 x 与 y 之间的关系”这样的说法来代替的。

8. 简述“假设演绎法”逻辑过程的一般步骤。(安师大2017年研)

答：归纳推理是系统地提出问题、提出带规律性的结论、建构解释现象的理论的过程；而演绎推理可以帮助人们检验一种理论、判断一种理论的正确性，因此在科学研究中，一般的模式是将归纳推理和演绎推理的过程有机地结合起来，构成一种称作“假设演绎法”的逻辑过程。“假设演绎法”由以下四个相互联系的步骤组成：

(1)观察一种现象或一组完整的事件；

(2)对观察的结果进行概括，试图构建一种能够解释所观察的现象的理论；

(3)从这种概括出的理论出发，推演出具有逻辑性的某种结论；

(4)用具体的材料来检验这种理论。

9. 简述“理论检验”的程序并试举一例说明(不要求在每一步都举例)。(中山大学2008年研)

相关试题：理论检验的过程。(浙大2006年研)

答：在科学环中，理论检验包括理论→假设→经验观察→经验概括→接受或拒绝假设→理论这五个阶段。

(1)推演假设

理论检验研究是运用假设检验逻辑，它首先是从理论推演出研究假设。推演的方法主要有两种：

①逻辑推演。逻辑推演是从公理推演出定理(或理论假设)。

②经验推演。经验推演是把理论假设中的概念与经验变量和指标联系起来，然后在经验层次上建立工作假设。在社会研究中，经验推演是与逻辑推演相结合的。

例如，假设“由于流动和熟练劳动力的需要，工业化是扩大式家庭减少和核心家庭增加的主要原因。”可以逻辑地导出下列一组命题：

a. 一个国家越工业化，其家庭结构就越倾向于核心家庭化；

b. 在任何国家中，农村地区扩大式家庭结构的特征强于工业化的城市地区；

c. 因工作而迁移的人，比那些没有迁移的人，与扩大式家庭的联系更弱。

(2)假设的检验

在建立了研究假设之后，就可以进行研究方案的设计，确定调查的时间、地点、对象、选择适当的研究类型及资料收集方法、选择抽样方法和测量工具，以便系统地收集经验资料以检验研究假设。下几步的工作与理论建构研究大致相同，即同样是从经验观察得到资料，通过资料整理、统计、归纳得出经验概括。

不同的是，依据假设而进行的经验观察是有目的、有选择的，收集的资料是系统的、有结构的，由它们得出的经验概括是为了与工作假设进行比较，以判定是否接受或拒绝假设。

一般来说，理论检验包括以下几个步骤：

①确定研究课题、选择理论解释，明确表述所要检验的理论。研究可以对一种或多种理论解释进行检验。

②运用逻辑推演从理论推导出一组理论命题(称为理论假设)。这些命题是抽象的，因为它使用的概念(如工业化、农业社会、社会流动、核心家庭等)缺乏明确的定义，无法直接观测。由一个理论推导出的可检验的理论命题越多，则理论的可检验性就越大。如果在研究中被证实的理论命题越多，则这一理论的真实程度和可信度就越高。

③运用经验推演将理论假设转述为具体的研究假设(又称为工作假设)。这一步称为操作化过程，它是理论检验研究的关键环节。操作化的主要作用是制定概念的抽象定义和操作定义，并将理论概念具体化为可观测的变量和指标，然后用变量语言重新表述理论假设，并用具体的指标(或变量)建立研究假设。

只有对具体的研究假设才能进行研究方案或调查方案的设计，才能明确调查对象、调查内容以及调查的时间、地点。

例如，将“工业化”操作化为“汽车产量”“每百户电话拥有量”等。

④收集有关资料。根据上一步骤的设计方案(包括确定研究类型、调查方法、抽样方案、测量工具等)直接收集与研究假设有关的案例资料和统计资料。

例如，对于上述假设，可以采用抽样调查的方法收集资料。

⑤整理与分析资料。将收集到的各种资料整理、归纳为一些经验概括，然后将它们与研究假设进行比较，并分析：a. 资料对研究假设的支持或否定程度如何；b. 资料、假设对理论命题的支持或否定程度如何；c. 资料、假设和命题对一般理论的支持或否定程度如何等。

资料分析并不像通常所认为的只涉及统计分析和计算机运算，它还涉及逻辑推理、理论思索和创造性的想象。

⑥检验与评判理论。一项研究很少能完全支持或完全否定一般理论，研究结论通常是在某些方面支持理论解释，在其他方面则与理论解释相矛盾。这就需要结合对研究结果的讨论来评价一般理论的适用范围和有效性。

有些研究结果可能是出乎预料或难以解释的，它们能促使研究者思索改进和澄清理论解释。这种思索有助于提出新的理论假设，它可以是又一个理论检验研究的开端。

需要说明的是：社会科学将理论检验过程与理论建构过程区分开来是为了说明不同的研究逻辑。而在实际研究中，这两种过程常常是很难分开的，许多研究是既包括理论检验的成分，也包括理论建构的成分。还有一些研究根本就不涉及任何抽象理论。

四、论述题

1. 试论社会研究中理论框架对于深入理解研究问题的重要意义。

答：参见本章课后习题复习思考题第4题答案。

2. 试从社会学研究方法角度阐述理论的定义、层次及判断理论优劣的标准，并分析理论与经验研究间的关系。（广西民大2016年研）

答：（1）理论的定义

理论是指以系统化的方式将经验世界中某些被挑选的方面概念化并组织起来的一组内在相关的命题。理论具有如下几个方面的特征：①理论来自经验的实践；②理论是一种抽象的、系统的认识；③理论的目标是对经验现实作出解释。

（2）理论的层次

通常将理论划分为三个层次，即宏观理论、中观理论（又称为中层理论）和微观理论。

①宏观理论又称巨型理论，它往往以全部社会现象或各种社会行为为对象，提供一种高度概括的解释框架。

②中观理论又称中层理论，是以某一方面的社会现象或某一类型的社会行为为对象，提供一种相对具体的分析框架。默顿认为："中观理论的意义在于架通抽象理论研究与具体经验分析之间的桥梁，是一种介于抽象的统一性理论与具体经验性描述之间的理论。"

③微观理论是一组陈述若干概念之间的关系并在逻辑上相互联系的命题，其中一些命题可以通过经验检验。微观理论具有三个重要特征：a. 它是由一组命题组成的；b. 这些命题在逻辑上是相互联系的；c. 这些命题中的一部分是可以通过经验来检验的。

（3）判断理论优劣的标准

①解释范围越广泛的理论越是好的理论；

②解释越精确的理论越是好的理论；

③结构越简练的理论越是好的理论。

（4）理论与经验研究间的关系

参见本章课后习题复习思考题第4、5题答案。

3. 试论述理论检验的步骤。（北科大2013年研；浙大2011年研）

相关试题：

（1）简述理论检验的步骤。（简答题，南航2017年研）

（2）理论检验都有哪些步骤？（简答题，广西民大2016年研）

（3）简述"理论检验"的程序并试举一例说明（不要求在每一步都举例）。（中山大学2008年研）

答：理论检验是指通过调查研究来对已有的社会学理论加以验证。验证包含两层含义：①通过调查研究来确定理论的正确性程度；②根据调查研究的结论来对理论的错误及疏漏之处进行修正与完善。理论检验的步骤主要包括：

（1）详细说明待检验的理论。例如，"工业化是扩大式家庭减少和核心家庭增加的主要原因。"

（2）由理论演绎出一组概念化的命题。

（3）用可检验的命题形式即假设的形式重述概念化命题。理论检验的这一步包括操作化的所有任务，即决定如何把抽象的概念"翻译成"具体的、可直接观察的事物。

（4）收集有关的资料。即根据操作化以后的命题，采用调查、实验、观察或访问的方式，收集所需的资料。比如，对于上述假设，研究者就可以采用抽样调查的方法收集资料。

(5)分析资料。即检查有多少证据支持可检验的命题，有多少证据支持概念化的命题，又有多少证据支持原有的理论。

(6)评价理论。检查研究结果与理论的符合程度，其中冲突的部分促使研究人员思考、修改和发展原有的理论，从而不断取得进步。

4. 请问什么是社会研究意义上的“理论”？在理论检验中，理论与经验事实联系的基本方式是“操作化”，请简述从理论到操作化的基本过程，并试举例说明。(中山大学2007年研)

相关试题：如何对一项社会调查课题进行操作化？举例说明。(北科大2007年研)

答：(1)社会研究意义上的“理论”的含义

理论是以系统化的方式将经验世界中某些被挑选的方面概念化并组织起来的一组内在相关的命题。

(2)操作化的含义

操作化是要把无法得到的有关社会结构、制度或过程，以及有关人们行为、思想和特征的内在事实，用代表它们的外在事实来替换，以便于通过后者来研究前者。或者说，操作化就是将抽象的概念转化为可观察的具体指标的过程。它是对那些抽象层次较高的概念进行具体测量所采用的程序、步骤、方法、手段的详细说明。

(3)从理论到操作化的基本过程

对概念进行操作化处理，即给出概念的操作定义，这种定义是一套程序化的工具，它告诉研究人员如何辨识抽象概念所指称的现实世界中的现象。

从大的方面看，这种操作化过程主要包括两个方面的工作：

①澄清与界定概念；

②发展测量指标，包括列出概念的维度和建立测量指标。

(4)举例

测量中国城市居民对社区公共事务的参与情况的操作化方案为：

①澄清与界定概念

中国城市居民对社区公共事务的参与情况是指，我国城市中的居民对于社区中的公共事务参与的程度，包括社区中的各方面事务，比如政治选举、文化娱乐活动等等。

②发展测量指标

a. 列出概念的维度：

第一，城市居民参与社区事务的意愿；

第二，城市居民参与社区事务的实践；

第三，城市居民参与社区事务存在的问题。

b. 建立测量指标：

第一，是否愿意参与社区的公共事务；

第二，更加愿意参与哪种类型的社区公共事务；

第三，您参与过几次社区公共事务；

第四，您认为社区公共事务的参与存在哪些问题。

第四章　选题与文献回顾

4.1　复习笔记

【视频导学(名师点拨)】

选题与文献回顾

扫码看视频导学

【知识梳理(庖丁解牛)】

选题与文献回顾
- 研究问题及其来源：概念、来源
- 选题的标准：重要性、创造性、可行性、合适性
- 研究问题的明确化：含义、方法
- 文献回顾
  - 含义及意义
  - 方法

【考点难点归纳(去粗取精)】

考点一：研究问题(见表4－1)　★★

表4－1　研究问题

要点	主要内容
含义	可以通过研究来回答的问题，即社会研究所要回答的具体问题
来源	现实生活、个人经历或者相关文献

拓展：研究主题

研究主题比研究问题的范围更宽，也更加具有一般性。一般情况下，一个研究主题可以包含多个研究问题，但是，选择研究问题经常是从研究主题开始，逐步缩小范围，然后再到相对较为集中的研究问题。

考点二：选题的标准(见表4－2)　★★★★

表4－2　选题的标准

标准	主要内容
重要性 (意义、价值)	①理论上的重要性：发展学科、形成理论(或检验理论)、认识社会规律、解释社会现象等。 ②实践上的重要性：科学回答具体问题，提供合理的解决办法

续表

标准	主要内容
创造性（与众不同）	研究问题的与众不同之处主要体现在研究的思路、角度，所依据的理论，所研究的对象，所采用的方法以及所研究的内容等方面
可行性（能不能做）	研究者可能会受到主观和客观的限制。因此，需要关注主观条件和客观条件
合适性（是不是最好）	是否最适合研究者的个人特点

考点三：研究问题明确化的含义与方法(见表 4-3)　★★★

表 4-3　研究问题明确化的含义与方法

要点	主要内容
含义	即将模糊的问题明确化，给予明确的陈述(笼统、宽泛→特定)
方法	①缩小问题范围：宽泛→狭窄、一般→特定。 ②明确研究问题

考点四：文献回顾　★★★★

1. 文献回顾的含义及意义(见表 4-4)

表 4-4　文献回顾的含义及意义

要点	主要内容
含义	为了知晓某领域的研究状况而进行的系统查阅和分析的过程(识别→寻找→考察→总结)
意义	①熟悉和了解本领域中已有的研究成果。 ②提供研究思路和方法以供参考。 ③为解释研究结果提供相应的背景资料

2. 文献回顾的过程(见表 4-5)

表 4-5　文献回顾的过程

过程	具体内容
查找文献	通常情况下，社会研究的文献来源主要是：有关的著作、论文以及统计资料和档案材料等
选择文献	选择文献时，需要根据以下几方面的因素来选择：①学术期刊的地位；②文献的相似性；③发表的时间；④研究者在该领域中的学术影响(是否权威)
阅读、分析文献	阅读、分析文献时，需要着重对以下几个方面进行考量：①理论框架和研究背景；②研究方法；③研究结果；④自己的评价

4.2　课后习题详解

一、基本概念

1. 研究问题

答：研究问题是指一项社会研究所要回答的具体问题，是一个可以通过研究来进行回答的问题。社会研究的问题通常比社会世界中的某种社会现象或社会问题更为具体，更为集中，也更为明确。

2. 研究主题

答：研究主题是指社会研究所涉及的某一类现象或问题领域。与研究问题相比，研究主题显得相对宽泛，也更具一般性。选择研究问题的过程通常是从宽泛的研究主题开始，逐步缩小到更为集中的研究问题。

3. 问题的重要性

答：问题的重要性是指研究问题所具有的意义或价值，可以分为理论方面的意义或价值和实践方面的意义或价值。从理论角度看，研究问题的提出应当能促进科学的发展，通过对社会现象的观察、概括和抽象来检验理论或提供新的理论解释。从实践应用的角度看，研究问题的解答应当对社会或实际工作有重大意义和作用，对于不断出现的新现象和新问题，能够提出解决问题的方案和政策性建议。

4. 问题的创造性

答：问题的创造性又称创新性或独特性，是指研究问题应该具有某种新的东西，具有某种与众不同的地方，具有自己的特点。对大多数研究者来说，一项问题具有创造性，通常是指该问题在研究思路、研究角度、依据的理论、研究对象、采用的方法、研究内容等某一方面或某几方面，与前人的研究有所区别，有自己创新的地方。

5. 问题的可行性

答：问题的可行性是指研究人员是否具备进行或完成某一研究课题所需要的主、客观条件。许多情况下，越是具有重要价值和创新性的研究问题，其所受到的主、客观限制往往越多，即它的可行性往往越差。主观限制是指研究人员自身条件方面的限制，客观限制是指进行一项研究时所受到的外在环境或条件的限制。

6. 问题的合适性

答：问题的合适性是指所选择的研究问题最适合研究人员的个人特点。合适性与可行性的区别在于，可行性是关于该项研究"能不能做"的问题，而合适性则是关于该项研究对于研究者来说"是不是最好"的问题。

7. 研究问题的明确化

答：研究问题的明确化，是指通过对研究问题进行界定，给予明确的陈述，以达到将头脑中比较含糊的想法变成清楚明确的研究问题，将最初比较笼统和宽泛的研究范围或领域变成特定领域中的特定现象或特定问题的目的。

8. 文献回顾

答：文献回顾是指对研究问题相关的各种文献进行系统地查阅与分析，以了解该领域研究状况的过程。社会学研究中常用的文献类型有：日记、回忆录、自传、信件、报刊和官方统计数据等。由于文献研究具有无反应性、费用较低、可以研究那些无法接触的社会现象和适于作纵贯分析的优点，故使用较普遍。

二、复习思考题

1. 从社会学期刊中选取若干研究报告，用本章所介绍的选题标准对它们进行评价。

提示：此题为开放题，可根据《社会学研究》及相关社会学期刊选取研究报告并进行评价，言之成理即可。

2. 分析上述社会研究课题的来源，并评价它们的课题明确化工作。

提示：此题为开放题，根据上一题所选取的社会学研究报告，分析其课题来源并评价其课题明确化工作，言之成理即可。

3. 选择一个恰当的研究课题，对于整个社会研究工作来说，具有什么样的意义？

答：一项具体的社会研究开始于对研究问题的选择，"选好了问题也就解决了一半"这一说法正确地解释了提出问题与解决问题之间的辩证关系，很好地体现出提出问题对于解决问题的重要意义。

著名科学家爱因斯坦指出，提出新的问题，新的可能性，从新的角度去看旧的问题，需要有创造性的想象力，它们标志着科学的真正进步。从这个意义上说，正确地提出一个问题，往往比解决一个问题更重要。该看法虽然主要针对自然科学研究，实际上对于社会研究也同样适用。

4. 研究课题的可行性是什么意思？这种可行性与重要性、创新性之间有什么样的关系？

答：选择研究课题对于做好一项具体的社会研究具有十分重要的意义。为了选好题、选准题，必须明确进行选题时所依据的主要标准。在实践中，人们通常采用下列几条标准作为选择研究课题的依据：①重要性；②创造性；③可行性；④合适性。

研究课题的可行性的含义以及这种可行性与重要性、创新性之间的关系，参见本章考研真题与典型题简答题第2题答案。

5. 什么是研究课题的明确化？为什么要对研究课题进行明确化的工作？

答：(1)研究课题的明确化的含义

研究课题的明确化是指通过对研究问题进行界定，给予明确的陈述，以达到将头脑中比较含糊的想法变成清楚明确的研究问题，将最初比较笼统和宽泛的研究范围或领域变成特定领域中的特定现象或特定问题的目的。

(2)对研究课题进行明确化的意义

对研究课题进行明确化是选择研究问题过程中十分重要的一个环节。通过研究课题的明确化，可以把研究者的兴趣和关注点集中到研究领域中的某一具体方面中的具体问题，并将其潜在的、含糊的维度减少到所能处理的水平上。只有经过研究课题的明确化工作，研究人员才能十分清楚地认识到自己真正想研究的是什么。

6. 运用本章所学的知识，选择一个合适的课题作为本课程实践的例子。

提示：此题为开放题，可结合本章课题选择等相关内容，选择合适的课题事例。

7. 到图书馆熟悉查找社会学方面文献资料的方式和方法。

提示：此题为开放题，可通过查找其他社会学方面的文献资料，熟悉文献查找的方式和方法。

8. 通过计算机和学校图书馆的局域网查找下列专题的文献："社会化""亲子关系""离婚原因"。

提示：此题为开放题，具体查找内容可参见CNKI搜索结果。

4.3 考研真题与典型题详解

一、概念题

1. 研究问题(中南财大2010年研；华中农大2010年研)

答：参见本章课后习题基本概念第1题答案。

2. 研究问题的明确化(广西民大2018、2017年研；南航2017年研；华中农大2017年研)

答：参见本章课后习题基本概念第7题答案。

3. 研究主题(河北大学2016年研)

答：参见本章课后习题基本概念第2题答案。

二、简答题

1. 简述社会研究的问题有哪些主要的来源。(赣南师大2017年研)

相关试题：试述社会科学研究选题的来源，并各举一例说明之。(论述题，南林2014年研)

答：(1)研究问题的含义

参见本章课后习题基本概念第1题答案。

(2)研究问题的来源

①现实社会生活

形形色色的社会生活是各种研究问题最主要、最丰富和最经常的来源。在人们的生产和生活实践中，各种可以作为研究问题的社会现象、社会行为、社会问题、社会事件总是客观地存在于人们的周围，要善于观察、勤于思考，在现实社会生活中寻找研究问题。

②个人经历

个人经历是人们参与社会生活的特定记录，这种经历塑造了人们观察各种事物、理解各种现象的基本视角和出发点。因此，对于以观察和理解社会现象为目的的社会研究来说，个人经历与体验可以提供帮助。从某种意义上说，这种从个人自身经历中寻找研究问题的方式，是一种简单实用的方法。

③相关文献

文献在现有知识和研究问题之间建立了重要联系。作为研究问题的想法、灵感和火花，常常可以从学术著作和教科书的内容中，从报刊的文章和标题中，还有各种社会科学的报刊中，在这些文献中能够了解到有关问题的新动态、新趋势，为研究问题的想法、灵感和火花提供参考价值。许多研究问题正是在此基础上得以形成的。

2. 选择研究问题依据哪些标准衡量？(中财2014年研)

相关试题：

(1)简述研究选题的标准。(中财2017年研)

(2)详细阐述选题的标准。(论述题，河北大学2017年研)

(3)请论述：在实践中，人们通常采用哪些标准作为选择调查课题的依据？(论述题，重庆工商2016年研)

(4)简述社会科学研究中，研究课题选择的主要标准。(论述题，南林2015年研)

答：(1)在实践中，人们通常依据重要性、创造性、可行性、合适性的标准进行选题。

①重要性

重要性指的是研究问题所具有的意义或价值，可以分为理论方面的意义或价值和实践方面的意义或价值。从理论角度看，研究问题的提出应当能促进科学的发展，通过对社会现象的观察、概括和抽象来检验理论或提供新的理论解释。从实践应用的角度看，研究问题的解答应当对社会或实际工作有重大意义和作用，对于不断出现的新现象和新问题，能够提出解决问题的方案和政策性建议。

②创造性

创造性指的是研究问题应该具有某种新的东西，具有某种与众不同的地方，具有自己的特点。对大多数研究者来说，一项问题具有创造性，通常是指该问题在研究思路、研究角度、依据的理论、研究对象、采用的方法、研究内容等某一方面或某几方面，与前人的研究有所区别，有自己创新的地方。

③可行性

问题的可行性是指研究人员是否具备进行或完成某一研究课题所需要的主、客观条件。许多情况下，越是具有重要价值和创新性的研究问题，其所受到的主、客观限制往往越多，即它的可行性往往越差。主观限制是指研究人员自身条件方面的限制，客观限制是指进行一项研究时所受到的外在环境或条件的限制。

④合适性

合适性指的是所选择的研究问题最适合研究人员的个人特点。合适性与可行性的区别在于，可行性是关于该项研究"能不能做"的问题，而合适性则是关于该项研究对于研究者来说"是不是最好"的问题。

(2)选择研究问题的四条标准之间存在着某种层次上的联系

重要性是最基本的标准；创造性是在重要性基础上提出的新的标准；可行性在某种意义上可以说是选择研究问题中的决定性标准；合适性则是在前三条标准的基础上提出的更进一步的标准。

这四条标准层层递进，从几个不同的角度，将一个理想的研究问题，从最初众多不成熟的想法、思路和问题雏形中，变得逐渐清晰化和可操作化。

3. 请简单解释社会研究中的可行性原则的具体内容。

答：(1)可行性原则的含义

参见本章考研真题与典型题简答题第2题答案。

(2)影响可行性的主客观限制

①主观限制，是指研究者自身条件方面的限制，包括研究者本人的兴趣、学识、能力、精力、时间、研究条件等等。科学需要想象力和创造力，这在很大程度上取决于研究者对某一专业领域的兴趣和献身精神。此外，研究者的理论水平和研究能力也对题目选择有影响。

②客观限制，是指进行一项研究时受到的外在环境或条件的限制。研究力量、研究经费、人员配合、资料提供、被调查者的协作等方面不能得到较可靠的保证，研究问题违反国家有关政策法令，或者与被研究人员的生活习俗、宗教信仰相违背等，都是导致一项研究课题无法进行的客观障碍。

因此，选择研究问题时，可行性标准至关重要。一项不具备可行性的研究课题，无论其多么有价值、多么有新意，最多也只能是“伟大的空想”。

4. 如何明确研究问题？（南林 2017 年研）

相关试题：在选择研究课题中，如何将研究问题明确化。（论述题，苏州大学 2017 年研）

答：（1）研究问题的含义

研究问题是指一项社会研究所要回答的具体问题。社会研究的问题通常比社会中的某种社会现象或社会问题更为具体，更为集中，也更为明确。研究问题明确化是指通过对研究问题进行界定，给予明确的陈述，以达到将头脑中比较含糊的想法变成清楚明确的研究问题，将最初比较笼统和宽泛的研究范围或领域变成特定领域中的特定现象或特定问题的目的。

（2）研究问题明确化的具体策略

①缩小问题的内容范围。要使研究问题明确化，可以采取先将宽泛的问题转化为狭窄的问题、将一般性问题转化为特定性问题的做法，通过不断缩小问题的内容范围和领域来达到这一目的。在将宽泛的问题转化为狭窄的问题的过程中，文献回顾往往具有十分重要的作用。

②清楚明确地陈述研究的问题。陈述研究的问题也是使研究问题能够明确化的十分重要的一步。这种重要性主要体现在它划定了与研究相关的资料范围。它使得研究者知道哪些资料必须查阅，哪些资料与之无关。与此同时，这种陈述还在一定程度上帮助研究者选择和确定研究方法。同时，在清楚、明确地定义研究问题之前，不要急于收集资料。选择一个有价值、有新意、切实可行、自己也很感兴趣的研究问题，再将这一研究问题明确化，这项社会研究的质量和水平，以及整个社会研究过程的顺利进行才会有基本保证。

5. 请论述文献回顾的意义有哪些，如何进行文献回顾？（中财 2014 年研）

相关试题：

（1）文献回顾（概念题，广西民大 2018 年研；安师大 2017 年研）

（2）请简述文献查阅的过程与方法。（重庆工商 2016 年研）

（3）文献回顾的方法及其作用是什么？（广西民大 2016 年研）

（4）文献回顾常见的方法有哪些？（南航 2015 年研）

答：（1）文献回顾的含义

文献回顾是指对研究问题相关的各种文献进行系统地查阅与分析，以了解该领域研究状况的过程。社会学研究中常用的文献类型有：日记、回忆录、自传、信件、报刊和官方统计数据等。由于文献研究具有无反应性、费用较低、可以研究那些无法接触的社会现象和适于作纵贯分析的优点，故使用较普遍。

（2）文献回顾的意义

①帮助研究者熟悉和了解以往的研究成果。一项研究应当建立在前人成果的基础上，这样才能保证科学的连续性和继承性，避免盲目性和重复研究。

②为研究者提供一些可供参考的研究思路和研究方法。研究者通过对现有理论、方法的借鉴和批判，可选择新的研究角度或手段，并确立本次研究的指导思想和理论假设。

③为解释研究结果提供背景资料。通过收集所研究地区的社会、历史、经济、政治、

文化等方面的文献资料，可得到大量有价值的信息，它们不仅有助于周密的研究设计，而且本身也可供研究和分析研究结果。许多优秀的研究成果都是依靠对历史文献和个案文献的分析完成的。

(3)文献回顾的方法

文献回顾的过程通常包括三项主要的工作任务：

①查找相关的文献。与研究领域相关的著作常常能提供相对全面的研究背景和理论。图书馆则是这方面文献的主要来源。与研究有关的论文是文献查找中最主要的内容。英文的论文可以先从社会科学索引(SSCI)上开始查找。中文的论文则可以通过中国学术期刊网(CNKI)查找。除此之外，还有相关的统计资料和档案材料。

②选择阅读的文献。可以根据学术期刊的地位、文献的相似性和发表的时间来选择，也可以根据研究者在该领域中的学术影响以及是不是权威来选择，但最重要的实际上不是研究者名声的大小，而是其研究质量的高低。

③进行文献阅读。阅读文献时，应对如下几个方面的内容特别注意：a. 理论框架和研究背景。b. 研究方法，包括研究对象、研究方式、抽样设计、样本特征、资料分析方法等等。c. 研究结果。d. 研究评价。

三、论述题

举例说明如何做到选题的创造性？(河北大学 2016 年研)

相关试题：提高选题创造性的途径是什么，举例说明。(湖南师大 2016 年研)

答：(1)问题的创造性的含义

参见本章课后习题基本概念第 4 题答案。

(2)创造性选题

最具创造性的问题是全新的、前人从没有探讨过的问题，是"填补空白""史无前例"、开创性的。然而，要找到一个这样的问题也极为困难。因为无论在哪个领域，完全无人涉足的现象或问题研究已几乎不存在。因此，对于大多数研究者来说，一项问题具有创造性，通常指该问题在研究思路、研究角度、依据理论、研究对象、采用方法、研究内容等某一方面或某几方面，与前人的研究有所区别，有自己创新的地方。

(3)举例说明如何做到选题的创造性

例如一个对青年人的婚姻家庭问题感兴趣的研究者，可以通过以下几种选题方式做到选题的创造性。

①在他看到前人做过"大城市青年结婚消费研究"后，选择做"中小城市青年结婚消费研究"，或者选择做"农村青年结婚消费研究"，这就在研究的对象上有了创新性。

②如果他选择做"大城市青年结婚仪式研究"，或者"大城市青年择偶标准研究"，这就在研究的内容上有了创新性。

③如果前人所研究的是某一特定时期的现象或问题，比如"80 年代青年人的生育观念研究"，那么，就可以选择不同时期的这一现象或问题进行研究，即可以选择"90 年代青年人的生育观念研究"。

需要注意的是，选择研究问题时的这种创造性要有明确的目的，要依据理论或实践上的价值和需要，而不能单纯地为创新而创新。

第二编

定量研究方式

第五章　测量与操作化

5.1　复习笔记

【视频导学(名师点拨)】

测量与操作化

扫码看视频导学

【知识梳理(庖丁解牛)】

测量与操作化
- 测量的概念、要素
- 测量的层次
  - 定类测量
  - 定序测量
  - 定距测量
  - 定比测量
- 概念的操作化
  - 概念、变量与指标
  - 操作化的含义、作用、方法
  - 指标选择的多样性
- 量表
  - 总加量表
  - 李克特量表
  - 语义差异量表
- 测量的信度与效度：二者的含义、关系

【考点难点归纳(去粗取精)】

考点一：测量的要素与层次　★★★

1. 测量的要素(见表5－1)

表5－1　测量的要素

要素	主要内容
测量客体(测量谁)	即测量的对象，是客观世界中需要用数字和符号进行表达的事物或现象

续表

要素	主要内容
测量内容（测量什么）	即测量客体的某种属性或特征
测量法则（怎么测）	即用数字和符号表达事物各种属性或特征的操作规则，或者说是某种具体的操作程序和区分不同特征或属性的标准
数字符号（如何表示）	即用来表示测量结果的工具

2. 测量的层次（见表5－2）

表5－2 测量的层次

层次	主要内容	数学性质
定类测量（类别测量、定名测量）	本质上是一种分类体系，从属性和特征的角度对研究对象加以区分和分类（层次最低）	类别区分（=、≠）
定序测量（等级测量、顺序测量）	取值可以按照某种逻辑顺序将研究对象排列出高低或大小，确定其等级及次序	类别区分（=、≠）次序区分（>、<）
定距测量（等距测量、区间测量）	能够区分社会现象或事物的类别和等级，并且可以确定间隔距离和数量差别，将结果进行加减运算（没有绝对意义的零点）	类别区分（=、≠）次序区分（>、<）距离区分（+、-）
定比测量（等比测量、比例测量）	具有上述三种测量的全部性质，同时，还具有一个绝对的零点（有实际意义的零点）	类别区分（=、≠）次序区分（>、<）距离区分（+、-）比例区分（×、÷）

拓展：

四种测量的层次由低到高，逐渐上升。高层次的测量具有低层次的测量的所有功能，同时，高层次的测量也可以作为低层次的测量处理。

在对社会现象进行测量时，应尽可能使用高层次的测量，其所包含的信息更多，且测量结果更加容易转化为低层次的测量的结果。

考点二：操作化的含义、作用、方法（见表5－3） ★★★★★

表5－3 操作化的含义、作用、方法

要点	具体内容	
含义	将抽象的概念转化为可观察的具体指标（程序、步骤、方法、手段）	
作用	①操作化能够使各种概念和意识在现实社会中显现。（抽象层次→经验层次） ②操作化是具有定量取向的社会研究的关键一环。只有经过了严格的操作化的概念，才能得以测量（理论概念→具体事实→假设检验）	
方法	澄清与界定概念	弄清概念定义的范围→决定一个定义
	发展测量指标	列出概念的维度→建立测量的指标

拓展：操作化并不局限于资料收集与分析之前的阶段，它贯穿于整个研究计划之中。操作化与现实观察同步进行，需要不断修正概念和定义。

考点三：量表的类型(见表5-4) ★★★

表5-4 量表的类型

类型	主要内容
总加量表	即由反映人们对事物的态度或看法的陈述所构成的量表(同意、不同意)
李克特量表	即由对某事物的态度或看法的陈述所构成的量表，是总加量表的特定形式(非常同意、同意、不知道、不同意、非常不同意)
语义差异量表	即用来研究概念对于不同的人所具有的不同含义的量表，它由处于两端的两组意义相反的形容词构成，每一对反义形容词中间分为七个等级，可进行个人或团体间的比较分析或研究人们对事物的态度

拓展：量表的意义

跟指标一样，量表是对变量的复合测量，由此也就拓宽了单一指标所包括的变量的意义。指标和量表都试图在定序测量这个层次上测量变量。不过，与指标相比，量表的优势在于它能够囊括出现在单个指标中的所有强度。在这个意义来说，只要建立了这种强度结构，而且从个人或是其他分析单位收集起来的资料符合强度结构的逻辑，就可以说建立起了一个定序测量。

考点四：测量的信度与效度 ★★★★★

1. 信度的含义及类型(见表5-5)

表5-5 信度的含义及类型

要点		主要内容
含义		用同样的方法对同一对象重复测量时结果一致的程度(可靠性——测量结果的一致性、稳定性)
类型	再测信度	前后测量两次，根据两次的结果所算出的相关系数(不同的时间、同样的对象与测量方式)。两次测量使用的方法、工具相同，但容易受到时间因素的影响
	复本信度	指将一套测量准备两个以上的复本，为同一群研究对象同时测量两套，根据两个复本的测量结果计算出相关系数
	折半信度	指将研究对象在一次中测量所得的结果按照单双号分为两组，计算两组分数之间的相关系数

拓展：检验研究、提高信度的方法

①处理信度问题时，可采用他人使用并检验过的可信的测量方法，将研究结果加以比较。

②测量缺乏信度可能是由工作人员访谈或者编码失误所致。因此可以通过督导致电受访者来检验资料的准确性。也可以请多位编码员对同一资料进行编码，协商解决编码争议。

2. 效度的含义及类型(见表5-6)

表5-6 效度的含义及类型

要点	主要内容
含义	测量的效度又称测量的有效度或准确度，是指测量工具或测量手段能够准确测出所要测量的变量的程度，或者说能够准确、真实地度量事物属性的程度

续表

要点		主要内容
类型	表面效度（内容效度、逻辑效度）	指测量内容或测量指标与测量目标之间的适合性和逻辑相符性
	准则效度（实用效度、经验效度）	指用一种不同以往的测量方式或指标对同一事物或变量进行测量时，将原有的一种测量方式或指标作为准则，用新的方式或指标所得到的测量结果与原有准则的测量结果作比较，看二者的相关程度，并用这种特定的相关系数（效度系数）来反映测量工具或手段的效度
	结构效度（构造效度）	通过利用现有的理论或命题来考察当前测量工具或手段的效度，它涉及一个理论的关系结构中其他概念（或变量）的测量

拓展：信度与效度之间的关系——相互联系、相互制约

①一般来说，缺乏信度的测量必然是无效度的，但具有很高信度的测量并不一定是高效度的。

②在追求测量的信度时，常常会在一定程度上降低测量的效度；同时，在追求测量的效度时，也会影响测量的信度。

5.2　课后习题详解

一、基本概念

1. 测量

答：测量是指按一定的法则对研究对象的属性在数量上赋值的过程。测量对象、测量值、法则是测量的三要素。其中法则是测量的关键，是将数值或数字符号分派给测量对象的根据。由对测量对象数量化程度的高低决定测量水平。依次可分为定类测量、定序测量、定距测量和定比测量四个层次。

2. 定类测量

答：定类测量又称类别测量或定名测量，是指对测量对象类型的鉴别。它是测量层次中最低的一种。定类测量在本质上是一种分类体系，即将研究对象的不同属性或特征加以区分，标以不同的名称或符号，确定其类别。定类测量的数学特征主要是等于与不等于（或者属于与不属于）。由于定类测量实质上是一种分类体系，因而必须注意所分的类别既要具有穷尽性，又要具有互斥性。

3. 定序测量

答：定序测量又称等级测量或顺序测量，是指对测量对象的特征或属性作次序的鉴别。定序测量可以按某种特征或标准将对象区分为强度、程度或等级不同的序列。定序测量的数学特征是大于或小于（ >或者 <），它比定类测量的数学特征高一个层次。定序测量除了具备定类测量的对称性（即区分同类与不同类）以外，还具备不对称性，即甲对乙具有某种关系，并不等于乙对甲也有这种关系。

4. 定距测量

答：定距测量又称等距测量或区间测量，是指对测量对象之间真实差距的鉴别。定距测量的结果相互之间可以进行加减运算。定距测量的值虽然可以为0，但这个0却不具备数学中“0”的含义。从测量的角度看，此时的0只不过是一个特定的数字而已，它是人们主观

认定和选取的。

5. 定比测量

答：定比测量又称等比测量或比例测量，是指确立测量对象之间的比率。定比测量除了具有定类测量、定序测量、定距测量的全部性质之外，还具有一个绝对的零点(有实际意义的零点)。它测量的数据可以执行加法和减法运算以及乘法和除法运算。

6. 操作化

答：操作化是指在社会调查研究中，将抽象的概念转化为可观察的具体指标的过程。它是对那些抽象层次较高的概念进行具体测量所采用的程序、步骤、方法、手段的详细说明。操作化的主要作用是制定概念的抽象定义和操作定义，并将理论概念具体化为可观测的变量和指标，然后用变量语言重新表述理论假设，并用具体的指标(或变量)建立研究假设。操作化过程主要包括澄清与界定概念和发展测量指标两个方面的工作。

7. 量表

答：量表是指一种具有结构强度顺序的复合测量，即全部陈述或项目都是按一定的结构顺序来安排的，以反映出所测量的概念具有的各种不同的程度。量表的作用在于精确度量一个较抽象的或综合性较强的概念，特别是度量态度和观念(如生育态度、种族偏见、政治倾向)的不同程度或差异。量表的各个项目相互之间存在着一种趋强的顺序。

8. 总加量表

答：总加量表是指根据被测试者在一组语句(体现人们对事物的态度或看法)上测得分数相加之后，反映他们在量表上测量出来的态度强弱的态度量表。它是常用的态度量表之一。态度量表是在社会调查中，当研究者需要测量人们的态度、看法、意见、性格等主观性较强的内容时所借助的测量表。

9. 李克特量表

答：李克特量表是指美国社会心理学家李克特在原有的总加量表的基础上改进而成的量表。李克特量表由一组陈述组成，每一陈述有“非常同意”“同意”“不一定”“不同意”“非常不同意”五种回答，分别记为1、2、3、4、5分，每个被调查者的态度总分就是他对各道题的回答所得分数的加总，这一总分可说明他的态度强弱或他在这一量表上的不同状态。

10. 语义差异量表

答：语义差异量表又称语义分化量表，是用一组意义相反的陈述或形容词构成一份评价量表，以用来测量人们对某一特定概念或事物的不同意识和感受。在不同的学科中，语义差异量表的特点有所不同。一般来说，在心理学、社会心理学中，所用量表常常由成对的形容词构成，而在社会学、政治学等学科中常常以成对的陈述构成量表。

11. 信度

答：信度即可靠性，是指采取同样的方法对同一对象重复进行测量时，其所得结果相一致的程度。即是指测量结果的一致性或稳定性，测量工具能否稳定地测量所测的事物或变量。信度的基本的类型包括：①再测信度；②复本信度；③折半信度。

12. 再测信度

答：再测信度是指对同一群对象采用同一种测量，在不同的时间点先后测量两次，根据两次测量的结果计算出相关系数的信度检查方法。这种信度检查方法是最常用、最普遍的。再测信度适用于异质性测验。异质性测验是一个测验包括几个不同的部分，这几个部分分别测量几个不同的特质。它们之间可能并不存在相关或相关很低。对于这种异质性测验不适宜计算其内在一致性信度。这时，再测信度是比较可靠的，计算出的信度值也比较高。

13. 复本信度

答：复本信度是指用两套具有相似性的测量工具所测结果的相似程度表示测验结果的稳定性、一致性。一种为在同时连续施测两个等值测验的信度；一种为相距一段时间分两次施测两个等值测验的信度。前者的复本信度又称等值性系数。后者的复本信度又称稳定性与等值性系数。属于复本的等值性系数，其分数不一致，主要来自题目取样的差别。

14. 折半信度

答：折半信度是将研究对象在一次测量中所得的结果，按测量项目的单双号分为两组，计算这两组分数之间的相关系数。在无复本且不准备重测的情况下，通常采用折半法以估计信度。折半法是将调查来的结果，按题目的单、双数分成两半记分，再根据各个人的这两部分的总分，计算其相关系数，就得到折半信度。它可以检查出问卷或量表中所询问的各项问题是否都针对同样的研究内容。

15. 效度

答：测量的效度又称测量的有效度或准确度，是指测量工具或测量手段能够准确测出所要测量的变量属性的程度，或者说能够准确、真实地度量事物属性的程度。效度关注的问题是所测量的是否是希望测量的，也可以说，效度是指测量标准或所用的指标能够如实反映某一概念真正含义的程度。测量的效度包括表面效度、准则效度和构造效度三种不同的类型。

16. 表面效度

答：表面效度又称内容效度或逻辑效度，是指测量内容或测量指标与测量目标之间的适合性和逻辑相符性。判断一种测量是否具有表面效度，首先必须知道所测量的概念是如何定义的，其次需要知道这种测量所收集到的信息是否和该概念密切相关，然后评价者才能尽其判断能力之所及，做出结论。

17. 准则效度

答：准则效度又称实用效度或经验效度，是指用一种不同于以往的测量方式或指标对同一事物或变量进行测量时，将原有的一种测量方式或指标作为准则，将新的方式或指标所得到的测量结果和原有准则的测量结果作比较，看二者的相关程度，并用这种特定的相关系数(称为效度系数)来反映测量工具或手段的效度。若新的测量方式或指标与原有的作为准则的测量方式或指标具有一样的效果，那么，其效度系数就高，就认为这种新的测量方式或指标具有准则效度。

18. 结构效度

答：结构效度又称构造效度、理论效度或建构效度。它通过利用现有的理论或命题来考察当前测量工具或手段的效度，它涉及一个理论的关系结构中其他概念(或变量)的测量。考察结构效度是要了解测量工具是否反映了概念和命题的内部结构。它通常在理论性研究中使用。

二、复习思考题

1. 对人们的"婚姻状况""受教育年限""学术水平"的测量属于哪一层次的测量?

答:(1)"婚姻状况"属于定类测量层次。

定类测量又称类别测量或定名测量，它是测量层次中最低的一种。定类测量在本质上是一种分类体系，即将研究对象的不同属性或特征加以区分，标以不同的名称或符号，确定其类别。数学特征上可以用等于或不等于来描述。对于婚姻状况，可以将其划分为未婚、已婚、离异以及丧偶。

(2)"受教育年限"属于定距测量层次。

定距测量又称等距测量或区间测量，是指对测量对象之间真实差距的鉴别。测量结果相互之间可以进行加减运算。对于受教育年限的测量，不仅可以说明哪一类别的等级较高，而且还能说明这一等级比那一等级高出多少单位。

(3)"学术水平"属于定序测量层次。

定序测量又称等级测量或顺序测量，是指对测量对象的特征或属性作次序的鉴别。定序测量可以按某种特征或标准将对象区分为强度、程度或等级不同的序列。定序测量的数学特征是大于或小于。对于学术水平的测量，可以用"高等、中等、低等"来表示。

2. 量表主要是用来测量什么的?请设计一份测量人们对夫妻家庭角色看法的李克特量表。

答:(1)在社会研究中，量表主要是用来测量那些难以用单一指标进行测量的概念或内容。这些概念抽象层次较高，内容的主观性较强，具有潜伏性特征，其构成也比较复杂。

(2)李克特量表由一组对某事物的态度或看法的陈述组成，回答者对这些陈述的回答被分成"非常同意、同意、不知道、不同意、非常不同意"五类，或者"赞成、比较赞成、无所谓、比较反对、反对"五类。相比于总加量表，在李克特量表中，由于答案类型的增多，人们在态度上的差别能更清楚地反映出来。测量人们对夫妻家庭角色看法的李克特量表设计如表 5-7 所示。

表 5-7 李克特量表

对夫妻家庭角色的看法	非常同意	同意	无所谓	不同意	非常不同意
1. 妻子应该承担主要的家务					
2. 丈夫应该承担主要的家务					
3. 夫妻应该共同承担家务					
4. 家里的日常开销应该主要由丈夫承担					
5. 家里的日常开销应该主要由妻子承担					
6 家里的日常开销应该由夫妻共同承担					
7. 买车、买房这样的重大事务应该由丈夫做最后的决定					
8. 买车、买房这样的重大事务应该由妻子做最后的决定					
9. 别人请客吃饭，应该主要由丈夫出去应酬					
10. 别人请客吃饭，应该主要由妻子出去应酬					
11. 别人请客吃饭，应该夫妻共同出去应酬					
12. 妻子应该主要承担照顾父母的责任					

续表

对夫妻家庭角色的看法	非常同意	同意	无所谓	不同意	非常不同意
13. 丈夫应该主要承担照顾父母的责任					
14. 妻子应该主要承担教育子女的责任					
15. 丈夫应该主要承担教育子女的责任					

3. 试简要说明概念、变量、指标三者之间的联系与区别。

答：(1)概念、变量、指标三者的区别

①概念是指人类在认识过程中，从感性认识上升到理性认识，把所感知的事物的共同本质特点抽象出来并加以概括的一种表达。概念由定义构成，是建筑理论大厦的砖石。

②变量是指具有一个以上取值的概念，或者说，就是包括一个以上范畴的概念。而那些只有一个固定不变的值的概念称为常量。

③指标是表示一个概念或变量的含义的一组可观察到的事物。

(2)概念、变量、指标三者之间的联系

由概念到变量再到指标，是由抽象层次下降到经验层次。变量是对概念的具体化，“它是通过对概念的定义和一个或一组有效的测量指标而构成的”。指标是表示抽象概念的一组具体事项，由它们可收集与这一概念相联系的经验资料。概念是抽象的，指标是具体的；概念是人们的主观印象，指标则是客观存在的事物。概念只能想象，指标则可以观察和辨认。变量在经验层次上与概念相对应，它的内涵与所界定过的概念相一致。如“工业化”有多种涵义，但在这一研究中，研究者是从历史发展阶段和经济发展程度等方面来界定的，它主要指“工业化程度”。指标与变量不同，指标只表示概念内涵中某些可以观察到的内容。一般来说，指标内涵小于变量的内涵。不过，如果变量只有一个测量指标，那么两者是一致的。如“文化”的概念，当界定为“文化程度”这一变量时，它的测量指标与变量名称相同。其他如年龄、性别等也是如此。

“概念”“变量”和“指标”之间的关系具体如图 5－1 所示。

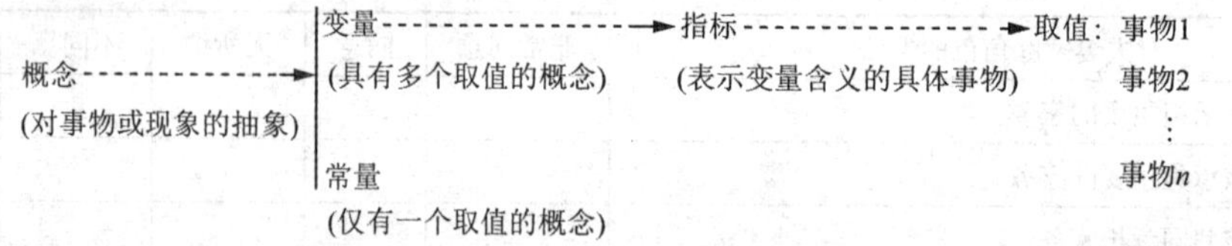

图 5－1　概念、变量、指标及取值关系图

4. 请举例说明操作化在社会调查中的地位和作用。

答：操作化是将抽象的概念转化为可观察的具体指标的过程，是对那些抽象层次较高的概念进行具体测量时所采用的程序、步骤、方法、手段的详细说明。

(1)操作化在社会调查中的地位和作用

操作化是社会研究中由理论到实际、由抽象到具体这一过程的“瓶颈”。

①对事物共同本质进行抽象概括的各种概念、意识，是研究者用以构建其理论大厦的基石，只有对其进行操作化之后，才会将抽象的概念具体化成普通人可以看得见、摸得着的东西，才能进行更好的测量。

②操作化也是具有定量取向的社会研究的关键一环。只有通过操作化的过程，将抽象定义转换为操作定义，才能说明如何测量一个概念(变量)。

(2)举例说明操作化在社会调查中的地位和作用

例如，“同情心”的概念。虽然这个概念在日常生活中经常被使用，但其却无法作为实体存在，因为人们无法了解它的形状、大小、颜色，更无法触摸。但是，一旦将“同情心”的概念操作化为“主动帮助盲人过街”“主动给讨饭者钱物”“主动为灾区捐款”时，便可以进行测量和观察。

操作化的作用正是让那些通常只存在于人们头脑中的抽象概念，最终在人们所熟悉、所生活的现实世界中“现出原形”，让那些本来只能靠思维去理解、去体验的东西，“变成”看得见、摸得着的东西。

5. 试对概念“越轨行为”“上进心”“媒介接触”和“生育意愿”进行操作化。

答：操作化的方法和步骤包括：概念的澄清与界定；发展测量指标(列出概念的维度、建立测量指标)。

(1)对“越轨行为”进行操作化

①概念界定。越轨行为是指违反重要的社会规范的行为。

②列出概念维度。越轨行为的主要类型有：a. 不适当行为；b. 异常行为；c. 自毁行为；d. 不道德行为；e. 反社会行为；f. 犯罪行为。

③建立测量指标。包括：a. 性别；b. 年龄；c. 职业；d. 您是否遵守社会秩序；e. 是否维护社会道德；f. 如何看待他人的生命安全；g. 如何看待犯罪问题。

(2)对“上进心”进行操作化

①概念界定。上进心又称进取心，是一种不断要求上进、立志有所作为的心理状态。只要始终保持一种发展的意愿和努力，就是有上进心。

②列出概念维度。上进心的主要表现维度包括：a. 不断要求上进；b. 有立志心态；c. 有理想；d. 积极肯干；e. 不怕困难。

③建立测量指标。包括：a. 您对未来的职业计划是什么；b. 您面对困难时是努力克服还是退缩不前；c. 当看到别人取得成绩时，您是怎么对待的；d. 您有梦想吗？为实现这个梦想作出了什么努力。

(3)对“媒介接触”进行操作化

①概念界定。媒介接触是指人们接触到媒介的行为。

②列出概念维度。媒介接触行为的发生条件，包括：a. 媒介接触的可能性；b. 媒介接触的内容。

③建立测量指标。包括：a. 您平时用哪一种媒介了解信息；b. 您对哪方面的信息感兴趣；c. 您对了解到的信息是否作出自己的评价；d. 您多久浏览一次感兴趣的信息。

(4)对“生育意愿”进行操作化

①概念界定。生育意愿是指人们关于生育行为的态度和看法。

②列出概念维度。生育意愿主要涉及四方面的问题，包括：a. 生育目的；b. 对生育孩子数量的看法；c. 对生育孩子的性别的看法；d. 对生育时间的看法。

③建立测量指标。包括：a. 您为什么想要孩子，是精神慰藉、家庭稳定，还是顺其自

然或其他；b. 您想要几个孩子；c. 您想要男孩还是女孩，还是无所谓；d. 您想什么时候生育孩子。

6. 仔细分析前几章练习中你所找到的几篇社会研究报告中的基本变量及其操作化方法，看看你可否对其做一些改进或补充。

提示： 根据前几章中所选取的社会研究报告，分析其中的基本变量及操作方法，并尝试进行改进或补充，言之成理即可。

7. 试比较全国妇联《中国妇女社会地位调查》中用来测量"妇女社会地位"的指标与中国社会科学院人口研究所做的同类研究中所用的测量指标，并做出你的评价。

答：(1)全国妇联与社科院关于"妇女社会地位"的测量指标

①"中国妇女社会地位研究"是全国妇联1990年开展的一项重要国情调查，在他们的指标体系中，中国妇女社会地位包括政治地位、经济地位、法律地位、教育地位和家庭地位等。

②20世纪90年代，中国社会科学院人口研究所承担"当代中国妇女地位研究"的课题项目，该项目旨在对我国当代妇女地位(重点是妇女家庭地位)进行理论和实证的研究。在本次研究中，妇女家庭地位测量所使用的指标为收入管理权、收入支配使用权、消费(购物)决定权、婚姻决定权、生育决定权、对于个人发展方面的决定权、对子女发展的决定权等7个方面。

(2)对全国妇联与社科院关于"妇女社会地位"的测量指标的评价

①许多比较抽象的概念往往具有若干不同的方面或维度。在一般情况下，一个抽象概念往往涵盖着现实生活中的多种现象，而不仅仅是对一个单纯的、可直接观察到的现象的概括和总结。"妇女的社会地位"就是这种具有多个不同维度的概念的一个例子。因此，在界定概念的过程中，对概念进行不同维度的定义，对于概念的操作化和测量指标的确定，具有十分重要的意义。妇联的调查和人口研究所的调查都分别列出了"妇女的社会地位"的不同维度，进而进行测量指标的选择。

②对于有些概念来说，建立一个测量指标是简单的。比如，人们的"性别""文化程度""婚姻状况"这样的概念就是如此。但是，对于其他一些比较复杂、抽象的概念来说，发展和建立测量指标却不是一件容易的事。通常可以采取下列两种方式来发展概念的指标：

a. 寻找和利用前人已有的指标。对于那些复杂概念，尤其是对于一些测量人格、态度方面的量表，往往经过多次的运用和修改，形成比较有效度和信度的测量工具，成为可用的指标。当然随着社会事物的变迁，许多指标不一定完全适合当前的概念，需要根据实际情况进行变化。利用前人已有的指标来进行测量，有利于与其他研究所得结果进行比较，同时也更有利于社会知识的积累和形成。全国妇联所做的测量指标，从政治、经济、法律、教育和家庭地位这五个维度看，是比较通用的划分方式，其涵盖范围比较广，是一种综合的测量指标划分方式。

b. 研究者先进行一段时间的探索性研究。采用实地观察和无结构式访问的方式，进行资料收集的初步工作。尤其是与被研究者中的关键人物进行比较深入的交谈，从这些人那里获得符合实际的答案。这样有利于研究者从被研究者的角度出发来看待事物，更好地了解被研究者的特征和真实想法。所有这些都会对研究者发展出测量概念的指标提供极大的帮助。中国社会科学院人口研究所做的测量指标突出女性家庭地位的测量，其维度的划分建立在实践研究和经验的层次上，更具针对性。

③有些抽象概念往往很难，甚至不可能在具体现象中找到其所对应的指标，而且在许多情况下，一个操作性定义往往不能够完全代表一个概念，这也是社会研究有时受到批评和指责的原因之一。

同时，对于同一个抽象概念，可能在具体方法和测量指标方面，存在多种不同的选择。这也就是说，对同一个概念进行测量时，可能存在不同的测量指标。而所采用的不同的操作化方式及其所产生的测量指标，可能会产生不同的研究结果。不同的操作化结果没有绝对正确之分，只是在反映概念内涵的准确性和外延的涵盖性上存在着程度上的差别。因此，妇联和人口研究所在研究"妇女的社会地位"时选择的不同指标，只是两项研究根据各自的研究日的来选择的不同的反映"妇女的社会地位"这一概念内涵的方面，二者在反映概念内涵的准确性和涵盖性上各有优劣。

5.3　考研真题与典型题详解

一、单项选择题

1. 具有一个以上取值的概念被称为(　　)。

A. 变量　　B. 范畴　　C. 指标　　D. 常量

【解析】变量是指具有一个以上取值的概念，或者说，就是包括一个以上范畴的概念。而那些只有一个固定不变的值的概念，则叫作常量。指标是表示一个概念或变量的含义的一组可观察到的事物。

2. 幼儿园希望了解儿童口头表达能力，分别在今年5月和7月进行了两次内容相同的测试，两次所得结果的一致性程度属于(　　)。(中山大学2015年研)

A. 折半信度　　B. 表面信度　　C. 再测信度　　D. 复本信度

【解析】再测信度是指对同一群对象采用同一种测量，在不同的时间点先后测量两次，根据两次测量的结果计算出相关系数，这种相关系数就称为再测信度。这是一种最常用、最普遍的信度检查方法。使用这种方法时，两次测量所采用的方法、所使用的工具是完全一样的。

3. 学校考试出A、B卷属于(　　)。(中山大学2018年研)

A. 再测信度　　B. 折半信度　　C. 表面效度　　D. 复本信度

【解析】复本信度又称等值信度，是用两套具有相似性的测量工具所测结果的相似程度表示测验结果的稳定性、一致性。比如，学校考试时出的A、B卷就是这种复本的一个近似的例子。在社会研究中，研究人员可以设计两份研究问卷，每份使用不同的项目，但都用来测量同一个概念或事物，对同一群对象同时用这两份问卷进行测量，然后根据两份问卷所得的分数计算其复本信度。

4. 下列量表中，哪一种具有计算题目分辨力的功能？(　　)(中财2009年研)

A. 李克特量表　　B. 格特曼量表　　C. 鲍格达斯量表　　D. 语义差异量表

1A　2C　3D　4A

【解析】李克特量表是总加量表的一种特定形式，是目前使用最广泛的总加量表。只有总加量表具有计算分辨力的功能，格特曼量表、鲍格达斯量表、语义差异量表都无法计算分辨力。

5. 用来测量社会距离或社会交往程度的量表是（　　）。（中财 2008 年研）

A. 李克特量表　B. 格特曼量表　C. 鲍格达斯量表　D. 语义差异量表

【解析】鲍格达斯量表又称社会距离量表，是由一组表示不同社会距离或社会交往程度的陈述组成的，要求被调查者根据自己的看法对这些陈述表态的，用来测量社会距离或社会交往程度的量表。其测量所得到的结果，既可以用来比较具有不同特征的人们对某一群体的社会距离的大小，也可以用来比较具有相同特征的人们对不同的群体的社会距离的大小。

6. 如果想要调查珠江附近居民对于珠江水质的满意度，最为合适的量表为（　　）。（中山大学 2018 年研）

A. 鲍格达斯社会距离量表　B. 李克特量表

C. 语义差异量表　D. 贝利生育意愿量表

【解析】李克特量表由一组陈述组成，每一陈述有“非常同意”“同意”“不一定”“不同意”“非常不同意”五种回答，分别记为 1、2、3、4、5 分，每个被调查者的态度总分就是他对各道题的回答所得分数的加总，这一总分可说明他的态度强弱或他在这一量表上的不同状态。由于答案类型的多样，人们在态度上的差别能更清楚地反映出来。题中，调查居民对珠江水质的满意度，宜采用李克特量表。

7. 下面哪种关于信度与效度关系的说法是错误的？（　　）（暨南大学 2018 年研）

A. 信度低，效度不可能高　B. 信度高，效度必然高

C. 效度低，信度有可能高　D. 效度高，信度必然也高

【解析】测量的信度与效度之间存在着某种既相互联系，又相互制约的关系。一般说来，信度低，效度必然低，但信度高，效度不一定高。测量的信度是效度的必要条件，但不是充分条件，无信度必然无效度，但有信度未必有效度。反之，效度是信度的充分条件但不是必要条件，有效度必然会有信度，但无效度却未必无信度。

二、多项选择题

1. 下列测量中属于定比测量的有（　　）。（中财 2012 年研）

A. 温度　B. 收入　C. 人口出生率　D. 公元纪年

E. 职业

【解析】定比测量又称等比测量或比例测量，是测量中的最高层次，它除了含有定类测量、定序测量和定距测量的特征之外，还有一个特征就是具有实在意义的真正零点。所以，它测量所得到的数据既能进行加减运算，又能进行乘除运算。AD 两项没有绝对的零点；E 项，职业属于定类变量。

2. 下列属于检验测量工具稳定性程度的方法有（　　）。（中财 2009 年研）

A. 表面效度　B. 准则效度　C. 再测信度　D. 折半信度

5C　6B　7B　┃　1BC　2CDE

E. 复本信度

【解析】信度即可靠性，是指测量结果的一致性或稳定性，即测量工具能否稳定地测量所测的事物或变量。信度的基本类型包括三种：①再测信度；②折半信度；③复本信度。

三、判断并改错题

概念的操作化是在社会研究中，使研究问题由实际到理论、由具体上升到抽象的过程。(南林 2015 年研)

答：错误

操作化指的是将抽象的概念转化为可观察的具体指标的过程。比如，将抽象概念“中国妇女社会地位”转化为“法律权利”“生育与健康”“教育”“劳动就业”等方面的指标。

四、概念题

1. 社会测量(安师大 2016 年研)

答：社会测量是指根据一定的法则，将某种物体或现象所具有的属性或特征用数字或符号表示出来的过程。测量的主要作用在于，用数据来描述观察到的现象，对事物的属性做定量的说明的同时，确定事物的特定属性。在社会研究中，研究者所进行的大部分测量往往是定性的测量。

2. 定比测量(安师大 2014 年研)

答：参见本章课后习题基本概念第 5 题答案。

3. 操作化(operationalization)(人大 2025 年研；山东大学 2018 年研；南航 2017 年研；北师大 2016 年研；华中农大 2016 年研；中山大学 2016 年研)

答：参见本章课后习题基本概念第 6 题答案。

4. 操作定义(人大 2007 年研)

答：操作定义指的是建立一些具体的程序或指标来说明如何测量一个概念(变量)。即对概念(变量)的具体度量的方案，如“智力”的操作定义是“在智力测验的各个项目上的综合得分”。

5. 总加量表(吉林大学 2018 年研；人大 2017 年研；安师大 2014 年研)

答：参见本章课后习题基本概念第 8 题答案。

6. 李克特量表(Likert scaling)(吉林大学 2019 年研；重庆工商 2017 年研；中财 2012 年研；东财 2010 年研)

答：参见本章课后习题基本概念第 9 题答案。

7. 语义差异量表(北大 2017 年研；人大 2017 年研；南航 2015 年研；安师大 2015 年研；社科院 2013 年研)

答：参见本章课后习题基本概念第 10 题答案。

8. 折半信度(吉林大学 2025 年研；安徽大学 2025 年研；安师大 2016 年研)

答：参见本章课后习题基本概念第 14 题答案。

9. 效度(中央民大 2018 年研)

答：参见本章课后习题基本概念第 15 题答案。

10. 内容效度(content validity)(华科 2025 年研；河北大学 2016 年研；中山大学 2010 年研)、**表面效度**(广西民大 2017 年研；华中农大 2017 年研；南开大学 2016 年研)

答：参见本章课后习题基本概念第 16 题答案。

11. 准则效度(安师大 2018 年研；重庆工商 2017 年研；赣南师大 2017 年研；广西民大 2016 年研)

答：参见本章课后习题基本概念第 17 题答案。

12. 构造效度(安师大 2017 年研)

答：参见本章课后习题基本概念第 18 题答案。

五、简答题

1. 测量的要素有哪些？请分别说明每个要素的含义。(暨南大学 2016 年研)

相关试题：

(1)简述测量的基本要素。(华东师大 2018 年研；西北师大 2015 年研)

(2)测量是由哪些要素构成的？(华中农大 2015 年研)

(3)简述测量的要素。(东财 2007 年研)

答：测量的基本要素包括测量客体、测量内容、测量法则、数字和符号。

(1)测量客体，指测量的对象。它们可以用数字和符号来进行描述、解释和说明。在社会研究中，最常见的测量客体包括个人，以及由个人组成的社会团体，如常见的社会组织、社区等。在四个要素中，测量客体所对应的是“测量谁”的问题。

(2)测量内容，指测量客体的某种属性或特征。个人、个人组成的社会组织以及社区等是被测量的对象，其属性和各种特征则是测量内容。比如测量个人的行为、态度和社会背景，测量群体和组织的规模、结构和管理模式等。在四个基本要素中，测量内容所对应的是“测量什么”的问题。

(3)测量法则，指用数字和符号表达事物各种属性或特征的操作规则，也可以说是某种具体的操作程序和区分不同特征或属性的标准。在四个基本要素中，测量法则所对应的是“怎么测”的问题。

(4)数字和符号，即用来表示测量结果的工具。在测量的四个基本要素中，数字和符号所对应的是“如何表示”的问题。

2. 什么是测量？有哪些层次？每个层次的数学特征是什么？(华中农大 2014 年研；中财 2010 年研)

相关试题：

(1)测量可分为哪几个层次。(河北大学 2018 年研；中山大学 2015 年研)

(2)论述测量的四个层次并举例。(论述题，浙理工 2018 年研)

(3)测量(概念题，河北大学 2017 年研)

(4)比较四种不同测量层次的差别。(重庆工商 2017 年研)

(5)在史蒂文斯创立的测量层次分层法中，测量的层次有哪些？结合实例说明。(南航 2017 年研)

答：(1)测量的含义

测量是对所确定的研究内容或调查指标进行有效的观测与量度。具体地说，测量是根据一定的规则将数字或符号分派于研究对象的特征（即研究变量）之上，从而使社会现象数量化或类型化的过程。

(2)测量的层次及每个层次的数学特征

测量主要有定类测量、定序测量、定距测量和定比测量四个层次。

①定类测量

定类测量又称类别测量或定名测量，它是测量层次中最低的一种。定类测量在本质上是一种分类体系，即将研究对象的不同属性或特征加以区分，标以不同的名称或符号，确定其类别。定类测量的数学特征主要是等于与不等于（或者属于与不属于）。

②定序测量

定序测量又称等级测量或顺序测量，是指对测量对象的特征或属性作次序的鉴别。定序测量可以按某种特征或标准将对象区分为强度、程度或等级不同的序列。定序测量的数学特征是人于或小于(>或者<)，它比定类测量的数学特征高一个层次。定序测量除了具备定类测量的对称性（即区分同类与不同类）以外，还具备不对称性，即甲对乙具有某种关系，并不等于乙对甲也有这种关系。

③定距测量

定距测量又称等距测量或区间测量，是指对测量对象之间真实差距的鉴别。定距测量的结果相互之间可以进行加减运算。定距测量的值虽然可以为0，但这个0却不具备数学中“0”的含义。从测量的角度看，此时的0只不过是一个特定的数字而已，它是人们主观认定和选取的。

④定比测量

定比测量又称等比测量或比例测量，是指确立测量对象之间的比率。定比测量拥有以上三种测量的全部性质，除此还具有一个绝对的零点（有实际意义的零点）。所以，它的数学特征是定比测量的结果既可以进行加减运算，还能进行乘除运算。

(3)四种测量层次的数学特性总结

①四种测量的层次由低到高，逐渐上升。高层次测量具有低层次测量的所有性质和功能，即它既能测量低层次测量可以测量的内容，也可以测量低层次测量不能测量的内容，是对低层次测量的补充。

②由于高层次测量所测量到的信息更多，且所得结果能转化为低层次测量的结果，因此在实际对社会现象进行测量时，应尽可能的使用高层次测量方法。

3. 简要说明量表和指数的区别。（河北大学2014年研）

答：量表和指数的区别主要包括：

(1)从定义上看

量表，是指一种具有结构强度顺序的复合测量，即全部陈述或项目都是按一定的结构顺序来安排的，以反映出所测量的概念具有的各种不同的程度。量表的作用在于精确度量一个较抽象的或综合性较强的概念，特别是度量态度和观念（如生育态度、种族偏见、政治倾向）的不同程度或差异。

指数是将多个指标整合为一个单一的分数。利用指数这个工具去测量个人和社会的某种特征，可以在给个人或社会的许多相关方面的表现进行打分的基础上，通过将这些分数加以整合形成一个综合分数，最终反映出个人或社会的特征存在的状况。

(2)得分方式不同

量表和指数的得分方式是不一样的。量表是根据被测量对象对问题的回答强弱程度，给予不同的得分；而指数是根据被测量对象选择指标的多少，给予不同的得分。例如，用量表测量漂亮程度时，人们是根据漂亮这一属性内在的强度结构，先在心中对漂亮做出“非常漂亮”“漂亮”或“一般”等程度不同的综合评价，再给出相应的得分；这里每个得分都代表了一种整体印象，分值强弱结构反映出的也是不同整体印象之间的结构关系。而用指数测量气质时，人们要先对气质的不同层面，进行“有”和“没有”的二项判断，再给“有”的情况赋予分值，最后对分值进行加总；这里加总分值的大小并不是一种结构关系，而只反映出一种总量差异。由此看来，量表不仅能测出变量的大小，而且还能反映出变量的强弱结构，因此能获得比指标测量更多的信息。

(3)测量层次不同

虽然量表测量得到的是从小到大的连续分值，但从测量层次看，量表测量仍属于定序测量层次，因为量表得分之间不存在标准等距。例如，在漂亮的测量中，你心目中 7 分和 8 分的差别，并不一定就等于你朋友心目中 7 分和 8 分的差别，而且就你自己而言，2 分和 3 分的差别，也不一定就等于 7 分和 8 分的差别。同样的理由，指数测量也应该属于定序测量层次，但是，在实践中，许多研究者从便于统计分析的角度考虑，都将指数测量作为定距测量或定比测量层次的测量来使用。

(4)从使用频率上看

从使用频率看，指数比量表运用得更加频繁。这主要是因为根据已有的资料建立量表的难度较大，有时甚至是不可能的，而已有的成熟量表又不多。相对来说，建立指数的技术则相对简单一些，建立指数对资料的要求也不那么苛求。另外，建立指数和量表的逻辑，原则上讲并不冲突，一个细致全面的指数是可以被转化为一个量表的。

4．什么是(概念的)操作化？其方法有哪些？(中央民大 2018 年研；南航 2017 年研；广西民大 2016 年研)

相关试题：概念操作化及其作用。(华中师大 2019 年研)

答：(1)操作化的含义

操作化是指将抽象的概念转化为可观察的具体指标的过程。它是对那些抽象层次较高的概念进行具体测量时所采用的程序、步骤、方法、手段的详细说明。

(2)操作化的方法

①澄清与界定概念

概念的澄清与界定是用来解决概念定义的内涵问题，即相当于划定了概念内涵的具体范围。具体操作步骤为：

a．要弄清概念定义的范围，以便可以对这些定义进行分类。

b．决定一个定义。定义方式的选择应该以研究者进行具体的社会研究的需要为标准，哪种定义方式最适合研究的目的，就应该重点考虑这种定义方式。

②发展测量指标

发展测量指标是指寻找与概念内涵相对应的经验指标，使其转换为能具体观察和测量的事物。通常的做法是：

a. 列出概念的维度

许多比较抽象的概念往往具有若干不同的方面或维度。在社会研究中，研究者常常需要测量一些抽象层次较高的概念以及主观性较强的内容。由于社会研究者所希望研究的许多概念不可能只用一个单独的指标来测量，因此，在许多社会研究所用的问卷中，常常可以看到以多项测量内容综合而成的量表工具来进行测量。

b. 建立测量指标

对于有些概念来说，建立测量指标是简单的。但是对于其他一些比较复杂、抽象的概念就比较困难。可以采取下列两种方式来发展概念的指标：

第一，寻找和利用前人已有的指标。利用前人已有的指标来进行测量，有利于与其他研究所得结果进行比较，同时也更有利于社会知识的积累和形成。

第二，研究者先进行一段时间的探索性研究。采用实地观察或无结构式访问的方式，进行资料收集的初步工作。这样有利于研究者从被研究者的角度来看待事物，更好了解被研究者的特征和真实想法，会对研究者发展出测量概念的指标提供极大的帮助。

5. 简述操作化在社会研究中的地位和作用。（广西民大 2017 年研）

相关试题：操作定义有何重要性？（山东大学 2016 年研）

答：参见本章课后习题复习思考题第 4 题答案。

6. 如果你要研究当代中国农村居民的生育意愿，请设计出测量生育意愿的操作化方案，并列举出你认为最应考虑的四个影响居民生育意愿的因素。（中财 2012 年研）

相关试题：举例说明如何操作化？（中央民大 2018 年研）

答：测量生育意愿的操作化方案具体设计如下：

(1) 明确生育意愿的定义

生育意愿是指人们对生育问题的看法、态度和倾向。

(2) 发展测量指标

①列出概念维度：a. 实际养育的孩子数量；b. 对计划生育政策的态度；c. 希望抚养的孩子的数量；d. 生育性别偏好；e. 生育的具体目的取向。

②建立测量指标：性别、年龄组、教育程度、职业身份、婚姻状况等。

(3) 资料收集方法

采用问卷调查法来进行资料收集。

(4) 影响居民生育意愿的因素

①计划生育政策。计划生育是一项基本国策，使我国人口出生率得到了严格的控制，同时也成为了建构国人生育意愿的基本制度性环境。

②经济环境。随着中国经济水平的提高，“养儿防老”的观念已经不再处于支配地位，社会保障制度的出现和逐步完善也同样使得养老问题得到一定的改善。

③婚育文化环境。就中国整体的婚育文化环境来说，已经不是“人多力量大”的时期了，经过多年的生育政策的施行，“优生优育”已经是生育文化的大环境了。

④个人因素。生育意愿与个人的生育想法直接相关。

7. 从下列概念中选择 4 个分别进行操作化（包括操作定义、研究维度、测量指标或量

表、测量尺度)：

A. 全国各大学社会学系学生的综合形象

B. 国内市场上各种手机的品牌形象

C. 妇女的社会地位

D. 村民对村干部的评论

E. 家庭教养模式

答：(1)操作化的定义

操作化是将抽象的概念转化为可观察的具体指标的过程。它是对那些抽象层次较高的概念进行具体测量所采用的程序、步骤、方法、手段的详细说明。只有对概念进行操作化处理，才能将抽象定义转换为操作定义，才能说明如何测量一个概念(变量)。从大的方面看，这种操作化过程主要包括两个方面的工作：①澄清与界定概念，首先要弄清概念定义的范围，然后再决定一个定义。②发展测量指标，首先列出概念的维度，然后建立测量指标。

(2)具体的操作化过程

A. 全国各大学社会学系学生的综合形象

①操作化定义：全国各大学社会学系学生的综合形象，是指全国有社会学系的大学的社会学系大学生的综合素质和带给外界的综合印象。

②研究维度：a. 社会学系大学生的道德形象；b. 社会学系大学生的学术形象；c. 社会学系大学生的心理素质形象；d. 社会学系大学生的就业形象。

③测量指标：a. 如何看待雷锋形象？b. 现实社会中是否存在“雷锋”？c. 您是否公开发表过学术论文？d. 您发表过几篇学术论文？e. 您对社会学理论的掌握程度如何？f. 您如何应对烦恼？g. 您怎样看待成功？h. 您怎样看待失败？

④测量尺度：定类测量、定序测量。

B. 国内市场上各种手机的品牌形象

①操作化定义：国内市场上各种手机的品牌形象，是指国内市场上流通的各种品牌的手机在消费者心目中的地位与整体感受。

②研究维度：a. 国内市场上手机在消费者心目中的地位；b. 消费者使用国内市场上的手机的感受；c. 消费者对手机的售后服务的满意度。

③测量指标：a. 您使用的手机的品牌是？b. 您使用的手机的性能如何？c. 您使用过的手机的最高价位是？d. 您使用的手机的目前价位是？e. 您的手机使用了多长时间？f. 您的手机的售后服务如何？g. 您的手机在使用过程中出现过几次问题？h. 您认为您的手机的质量如何？

④测量尺度：定类测量、定序测量、定比测量。

C. 妇女的社会地位

①操作化定义：妇女的社会地位是指妇女作为社会成员在社会系统中所处的位置。一般由社会规范、法律和习俗限定。它常用来表示社会威望和荣誉的高低程度，也泛指财产、权力和权威的拥有情况。

②研究维度：a. 政治地位；b. 经济地位；c. 法律地位；d. 教育地位；e. 家庭

地位。

③测量指标：a. 您的政治面貌为？b. 您的学历为？c. 您的月收入大约为？d. 您是否经常参与社区事务的管理？e. 您的家庭事务由谁决定？f. 您平均每天做家务的时间为？

④测量尺度：定类测量、定序测量、定比测量。

D. 村民对村干部的评论

①操作化定义：村民对村干部的评论，包括对村干部决策事务能力的评论和对村干部本身的形象及素质的评论等。

②研究维度：a. 村干部的素质；b. 村干部的决策能力。

③测量指标：a. 村干部的学历是？b. 村干部的道德素质如何？c. 村干部处理本村事务的有效性如何？d. 村干部作决策需要多长时间？e. 村干部是否对本村村民有全面了解？

④测量尺度：定类测量、定序测量、定比测量。

E. 家庭教养模式

①操作化定义：家庭教养模式是指家庭中父母与孩子的互动方式。

②研究维度：a. 沟通方式；b. 教育方式；c. 品德培养方式。

③测量指标：a. 父亲的受教育程度？b. 母亲的受教育程度？c. 父母的月收入总和是多少？d. 夫妻关系是否和谐？e. 当孩子犯错误时，选择什么样的方式与孩子沟通？f. 孩子的学习情况由谁负责？g. 孩子的饮食起居由谁照管？h. 孩子的品德教育如何？

④测量尺度：定类测量、定序测量、定比测量。

8. 试述总加量表的制作程序。

相关试题：

(1)简述李克特量表的设计程序。(南航 2013 年研)

(2)简述李克特量表的形式与特征。(赣南师大 2017 年研)

(3)什么是李克特量表？设计一个李克特量表。(东财 2014 年研)

答：目前使用最广泛的总加量表是利克特量表。总加量表的制作程序主要包括：

(1)根据所要测量的内容或变量收集大量与这一内容有关的问题，然后初步筛选出一组问题(在社会调查研究中，一般为 10 ~ 30 个)作为量表草案。

(2)确定问题的类别和计分标准。

回答的类别可分为五个等级、七个等级、三个等级或两个等级(“同意”与“不同意”)。

计分标准是按测量维度规定的方向和回答类别来制定，应注意“ + ”“ - ”号的区分，即正向提问和负向提问的记分是相反顺序的。一般来说，在一个量表中，正向(“ + ”)提问和负向(“ - ”)提问应各占一半。

两级回答可用 0、1 或 1、2 记分，五级回答可用 0—4 或 1—5 记分。

(3)试调查。从调查对象中找一些人尝试回答量表草案，以便发现量表设计中有什么问题，是否会引起误解；检查每道题的分辨能力。

分辨能力是指一个题目是否能区别出人们的不同态度或不同程度。

(4)计算各题目的分辨力，删去分辨力不高的题目，保留分辨力较高的题目(一般为5 ~ 20 个)，组成正式量表。

利克特量表检查分辨力的方式是：将试调查中得分最高的 25% 的人与得分最低的 25%

的人进行比较，然后计算出每道题的分辨力。

每题的分辨力系数 = 得分最高的 25% 的人在这一题上的平均分 - 得分最低的 25% 的人在这一题上的平均分。

分辨力系数越小，说明这一题的分辨力越低，这种题目应当删除。

9. 测量的信度和效度的关系。（中国农大 2025 年研；华东理工 2024 年研；山东大学 2015 年研；青岛大学 2015 年研；中财 2013 年研）

相关试题：

（1）信度和效度是什么？分别有哪些类型？两者之间的关系是什么？（人大 2017 年研）

（2）测量的信度与效度之间存在着一定的关系，这种关系主要体现为哪几种情形？（重庆工商 2017 年研）

（3）信度与效度有何区别与联系？（论述题，南林 2017 年研）

（4）简述信度与效度的关系。（中财 2017 年研；安师大 2016 年研；北师大 2016 年研；中山大学 2015 年研）

（5）社会研究中信度与效度的关系是怎样的？（暨南大学 2016 年研）

答：（1）信度的含义

信度即可靠性，是指采取同样的方法对同一对象重复进行测量时，其所得结果相一致的程度。即是指测量结果的一致性或稳定性，测量工具能否稳定地测量所测的事物或变量。

（2）效度的含义

测量的效度又称测量的有效度或准确度，是指测量工具或测量手段能够准确测出所要测量的变量的程度，或者说能够准确、真实地度量事物属性的程度。

（3）测量的信度与效度之间存在着某种既相互联系又相互制约的关系。

①一般来说，缺乏信度的测量肯定也是无效度的测量，而具有很高信度的测量并不意味着同时也是高效度的测量。

②在实际测量过程中，测量的信度和测量的效度往往不能兼得，研究者在追求测量信度的同时，往往会在一定程度上损害或降低测量的效度；反之亦然。

10. 社会测量的表面效度和内容效度的主要区别何在？并请举例说明。（中山大学 2012 年研）

答：（1）社会测量的表面效度和内容效度的主要区别

①从定义上看

表面效度是指测量结果与人们头脑中的印象或学术界形成的共识之间的吻合程度，如果吻合程度高，则表面效度就高。

内容效度是指测量在多大程度上涵盖了被测量概念的全部内涵。测量工具代表概念定义的内容越多，则内容效度就越高。

②从测量方式上看

测量是否有表面效度，主要是基于个人的主观判断，因此在测量那些人们比较容易理解或容易达成共识的概念时，比较容易获得较高的表面效度。

内容效度的测定也是通过主观判断来实现的，但由于有概念定义作为客观依据，因此随意性比表面效度小。

③从适用范围上看

表面效度虽然是最容易评估以及最基本的效度类型，但它并没有被学术界广泛接受。一方面，是因为它的评估比较容易受到测试者个人因素的影响；另一方面，除了一些极端情况以外，在实际测量中采用的每一种测量方法，或多或少总有一些表面效度。因此，很难判定哪个测量不具备表面效度，这样也就无法有效地运用表面效度来评估测量质量了。

在科学研究中，测定内容效度通常需要由有关专家对测量指标进行仔细检查和分析。专家们首先要将测试内容与测试设计者列出的测验项目大纲进行比较，同时判定哪些项目保留，哪些项目删除；然后，专家们要确定不同部分在测试中的比例，并计算出不同专家之间的一致性程度；最后通过进一步的调整，形成测量工具。

(2)对表面效度和内容效度的举例

①表面效度

例如，由于人们普遍认为对自己能力评价的高低，从一个侧面反映出个人"自尊心"的强弱，所以，测量"自尊心"这个概念时，可以询问被调查者是否认为自己的能力强于他人。也就是说，用个人对自己能力的主观评价来测量"自尊心"这个概念，是一种具有表面效度的测量方法。

②内容效度

例如，在"社会阶层"这个概念的定义中，通常包含教育程度、收入程度与职业等数个层面，如果测量"社会阶层"的测量工具只包含收入层面的指标，就明显缺乏内容效度。又如，一份测验英语能力的试卷，如果只有语法、词汇和阅读的测试项目，就不能说它具有较高的内容效度，因为该试卷还缺少听力和写作的测试项目。

11. 简述态度量表的含义、设计步骤、注意事项。(中山大学 2021 年研)

答：(1)态度量表的含义

态度量表是测量个体对某种类型的人、事物、情境、机构以及观念等喜欢或者厌恶程度的工具。由一组相互关联的态度语或项目构成。这些态度语或项目都涉及某事物的某一个态度层面，且在方向和程度上有差异，由受测者对这些态度语或项目作出赞成或反对的反应，主试根据这些反应去推测被试的态度。社会研究中常用的态度量表是总加量表、李克特量表和语义分化表。

(2)态度量表的设计步骤

①围绕要测量的态度，以赞成或反对的方式写出与之相关的看法或陈述若干条，对每一个陈述都给予不同态度的答案，并给这些答案赋分。

②在所要测量的总体中，选择一部分对象(一般不能少于 20 人)进行试测。

③统计每位受测者在每条陈述上的得分以及每人在全部陈述上的得分。

④计算每条陈述的分辨力，删除分辨力不高的陈述，保留分辨力高的陈述，形成正式的量表。

(3)态度量表设计的注意事项

对态度这种主观性极强的内容进行测量时，要注意测量的信度和效度问题。

①信度即可靠性，指采取同样的方法对同一对象重复进行测量时，其所得结果相一致的程度。

②效度即测量的有效度或准确度，指测量工具或测量手段能够准确测出所要测量的变量的程度，或者说能够准确、真实地度量事物属性的程度。

12. 什么是效度，检验效度有哪三种主要标准。其中，构造效度(construct validity，也称结构效度)的含义是什么？请举例说明之。(中山大学2007年研)

相关试题：

(1)结构效度(概念题，中央民大2019年研)

(2)什么是社会测量的效度？它有哪些类型？(山东大学2018年研)

(3)准则效度(概念题，安师大2018年研)

答：(1)效度的含义

效度表示测量工具测出变量的准确程度，即准确性。包含的内容有：实际测量与所要研究的问题的概念是否一致，涉及有无效度的问题；概念是否被准确地测量，涉及效度高低的问题。效度常用相关系数来表示，称为效度系数。

(2)检验效度的三种主要标准

①表面效度，又称内容效度或逻辑效度，是指测量内容或测量指标与测量目标之间的适合性和逻辑相符性。判断一种测量是否具有表面效度，首先必须知道所测量的概念是如何定义的，其次需要知道这种测量所收集到的信息是否和该概念密切相关，然后评价者才能尽其判断能力之所及，做出结论。

②准则效度，又称实用效度或经验效度，是指用一种不同于以往的测量方式或指标对同一事物或变量进行测量时，将原有的一种测量方式或指标作为准则，将新的方式或指标所得到的测量结果和原有准则的测量结果作比较，看二者的相关程度，并用这种特定的相关系数(称为效度系数)来反映测量工具或手段的效度。若新的测量方式或指标与原有的作为准则的测量方式或指标具有一样的效果，那么，其效度系数就高，就说这种新的测量方式或指标具有准则效度。

③构造效度，又称理论效度或建构效度。它通过利用现有的理论或命题来考察当前测量工具或手段的效度，它涉及一个理论的关系结构中其他概念(或变量)的测量。考察结构效度是要了解测量工具是否反映了概念和命题的内部结构。它通常在理论性研究中使用。

(3)构造效度的示例

假定研究者设计了一种测量方法，来测量人们的“婚姻满意程度”。为了评价这种测量方法的效度，该研究者需要用到与婚姻满意程度有关的理论命题或假设中的其他变量。

假定有下列理论结构或命题：婚姻满意程度与主动做家务的行为有关；婚姻满意程度越高，越是主动承担家务。

如果该研究的测量在婚姻满意程度与承担家务方面的结果具有一致性，则称测量具有构造效度；如果婚姻满意程度不同的对象在承担家务方面的行为都是一样的，那么，该测量的构造效度就有待商榷。

13. 为什么说在问卷调查中，信度较高而效度可能偏低；但在实地研究中，则是信度可能较低而效度较高？(中山大学2010年研)

答：(1)测量的信度与效度之间的关系

①一般来说，缺乏信度的测量肯定也是无效度的测量，而具有很高信度的测量并不意

味着同时也是高效度的测量。在实际测量过程中，测量的信度和测量的效度往往不能兼得，研究者在追求测量的信度时，往往会在一定程度上损害或降低测量的效度；反之亦然。

②测量的信度是效度的必要条件，但不是充分条件，无信度必然无效度，但有信度未必有效度。反之，效度是信度的充分条件但不是必要条件，有效度必然会有信度，但无效度却未必无信度。

(2)在问卷调查中信度较高，而实地研究中信度可能较低的原因

①问卷调查采用问卷的方式收集资料，能够高效、快速地从调查对象那里收集分析资料，而且问卷调查的方式可以重复进行，具有很高的信度。

②实地研究信度可能较低的原因主要有：

a. 研究者主要以参与观察和无结构访谈的方式收集资料，所处的是一种被动的地位，对观察场景也往往缺乏控制，因而其所得的资料比较琐碎、凌乱，不易系统化。

b. 由于实地研究强调研究者站在被研究者的位置、用被研究者的眼光看待事物，研究过程受研究者的主观影响，因此难以保证其信度。

c. 事物是复杂且不断发展变化的，现实生活中时间、地点、人物产生的细微变化，都会导致研究者很难对原先研究的对象或现象进行重复观察或研究。因此，实地研究的信度往往较低。

(3)在问卷调查中效度可能偏低，而实地研究中效度较高的原因

①问卷调查与实地研究中的观察不同，它不具备那种研究者"亲眼所见"的特征。调查中，研究者与被调查者之间进行沟通，间接获得关于社会现象的资料，由于双方对文字或语言理解上的不一致，可能产生偏差。

问卷调查的这种有效度较低的特征，主要来自于它对社会现象进行测量的方式和效果。社会调查有效度较低，其主要原因在于其真正想要测量的事项与实际测量的事项之间往往存在偏差。

②问卷调查研究收集资料所采用的自填问卷或结构访问的形式，无形中都限制了被调查者对问题的回答，使所得的资料比较表面化、简单化，研究人员很难深入被调查者的思想深处，很难感受到回答者思想和行为的整体生活背景。

相对于问卷调查只能得到或了解到表面化、简单化现象这一缺陷，实地研究的深入观察，能够做到设身处地的感受、理解，因而具有很高的效度——研究人员测量的的确是他所希望测量的概念或现象。

综上可知，问卷调查相对于实地研究来说，具有较高的信度，但效度较低。而实地研究则是效度较高，但是信度较低。

六、论述题

某问卷通过以下问题测量人们的身体健康状况，即"您觉得您目前的身体健康状况是：很不健康；比较不健康；一般；比较健康；很健康"。

请对该测量方法进行评述。

答：该测量方法是用李克特量表进行测量的。

(1)李克特量表的含义

李克特量表是属评分加总式量表最常用的一种，是总加量表的一种特定形式，它是由

美国社会心理学家李克特于1932年在原有的总加量表基础上改进而成的。该量表由一组陈述组成，每一陈述有“非常同意”“同意”“不一定”“不同意”“非常不同意”五种回答，分别记为5、4、3、2、1分，每个被调查者的态度总分就是他对各道题的回答所得分数的加总，这一总分可说明他的态度强弱或他在这一量表上的不同状态。

(2)李克特量表的基本步骤

①围绕要测量的态度或主题，以赞成或反对的方式写出与其相关的看法或陈述若干条(一般为20~30条)。

②在所要测量的总体中，选择其中一部分对象(一般不能少于20人)进行试测。

③统计每位受测者在每条陈述上的得分，计算每人在全部陈述上的总分。

④计算每条陈述的分辨力，删除分辨力不高的陈述，保留分辨力高的陈述，形成正式的量表。

(3)李克特量表的优点

①容易设计；

②使用范围比其他量表要广，可以用来测量其他一些量表所不能测量的某些多维度的复杂概念或态度；

③通常情况下，李克特量表比同样长度的量表具有更高的信度；

④李克特量表的五种答案形式使回答者能够很方便地标出自己的位置。

(4)李克特量表的缺点

相同的态度得分者具有十分不同的态度形态。因为李克特量表是用项目总加的分代表一个人的赞成程度，它可大致上区分个体间谁的态度高，谁的低，但无法进一步描述他们的态度结构差异。

(5)李克特量表的应用

李克特量表的构造比较简单而且易于操作，因此在市场营销研究实务中应用非常广泛。在实地调查时，研究者通常给受测者一个“回答范围”卡，请他从中挑选一个答案。需要指出的是，目前在商业调查中很少按照上面给出的步骤来制作李克特量表，通常由客户项目经理和研究人员共同研究确定。

(6)针对本题该方法的评述

题中，问卷采用李克特量表的方法对人们的健康状况进行测量，可以得到测量对象的有关态度和信息。但是，人们的身体健康状况其实是一个相对客观的变量，如果只测量人们自己对自己健康状况的评价，恐怕有失偏颇。

七、设计题

1. 如何对一项社会调查课题进行操作化？举例说明。(北科大2007年研)

相关试题：

(1)什么是概念操作化？请对“就业质量”这一概念进行操作化，要求列出概念的相关维度及相应指标。(重庆工商2017年研)

(2)在社会研究中，如何对一个概念进行操作化？并试举一例说明。(南林2014年研)

(3)请对概念“溺爱孩子”进行操作化。(东财2009年研)

答：操作化是将抽象的概念转化为可观察的具体指标的过程。

(1)从大的方面看，对一项社会调查课题进行操作化，主要包括两个方面的工作：

①澄清与界定概念

在具体操作上，澄清与界定概念主要包括以下过程：

a. 弄清概念定义的范围。在采用或给出某个具体的定义之前，可以先看看其他的研究者对这一概念所下的定义是怎样的。而对于那些并未对该概念下正式的定义的研究者来说，就需要从其对概念的运用中来确定他对这一概念的界定。

b. 决定一个定义。列出了有关这一概念的各种类型的定义，或者总结出各种定义中最具共同性的元素后，就可以决定采取哪一种定义方式了。

②发展测量指标

a. 列出概念的维度。许多比较抽象的概念往往具有若干不同的方面或维度。或者说，一个抽象的概念往往对应于现实生活中的一组复杂的现象，而不仅仅只对应于一个单纯的、可直接观察到的现象。所以要列出一个概念的维度。

b. 建立测量指标：

第一种方式是寻找和利用前人已有的指标。尤其是对于一些测量人格、态度方面的量表，经过多次的运用和修改，常常可以成为可用的指标。

第二种方式是研究者先进行一段时间的探索性研究。采用实地观察和无结构式访问的方式，进行资料收集的初步工作。尤其是与被研究者中的关键人物进行比较深入的交谈，从这些人那里获得符合实际的答案。

(2)以“溺爱孩子”操作化为例，对“溺爱孩子”的概念进行如下的操作化处理：

①根据“溺爱孩子”概念的名义定义，将其操作化为四个不同的维度，以反映这一概念的四个不同层面。这四个维度是：不注意培养孩子的生活自理能力、不注意培养孩子的劳动习惯、对孩子过分迁就、物质上对孩子尽量满足。

②在每个维度上选择若干个具体指标。比如，第一个维度所选择的指标有：是否自己洗头、洗澡、穿衣、收拾书包、整理床铺、自己上下学；第二个维度所选择的指标有：在家是否擦桌子、扫地、洗碗、洗衣服、上街买东西等。

2. 如果你想研究中国城市居民对公共事务的参与情况，请设计出测量公共事务参与的操作化方案，并列举出你认为最应该考虑的五个影响居民公共事务参与的因素。(中财2011年研)

相关试题：

(1)举例简述概念操作化的方法。(北科大2013年研)

(2)假设你想研究中国城市居民对社区公共事务的参与情况，请设计出测量社区公共事务参与的操作化方案。(中财2008年研)

答：(1)对概念进行操作化处理，就是要给出概念的操作定义，这种定义即一套程序化的工具，它告诉研究者如何辨识抽象概念所指称的现实世界中的现象。

从大的方面看，这种操作化过程主要包括两个方面的工作：

①澄清与界定概念

首先，弄清概念定义的范围。其次，决定一个定义。

②发展测量指标

首先，列出概念的维度。其次，建立测量指标。

(2)测量中国城市居民对社区公共事务的参与情况的操作化方案

①澄清与界定概念。

中国城市居民对社区公共事务的参与情况是指，我国城市中的居民对于社区中的公共事务参与的程度。包括社区中的各方面事务，如政治选举、文化娱乐活动等。

②发展测量指标。

a. 列出概念的维度：

第一，城市居民参与社区事务的意愿；

第二，城市居民参与社区事务的实践；

第三，城市居民参与社区事务存在的问题。

b. 建立测量指标：

第一，是否愿意参与社区的公共事务；

第二，更加愿意参与哪种类型的社区公共事务；

第三，您参与过几次社区公共事务；

第四，您认为社区公共事务的参与存在哪些问题。

(3)我认为最应该考虑的五个影响居民公共事务参与的因素为：

①性别；②政治面貌；③文化程度；④收入；⑤职业类型。

3. 如果你要研究当代中国农村居民的生育意愿，请设计出测量生育意愿的操作化方案，并列举出你认为最应考虑的四个影响居民生育意愿的因素。(中财 2012 年研)

答：操作化是指在社会调查研究中，将抽象的概念和命题逐步分解为可测量的指标与可被实际调查资料检验命题的过程。它是对复杂的社会现象进行定量研究的一种方法。测量生育意愿的操作化方案具体设计如下：

(1)明确生育意愿的定义

生育意愿是指人们对生育问题的看法、态度和倾向。

(2)发展测量指标

列出概念维度：①实际养育的孩子数量；②对计划生育政策的态度；③希望抚养的孩子的数量；④生育性别偏好；⑤生育具体目的取向。

测量指标：性别、年龄组、教育程度、职业身份、婚姻状况等。

(3)资料收集方法

采用问卷调查法。

(4)影响居民生育意愿的因素

①计划生育政策。计划生育国策使我国人口出生率得到了严格控制的同时也成为了建构国人生育意愿的基本制度性环境。

②经济环境。随着中国经济水平的提高，“养儿防老”的观念已经不再处于支配地位，社会保障制度的出现和逐步的完善也同样使得养老问题得到一定的改善。

③婚育文化环境。就中国整体的婚育文化环境来说，已经不是“人多力量大”的时期了，经过多年的生育政策的施行，“优生优育”已经是生育文化的大环境了。

④个人因素。生育意愿与个人的生育想法直接相关。

第六章　抽　样

6.1　复习笔记

【视频导学(名师点拨)】

抽　样

扫码看视频导学

【知识梳理(庖丁解牛)】

- 抽样
  - 抽样的相关概念、作用
  - 抽样的类型：概率抽样(基本原理)、非概率抽样
  - 抽样的一般程序
    - 界定总体
    - 制定抽样框
    - 决定抽样方案
    - 实际抽取样本
    - 评估样木质量
  - 抽样设计的原则：目的性、可测性、可行性、经济性
  - 概率抽样的方法
    - 简单随机抽样(纯随机抽样)
    - 系统抽样(等距抽样、间隔抽样)
    - 分层抽样(类型抽样)
    - 整群抽样
    - 多段抽样(多级抽样、分段抽样)
  - 户内抽样与 PPS 抽样
  - 非概率抽样的方法
    - 偶遇抽样(方便抽样、自然抽样)
    - 判断抽样(立意抽样、目的抽样)
    - 定额抽样(配额抽样)
  - 样本规模与抽样误差

【考点难点归纳(去粗取精)】

考点一：抽样的相关概念、作用、类型 ★★

1. 抽样的相关概念(见表6-1)

表6-1 抽样的相关概念

要点	主要内容
总体	即构成它的所有元素的集合，通常与构成它的元素(最基本单位)共同定义
样本	即总体的一个子集——从总体中按一定方式抽出的一部分元素的集合
抽样	即从总体中抽取样本的过程(按照一定的方式来进行选择)
抽样单位	即直接抽样时所使用的基本单位(抽样单位有时可能就是构成总体的元素，但不一定总是)
抽样框(抽样范围)	即一次直接抽样时总体中所有抽样单位的名单
参数值(总体值)	即总体中所有元素的某种特征的综合数量表现，也可以说是关于总体中某一变量的综合描述(平均值是最常见的总体值)
统计值(样本值)	即样本中所有元素的某种特征的综合数量表现，也可以说是关于样本中某一变量的综合描述。通过样本中的元素计算出的样本值，即对总体值的估计量。使估计量接近总体的参数值是抽样设计的目标

拓展：总体与抽样框

①根据样本所得的研究成果，只能代表组成抽样框的各个要素的集合。

②通常，抽样框并未真正包含所有的要素。因此，省略几乎是不可避免的做法。所以研究者的首要任务是先评估被省略的内容，继而在可能的情况下进行更正。

③即使总体与抽样框是一致的，为了说明组成抽样框的总体，所有要素必须具有同等的代表性，即所有的要素应该只在名单中出现一次。

2. 抽样的作用和类型(见表6-2)

表6-2 抽样的作用和类型

要点	主要内容	
作用	抽样解决的是对象的选取问题，提供实现“由部分认识总体”这一目标的途径和手段	
类型	概率抽样	依据概率论的基本原理，按随机原则进行(能避免人为误差，样本具有代表性)
	非概率抽样	依据研究者的主观意愿、判断或是否方便等因素来抽取对象(误差较大，样本代表性小)

考点二：抽样的程序与设计 ★★★★★

1. 抽样的一般程序(见图6-1)

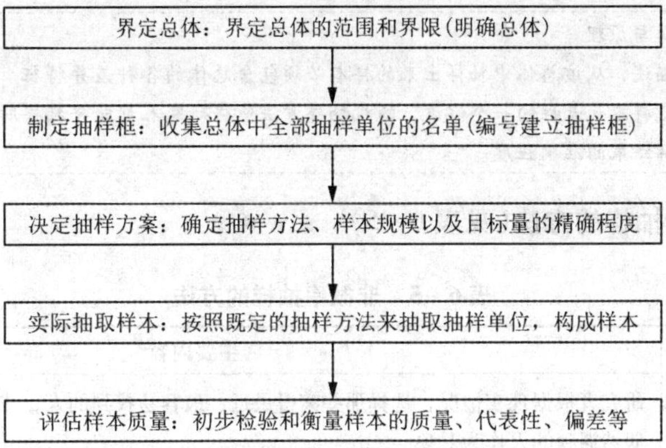

图 6－1　抽样的一般程序

2. 抽样设计的原则(见表 6－3)

表 6－3　抽样设计的原则

原则	主要内容
目的性	即抽样方案的设计必须依据课题研究的总体方案和研究目标，以研究的问题为出发点，从最有利于研究资料的获取以及最符合研究的目的的角度来进行
可测性	即抽样方案的设计要能够从样本自身计算出有效的估计值或者抽样变动的近似值(通常用标准误表示)
可行性	即抽样方案必须在实践中切实可行(方案必须能够预料实际抽样过程中可能出现的问题，并设计了对应的处理方法)
经济性	即抽样方案的设计要与研究的可得资源(研究的经费、时间、人力等)相适应

考点三：概率抽样的方法(见表 6－4)　★★★★★

表 6－4　概率抽样的方法

方法	主要内容
简单随机抽样(最基本形式)	按等概率原则直接从含有 N 个元素的总体中随机抽取 n 个元素组成样本($N>n$)
系统抽样(等距抽样、间隔抽样)	把总体的单位进行编号排序后，再计算出某种间隔，然后按这一固定的间隔抽取个体的号码来组成样本
分层抽样(类型抽样)	将总体中的所有单位划分成若干类型或层次(按某种特征或标志)→采用简单随机抽样或系统抽样的方法在各个类型或层次中抽取一个子样本→将这些子样本合起来构成总体的样本
整群抽样	①含义：从总体中随机抽取一些小的群体(如居民家庭、班级等)→由所抽出的若干个小群体内的所有元素构成样本。 ②方法：简单随机抽样、系统抽样、分层抽样等。 ③特点：抽样单位是成群的个体，而不是单个的个体
多段抽样(多级抽样、分段抽样)	将两种以上的抽样方法进行结合，按抽样元素的隶属关系或层次关系，把抽样过程分为几个阶段进行(适用于总体的规模特别大或者总体分布的范围特别广的情形)

拓展：概率抽样的逻辑与原理

要对总体进行有用的描述，从该总体中抽样出来的样本必须包含总体的各种差异特征。随机性是保证样本抽取的概率相等的必要保证，也是样本代表性的一个假设。随机抽样方法使得研究人员能将抽样所得的结果与概率理论结合起来，由此来估计这些抽样结果的准确程度。

考点四：非概率抽样的方法（见表6-5） ★★★★

表6-5 非概率抽样的方法

方法	主要内容
偶遇抽样 （方便抽样、自然抽样）	研究者根据现实情况，选择那些离得最近、最容易找到的人，或者以自己方便的形式抽取偶然遇到的人作为对象
判断抽样 （立意抽样、目的抽样）	①含义：研究者根据研究的目标和自己主观的分析来选择和确定研究对象。 ②优点：可以发挥研究人员的主观能动性。 ③缺点：受研究人员的主观影响较大（如研究人员的素质），往往很难判断样本的代表性
定额抽样 （配额抽样）	研究者依据有可能影响研究变量的因素对总体进行分层，并找出具有各种不同特征的成员在总体中所占的比例，然后依据这种划分以及各类成员的比例采取偶遇抽样或判断抽样的方式选择对象，使样本中的成员在上述各种因素、各种特征方面的构成及在样本中的比例都尽量接近总体

拓展：选择线人

线人是指直接谈论团体一切的某个成员，他能够帮助研究者了解某种社会环境。通常，线人应该是研究对象的群体中具有代表性的人物。

正因为线人愿意和外来的调查者合作，他们在其团体中多少是比较边缘或属于异类的。线人的边缘性不仅会对研究者的观点造成偏误，而且也会限制研究者进入社区的其他方面。

考点五：影响样本规模确定的因素（见表6-6） ★★★★

表6-6 影响样本规模确定的因素

因素	主要内容
总体规模	总体规模很小时，提高样本占总体的比例，可以非常明显地改善抽样的精确度。而在总体规模达到一定程度后，样本规模的增加对提高精确度而言意义不大
推断的把握性与精确性	主要运用置信度与置信区间这两个概念来说明样本规模与抽样的可靠性及精确性之间的关系
总体的异质性程度	要达到同样的精确性，在总体中抽样时： ①总体的同质程度高，则所需要的样本规模相对小一些； ②总体的异质程度高，则所需要的样本规模相对大一些
研究者所拥有的经费、人力和时间	当研究经费、人力及物力等不足时，样本规模会相应缩小

拓展：若总体中的大部分成员对某个问题的回答（选择）与小部分成员的回答（选择）不同，则所需要的样本规模相对小一些；但若选择两种不同回答的成员比例非常相近时，所需要的样本规模为最大。

6.2 课后习题详解

一、基本概念

1. 总体

答：总体是指一个统计问题所研究的对象的全体。总体中的每一个成员称为个体。在一个统计问题中，一般只涉及每个个体的某个或几个数量指标，因此，常把总体中每个个体的数量指标(一维或多维的)的全体作为总体。总体的范围大小由研究的目的决定。

2. 元素

答：元素是与总体相对应的概念，元素是构成总体的最基本单位，总体是指构成它的所有元素的集合。在社会研究中，最常见的总体是由社会中的某些个人组成的，这些个人便是构成总体的元素。

3. 样本

答：样本是指从总体中按一定方式抽出的一部分元素的集合。在进行抽样调查时，从全部研究对象中，按照一定的原则抽取一部分单位所构成的代表全部研究对象的群体，所抽取单位的全体构成样本总体。它是研究对象总体中的一部分，是社会研究中的直接客体。样本中所含个体的数目称为样本容量或样本大小。由简单抽样产生的样本称为“简单样本”。

4. 抽样

答：抽样是指从总体中取出部分个体的过程。目的是通过所取得的个体对总体的某些未知特性作出统计推断。例如，要检查一批螺钉的螺距是否合格，不可能也不需要检查每个螺钉，而只需抽取其中部分加以测量，然后推断这批螺钉是否合格。数理统计中研究抽样，主要是考虑抽样的随机性和独立性。随机性是指总体中每个个体都以相同的可能被抽取。独立性是指每次抽取的结果不受其他各次抽取结果的影响。

5. 抽样单位

答：抽样单位是指直接抽样时所使用的基本单位。例如在进行城市居民投资意向调查时，可把一个企业的车间、一个机关的处室、一个学校的系科作为抽样单位。抽样单位与构成总体的元素有时是相同的，有时又是不同的。

6. 抽样框

答：抽样框又称抽样范围，是指一次直接抽样时总体中所有抽样单位的名单。设计出了抽样框后，便可采用抽签的方式或按照随机数表来抽选必要的单位数。若没有抽样框，则不能计算样本单位的概率，从而也就无法进行概率选样。

7. 参数值

答：参数值又称总体值，它是关于总体中某一变量的综合描述，或者说是总体中所有元素的某种特征的综合数量表现。在统计中最常见的总体值是某一变量的平均值。总体值只有通过对总体中的每一个元素都进行调查或测量才能得到。

8. 统计值

答：统计值又称样本值，它是关于样本中某一变量的综合描述，或者说是样本中所有元素的某种特征的综合数量表现。统计值是说明样本特征的，参数值是说明总体特征的。统计值是从样本中计算出来的，它是相应的参数值的估计量。统计值的特点是直观但不同指标之间无法进行直接的比较分析。

9. 随机抽取

答：随机抽取即保证总体中的每一个个体都有同等的机会入选样本。或者说，总体中的每一个成员被抽中的概率相等(也即被抽中的机会相等)。而且，任何一个个体的入选与否，与其他个体毫不相关、互不影响。或者说，每一个个体的抽取都是相互独立的，是一种随机事件。

10. 简单随机抽样

答：简单随机抽样又称纯随机抽样，是概率抽样的最基本形式。它是按等概率原则直接从含有 N 个元素的总体中随机抽取 n 个元素组成样本($N>n$)。当总体元素较少时，可以把总体中的每一个单位编号后随机抽取；当总体元素较多时，可以采用随机数表进行抽样。

11. 系统抽样

答：系统抽样又称等距抽样或间隔抽样，它是把总体的单位进行编号排序后，再计算出某种间隔，然后按这一固定的间隔抽取个体的号码来组成样本的方法。系统抽样和简单抽样一样，需要有完整的抽样框，样本的抽取也是直接从总体中抽取个体，而无其他中间环节。

12. 分层抽样

答：分层抽样是指将调查总体按某一标志分成若干互不交叉重叠的类(组)，其中每一类(组)称为一层，然后在各层内随机抽取调查单位组成层样本，将这些层样本汇总起来构成总样本即分层样本的随机抽样方式。在总体构成复杂、内部各单位差异较大和单位数目较多的情况下，比较适宜于采用分层抽样。

13. 整群抽样

答：整群抽样是指将调查总体按某一标志划分成若干相互不交叉重叠的组，每组称为一个群，以群为调查单位进行随机抽样，然后对抽中的群进行全面调查的一种随机抽样方式。对于被抽取的整群，可以对群内所有单位逐个地进行调查，也可以再使用其他的抽样方法继续进行抽样调查。如当抽出某一学校作为总体单位时，可以对该学校内成员无一例外地进行调查，也可以再按随机方法以一定比例抽取若干班级进行调查，后者即为二阶段抽样或多阶段抽样。整群抽样可以节省时间和费用，但在样本数相同的情况下，它较之按随机原则直接从总体中抽取个案所得到的样本，抽样误差要大一些。所以，当群内差异大，而群间差异小的情况下，适合采用此法。

14. 多段抽样

答：多段抽样是指把抽取样本单位的过程分为多个阶段进行的抽样方式。先从统计总体中抽取大样本，再从被抽中的大样本中抽取低一级的样本单位，第三次从被抽中的低一级样本单位中抽取更低一级的样本单位，这样逐级随机抽取，直到抽取的单位满足了抽样者的要求，成为基本的调查单位。如城市住户调查，可分别以街道、居民委员会、居民小组以及住户作为各级单位，进行四阶段抽样调查。这种抽样方式简单易行，适用于较大范围、样本数较多的抽样调查。但由于每级抽样都会产生误差，经多级抽样产生的样本，误差也会相应增大。

15. 户内抽样

答：户内抽样是指在多段抽样中，抽出家庭户的样本后，再从抽中的每户家庭中再抽取人员构成访谈对象的样本的抽样方式。户内抽样一般采取“Kish 选择法”。

16. PPS 抽样

答：PPS 抽样是指将总体按一种准确的标准划分出容量不等的具有相同标志的单位在总体中不同比率分配的样本量进行的抽样。PPS 抽样的特点是总体中含量大的部分被抽中的概率也大，可以提高样本的代表性。PPS 抽样的主要优点是：使用了辅助信息，减少抽样误差；主要缺点是：对辅助信息要求较高，方差的估计较复杂等。

17. 偶遇抽样

答：偶遇抽样又称方便抽样或自然抽样，是非概率抽样方法的一种。它是指研究者根据现实情况，以自己方便的形式抽取偶然遇到的人作为对象，或者仅仅选择那些离得最近的、最容易找到的人作为对象。

18. 判断抽样

答：判断抽样又称立意抽样或目的抽样，是指调查者根据研究的目标和自己主观的分析，来选择和确定调查对象，判断选取可以代表总体的个体作为样本的方法，此时样本的代表性取决于研究者对总体的了解程度和判断能力。由于标准的确定带有一定的主观性，所以采用这种方法所取得的样本代表性往往难以判断。

19. 定额抽样

答：定额抽样又称配额抽样，是指按某个标准或变量（如性别、年龄、住所等）将被调查总体的单元分类，然后根据总体内各类单元的比例规定样本数目，再分配给每个调查采访人员一定定额的方法。调查采访人员得到的指令主要是在一定时间和一定范围内抽取一定数目的单元，所以在选样中带有主观性。一般应用于民意测验、市场调查等方面。

20. 样本规模

答：样本规模又称样本容量，它是指样本中所含个案的多少。统计学中通常以 30 为界，把样本规模分为大样本（30 个个案及以上）和小样本（30 个个案以下）。当样本规模大于30 时，无论总体的分布如何，其平均数的抽样分布将接近于正态分布。但是，30 个个案的样本规模对于社会研究来说却常常是不够的，根据一些社会研究专家的看法，社会研究中的样本规模不能少于 100 个个案。这是因为要保证所划分出的每个子类别中都有一定数量的个案，就必须扩大整个样本的规模。

21. 置信度

答：置信度又称置信水平，是指总体参数值落在样本统计值某一正负区间内的概率，或者说，总体参数值处于样本统计值某一区间中的把握程度。它反映的是抽样的可靠性程度。置信水平表示区间估计的把握程度，置信区间的跨度是置信水平的正函数，即要求的把握程度越大，势必得到一个较宽的置信区间，这就相应降低了估计的准确程度。

22. 抽样误差

答：抽样误差是样本统计值与总体参数值之间存在的偏差。它是由于抽样本身的随机性所引起的误差。无论采取什么样的抽样方式，这种误差都是不可避免的。但是，在另一方面，抽样误差的大小是可以在样本设计中事先进行限定的。

二、复习思考题

1. 什么是抽样中的随机性？为什么概率抽样的方法能够保证样本对总体的代表性？

答：(1)抽样中的随机性即随机抽取。随机抽取就是保证总体中的每一个个体都有同等的机会入选样本。或者说，总体中的每一个成员被抽中的概率相等(也即被抽中的机会相等)。而且任何一个个体的入选与否，与其他个体毫不相关、互不影响。或者说，每一个个体的抽取都是相互独立的，是一种随机事件。

(2)概率抽样的方法能够保证样本对总体的代表性是因为在各种随机事件的背后，存在着事件发生的客观概率，正是这种概率决定着随机事件的发展变化规律。概率抽样由于能够很好地按总体内在结构中所包括的各种随机事件的概率来构成样本，因此能够较好保证样本的代表性，使之成为总体的缩影。

2. 抽样设计的基本原则是什么？

答：抽样设计的基本原则如下：

(1)目的性原则

目的性原则是指在进行抽样方案设计时，要以课题研究的总体方案和研究的目标为依据，以研究的问题为出发点，从最有利于研究资料的获取，以及最符合研究的目的等因素来考虑抽样方案和抽样方法的设计。

(2)可测性原则

可测性原则是指抽样设计能够从样本自身计算出有效的估计值或者抽样变动的近似值。在研究中通常用标准误来表示。

(3)可行性原则

可行性原则是指研究者所设计的抽样方案必须在实践中切实可行。它意味着研究者所设计的方案能够预料实际抽样过程中可能出现的各种问题，并设计了处理这些问题的方法。

(4)经济性原则

经济性原则主要是指抽样方案的设计要与研究的可得资源相适应。这种资源主要包括研究的经费、时间、人力等等。

3. 分层抽样与整群抽样的具体操作方法是怎样的？二者之间有何异同？什么情况下应选用分层抽样？什么情况下则应选用整群抽样？

答：(1)分层抽样与整群抽样的含义及具体操作方法

①分层抽样的含义及具体操作方法

分层抽样是指将调查总体按某一标志分成若干互不交叉重叠的类(组)，其中每一类(组)称为一层，然后在各层内随机抽取调查单位组成层样本，将这些层样本汇总起来构成总样本即分层样本的随机抽样方式。在总体构成复杂、内部各单位差异较大和单位数目较多的情况下，比较适宜于采用分层抽样。

比如，在一所初中抽取学生样本时，可以按照年级将学生总体分为初一、初二和初三三大类型；然后，采用简单随机抽样或系统抽样的方法，分别从这三类学生类型中抽取子样本；最后，将这些子样本合在一起来，构成全体学生的样本。

②整群抽样的含义及具体操作方法

整群抽样是指将调查总体按某一标志划分成若干相互不交叉重叠的组，每组称为一个群，以群为调查单位进行随机抽样，然后对抽中的群进行全面调查的一种随机抽样方式。对于被抽取的整群，可以对群内所有单位逐个地进行调查，也可以再使用其他的抽样方法继续进行抽样调查。

例如，当抽出某一学校作为总体单位时，可以对该学校内成员无一例外地进行调查，也可以再按随机方法以一定比例抽取若干班级进行调查，后者即为二阶段抽样或多阶段抽样。整群抽样可以节省时间和费用，但在样本数相同的情况下，它较之按随机原则直接从总体中抽取个案所得到的样本，抽样误差要大一些。所以，当群内差异大，而群间差异小的情况下，适合采用此法。

(2)分层抽样与整群抽样的异同

①分层抽样与整群抽样的相同之处在于，它们都属于概率抽样，是按照概率原理进行的，样本的抽取具有随机性。

②分层抽样与整群抽样的不同之处在于，分层抽样的抽样单位是单个的个体，而整群抽样的抽样单位是成群的个体。分层抽样中样本对总体的代表性比整群抽样中样本的代表性高。

(3)分层抽样与整群抽样的不同应用情况

①当某个总体是由若干个有着自然界限和区分的子群(或类别、层次)所组成，且不同子群之间差别很大、而每个子群内部的差异不大时，则适合于分层抽样的方法；

②当不同子群之间差别不大、而每个子群内部的异质性程度比较大时，则特别适合于采用整群抽样的方法。

4. 如果条件允许，多段抽样中应尽可能扩大哪一级样本的规模？为什么？

答：如果条件允许，多段抽样中应相对增加开头阶段的样本数，而适当减少最后阶段的样本数。原因如下：

(1)多段抽样的方法适用于总体很大时，很难一次抽样完成预定目标的情况。它的优点是不需要总体的全部名单，因而抽样比较简单、易行。但不足之处在于误差较大，因为每级抽样时都可能产生误差。

(2)扩大开头阶段的抽样规模，能够扩大样本的覆盖面，增加总体的异质性程度，进而在同等条件下减少多段抽样的误差。

5. 在实际社会调查中，有哪些因素影响到研究者对样本规模的确定？

答：影响研究者对样本规模确定的因素包括以下几个方面：

(1)总体的规模

在总体规模很小时，提高样本占总体的比例，能够明显地改善抽样的精确度。但是，当总体规模达到一定程度时，样本规模的改变量是很小的。

(2)推断的把握性与精确性

可以用置信度与置信区间两个概念来说明样本规模与抽样推断的可靠性及精确性。

置信度又称置信水平，是指总体参数值落在样本统计值某一正负区间内的概率，或者说，总体参数值处于样本统计值某一区间中的把握程度。它反映的是抽样的可靠性程度。

区间估计是以数值的区间形式来确定总体参数的可能范围。它根据概率抽样的原理，以一定的概率即可信度来保证总体指标落在某一区间内。这个区间称为“置信区间”。置信区间的大小与可信度的高低成正比。

置信水平表示区间估计的把握程度，置信区间的跨度是置信水平的正函数，即要求的把握程度越大，势必得到一个较宽的置信区间，这就相应降低了估计的准确程度。

(3)总体的异质性程度

为了达到同样的精确性，总体的异质性程度越高，样本规模越大。当总体中的大部分成员对某个问题的回答或选择与小部分成员的回答或选择不同时，所需要的样本规模要小一些；而当选择两种不同回答的成员比例相差无几时，所需要的样本规模为最大。

(4)研究者所拥有的经费、人力和时间

从样本的代表性、抽样的精确性角度考虑，样本规模是越大越好；但在经费、人力、物力和时间有限的约束下，追求大规模的样本意味着可能受到众多阻碍和限制，调查结果可能不能令人满意。因此，从抽样的可行性、简便性考虑，样本规模又是越小越好。

此外，还有一些因素也会有一定的影响：①分析要求与样本容量；②抽样方法与样本容量；③无回答与样本容量。

总之，样本规模的确定需要综合考虑各方面因素，没有一成不变的规定。

6. 某市有300所小学，共240000名学生。这些小学分布在全市5个行政区中。其中重点小学有30所，一般小学有240所，较差的小学有30所。现要从全市小学生中抽取1200名学生进行调查，以了解全市小学生的学习情况。请设计一种抽样方案。

答：根据本次调查的要求，适合采用二阶段按比例分层抽样方法进行抽样，如表6-7所示。

表6-7

阶段	抽样方案
第一阶段	从全市300所学校抽取30所学校
第二阶段	从30所学校中各抽取40名学生

具体做法如下：

(1)第一阶段，先以300所学校为抽样框，按学校等级抽取30所学校。具体来讲，是在获得300所学校名单并且对其进行编号后，采取随机数表法从重点、一般和较差学校中抽取30所，具体抽样比例为1∶8∶1，即从300所学校中的重点和较差的学校分别抽取3所，从一般学校抽取24所。因此，该阶段采用简单随机抽样方法从全市300所学校抽取30所学校，抽样单位为学校，样本量为30所学校，采取简单随机抽样的随机数表法抽取样本。

(2)第二阶段，在抽取的30所学校中按比例抽取学生样本。本阶段抽样框为30所学校的所有学生，抽样单位为学生，抽样方法是简单随机数表抽样法，样本量为1200。具体做法是：针对每个学校获取全校学生名单，并且按照学号采用随机数表法抽取每个学生样本。按照学校比例和总样本量1200的要求，重点和较差学校需要分别抽取120个学生样本，一般学校需要抽取960个学生样本；因此重点和较差的学校中每所学校需要抽取40个学生样本，一般学校的24所学校中每所学校需要抽取40个学生样本，最终的抽取样本量为：$3\times40+3\times40+24\times40=1200$。最后，本次抽样工作成功抽取了1200个学生作为调查样本进行有关学习情况的调查，抽样工作完成。

7．从社会科学期刊中选择三篇研究报告，分析并评价这些研究报告中所采用的抽样方法。

提示： 此题为开放题，可从《社会学研究》等社会学期刊中选择三篇研究报告，分析并评价这些研究报告中所采用的抽样方法，言之成理即可。

6.3 考研真题与典型题详解

一、单项选择题

1．“街头拦人”调查是一种（　　）。（中山大学 2015 年研）

A．概率抽样　　B．方便抽样　　C．网络抽样　　D．随意抽样

【解析】偶遇抽样又称方便抽样或自然抽样，是非概率抽样的一种形式。它是指研究者根据现实情况，以自己方便的形式抽取偶然遇到的人作为对象，或者仅仅选择那些离得最近的、最容易找到的人作为对象。“街头拦人”调查属于此类。

2．某地区共有 10 所中学，共有 8000 名学生，从中随机地选取 400 名学生，对被选出的学生进行调查，这种抽样方法叫做（　　）。（暨南大学 2018 年研）

A．等距抽样　　B．类型抽样　　C．整群抽样　　D．简单随机抽样

【解析】简单随机抽样又称纯随机抽样，是概率抽样的最基本形式。它按等概率原则直接从含有 N 个元素的总体中随机抽取 n 个元素组成样本（$N>n$）。题中，从 8000 名学生中，随机地选取 400 名学生，采用的抽样方法是简单随机抽样。

3．从总体中抽取一个元素后，把这个元素放回到总体中再抽取第二个元素，直至抽取 n 个元素为止，这样的抽样方法称为（　　）。（中财 2017 年研）

A．重复抽样　　B．不重复抽样　　C．分层抽样　　D．整群抽样

【解析】简单随机抽样分为重复抽样和不重复抽样两类。在重复抽样中，已被选中的个体仍放回总体中，因此在同一样本中，某一个体就有可能不止一次地出现。在不重复抽样中，被选为样本的个体不再放回总体，因此，在同一个样本中，每个个体只能出现一次。题中，从总体抽出元素之后又放回总体，再进行抽取，因此属于重复抽样。

4．某市欲抽取 1000 户居民进行调查。以下抽样方式中最合理的是（　　）。（中山大学 2018 年研）

A．在本地所有固定电话号码中，随机抽取 1000 个进行调查访问

B．根据公安部门登记户籍资料，随机抽取 1000 户家庭进行调查访问

C．根据各区人口比例，在每个区随机抽取街道—小区—住户共 1000 户进行调查访问

D．在全市范围随机抽取 50 个小区，每个小区抽取 20 户进行调查访问

【解析】多段抽样是把抽取样本单位的过程分为多个阶段进行的抽样方式。先从统计总体中抽取大样本，再从被抽中的大样本中抽取低一级的样本单位，第三次从被抽中的低一级样本单位中抽取更低一级的样本单位，这样逐级随机抽取，直到抽取的单位满足了抽样者的要求，成为基本的调查单位。

1B　2D　3A　4C

5. 下列属于概率抽样方法的是(　　)。(中山大学 2015 年研)

A. 雪球抽样　B. 判断抽样　C. 简单随机抽样　D. 配额抽样

【解析】概率抽样是指按照概率均等的原则从总体中抽取样本，总体中的每个个体被抽到的概率是相等的，且每个个体是否抽到与其他个体是否抽到没有关系。ABD 三项均属于非概率抽样方法。

6. 在常用的概率抽样方式中，从反映总体异质性的效果来说，最好的是(　　)。(中山大学 2018 年研)

A. 简单随机抽样　B. 系统随机抽样　C. 分层随机抽样　D. 整群随机抽样

【解析】分层抽样是指将调查总体按某一标志分成若干互不交叉重叠的类(组)，其中每一类(组)称为一层，然后在各层内随机抽取调查单位组成层样本，将这些层样本汇总起来构成总样本即分层样本的随机抽样方式。在总体构成复杂、内部各单位差异较大和单位数目较多的情况下，比较适宜于采用分层抽样。分层抽样方法的一个优点是：在不增加样本规模的前提下降低抽样误差，提高抽样的精度。它对于反映总体异质性有很好的效果。

7. 研究者在实际抽样(尤其是概率抽样)时，经常是先找到一份近似涵盖总体所有元素的名单，然后从中抽取部分元素，这份名单称为(　　)。(暨南大学 2018 年研)

A. 抽样单元　B. 总体　C. 抽样框　D. 样本

【解析】抽样框又称作抽样范围，它指的是一次直接抽样时总体中所有抽样单位的名单。抽样单位就是直接抽样时所使用的基本单位。总体是构成它的所有元素的集合，而元素则是构成总体的最基本单位。样本就是从总体中按一定方式抽出的一部分元素的集合。

8. 欲调查某地区餐饮服务行业从业人员平均工资，已知该地区餐饮服务业人员平均工资标准差为 50 元，要求样本均值与总体均值差不超过 5 元，可信度为 95%，则该研究样本大小最佳为(　　)。(中山大学 2018 年研)

A. 100　B. 400　C. 500　D. 1000

【解析】简单随机抽样中推论总体均值的样本规模计算公式为：

$$n=\frac{t^2\times\sigma^2}{e^2}$$

当可信度为 0.95 时，对应的 t 值为 1.96，约等于 2；抽样误差 e 是指用样本统计值与被推断的总体参数出现的偏差；σ 为总体的标准差。本题中，$e=5$，$\sigma=50$。

故 n 值为：

$$n=\frac{t^2\times\sigma^2}{e^2}=\frac{2^2\times50^2}{5^2}=400$$

综上，该研究样本大小最佳为 400。

9. 当样本量一定时，置信区间的宽度(　　)。(中财 2017 年研)

A. 随着置信系数的增大而减少　B. 随着置信系数的增大而增大

C. 与置信系数的大小无关　D. 与置信系数的平方成反比

【解析】置信系数置信度，以 $1-\alpha$ 表示，用以说明置信区间的可靠程度。通常选用的置信系数为 0.95 和 0.99。置信系数越高代表总体参数落在置信区间内的概率越高，这意味着

5C　6C　7C　8B　9B

置信区间越宽。

二、多项选择题

1. 以下属于抽样调查研究方法基本要素的有（　　）。（中财 2007 年研）

A. 抽样　　B. 问卷设计与实施

C. 统计分析　　D. 参与观察

E. 随机指派

【解析】抽样调查研究方法的基本要素包括：问卷设计与实施、抽样调查、统计分析、相关关系等。DE 两项分别属于实地研究方法和实验研究方法中的要素。

2. 以下哪些因素会影响到样本规模的确定？（　　）（中财 2009 年研）

A. 总体规模　　B. 置信度水平　　C. 抽样误差　　D. 总体异质性程度

E. 抽样方法

【解析】一般情况下，社会研究中样本规模的确定主要受到以下四个方面因素的影响：①总体的规模；②推断的把握性与精确性要求；③总体的异质性程度；④研究者所拥有的经费、人力和时间。此外，抽样方法也会影响样本规模，不同的抽样方法对样本规模的要求可能不同。

3. 抽样估计中的抽样误差（　　）。（中山大学 2018 年研）

A. 是不可以避免要产生的　　B. 是可以通过改进调查方式来消除的

C. 只能在调查结束后才能计算的　　D. 其大小是可以控制的

【解析】抽样误差是指由于随机抽样的偶然因素使样本各单位的结构不足以代表总体各单位的结构，而引起抽样指标和全部指标的绝对离差。无论采取什么样的抽样方式，这种误差都是不可避免的。但是，抽样误差的大小是可以在样本设计中事先进行限定的。

三、概念题

1. 总体和个体（中山大学 2007 年研）

答：总体是指构成它的所有元素的集合；而个体是指构成总体的最基本单位。在社会研究中，最常见的总体是由社会中的某些个人组成的，这些个人便是构成总体的个体。比如，当对某省大学生的择业倾向进行研究和探讨时，该省所有在校大学生的集合就是研究的总体，而每一个在校大学生便是构成总体的个体。

2. 抽样（江西师大 2016 年研）

答：参见本章课后习题基本概念第 4 题答案。

3. 抽样调查（重庆工商 2016 年研）

答：抽样调查是一种非全面调查，它是从全部调查研究对象中，抽选一部分单位进行调查，并据以对全部调查研究对象做出估计和推断的一种调查方法。抽样调查虽然是非全面调查，但它的目的却在于取得反映总体情况的信息资料，因而也可起到全面调查的作用。根据抽选样本的方法，抽样调查可以分为概率抽样和非概率抽样两类。

4. 参数值与统计值（人大 2017 年研）

相关试题：

(1) 参数值（云南大学 2016 年研）

1ABC　2ABDE　3AD

(2)统计值(安师大 2015 年研)

答: 参见本章课后习题基本概念第 7、8 题答案。

5. 抽样框(南京大学 2025 年研；安师大 2017 年研；重庆工商 2017 年研；苏州大学 2017 年研；山东大学 2017、2016 年研)

答: 参见本章课后习题基本概念第 6 题答案。

6. 置信区间(社科院 2012 年研)

答: 置信区间是指在某一置信水平下，样本统计值与总体参数值的误差范围。它所反映的是抽样的精确性程度。误差范围越大，精确性程度越低；误差范围越小，精确性程度越高。它与置信水平相对应，置信水平是指总体参数值落在样本统计值某一区间内的概率。置信水平与置信区间通常成正比的关系，置信水平越高则一般所需要的置信区间也就越大。

7. 置信度(安师大 2017 年研；河北师大 2016 年研)

答: 参见本章课后习题基本概念第 21 题答案。

8. 抽样误差(中山大学 2010 年研；江西财大 2008 年研)

答: 参见本章课后习题基本概念第 22 题答案。

9. 标准误(中山大学 2018 年研；北大 2017 年研；人大 2017 年研)

答: 标准误又称标准误差，即样本统计量的标准差，是描述对应的样本统计量抽样分布的离散程度及衡量对应样本统计量抽样误差大小的尺度。对一个总体多次抽样，每次样本大小都为 n，那么每个样本都有自己的平均值，这些平均值的标准差叫做标准误差。标准差是单次抽样得到的，用单次抽样得到的标准差可以估计多次抽样才能得到的标准误差。

10. 非概率抽样(北师大 2015 年研)

答: 非概率抽样主要是指依据研究者的主观意愿、判断或是否方便等因素来抽取对象，不考虑抽样中的等概率原则。因而其样本的代表性往往较小，误差有时相当大，而且这种误差无法估计。因此，非概率抽样通常只在探索性研究中适用。常用的非概率抽样包括偶遇抽样、判断抽样、定额抽样。

11. 分层抽样(吉林大学 2025、2019 年研；华东理工 2024 年研；重庆工商 2016 年研；华中农大 2016 年研；西北师大 2015 年研)

答: 参见本章课后习题基本概念第 12 题答案。

12. 整群抽样(华东师大 2018 年研；人大 2017 年研；重庆工商 2016 年研)

相关试题:

(1)按规模比例整群抽样(南开大学 2016 年研)

(2)整群随机抽样(山东大学 2015 年研)

答: 参见本章课后习题基本概念第 13 题答案。

13. 判断抽样(人大 2025 年研；中央民大 2024、2019 年研；南航 2018 年研)

答: 参见本章课后习题基本概念第 18 题答案。

14. 配额抽样(华中师大 2025 年研；吉林大学 2017 年研)

答: 参见本章课后习题基本概念第 19 题答案。

15. 系统抽样(人大 2024 年研；北师大 2016 年研；安师大 2016 年研；东财 2007 年研)

相关试题：等距随机抽样(山东大学 2016 年研)

答：参见本章课后习题基本概念第 11 题答案。

16. 抽样分布(浙理工 2018 年研)

答：抽样分布是指样本估计量的分布。样本估计量是样本的一个函数，在统计学中称作统计量，因此抽样分布也是指统计量的分布。以样本平均数为例，它是总体平均数的一个估计量，如果按照相同的样本容量，相同的抽样方式，反复地抽取样本，每次可以计算一个平均数，所有可能样本的平均数所形成的分布，就是样本平均数的抽样分布。

17. 样本规模(西北师大 2015 年研)

答：参见本章课后习题基本概念第 20 题答案。

四、判断并改错题

1. 标准误差就是抽样中全部样本平均数的标准差。(中财 2009 年研)

答：错误。正确表述为：

标准误差定义为各测量值误差的平方和的平均值的平方根，故又称为均方误差的平方根。

2. 一个好的估计值应当随着样本容量的增大以更大的概率去接近被估计参数的值，这指的是估计值的有效性。(中财 2012 年研)

答：错误。正确表述为：

估计值的有效性是指一个无偏的估计量必须与总体参数的离散程度较小。一个好的估计值应当随着样本容量的增大以更大的概率去接近被估计参数的值，这是估计值的相合性。

3. 中心极限定理表明，不管总体分布如何，随着样本规模 n 的扩大，抽样分布趋近于标准正态分布。(中财 2015 年研)

答：错误。正确表述为：

中心极限定理表明，当 n 足够大时(通常假定大于 30)，无论总体的分布如何，其样本平均数所构成的分布都趋于正态分布。

4. 在样本容量一定的情况下，研究者所要求的置信度越高，则置信区间越窄。(中财 2009 年研)

答：错误。正确表述为：

在样本容量一定的情况下，研究者所要求的置信度越高，则置信区间越宽。

5. 在其他条件一定的情况下，置信度越低，则所要求的样本规模越大。(中财 2012 年研)

答：错误。正确表述为：

在其他条件一定的情况下，置信度越高，即推论的把握性越大，则所要求的样本规模就越大。

6. 非概率抽样能够保证样本对总体的代表性。(华南理工 2016 年研)

答：错误。正确表述为：

非概率抽样主要是依据研究者的主观意愿、判断或是否方便等因素来抽取对象，它不考虑抽样中的等概率原则，因而往往产生较大的误差，难以保证样本的代表性。能够保证样本对总体的代表性的是概率抽样。

7. 抽样调查中，存在抽样误差与样本规模误差，因此，社会研究应尽量用整体调查的方法。(南林 2014 年研)

答：错误。正确表述为：

抽样误差就是样本统计值与总体参数值之间存在的偏差。它是由于抽样本身的随机性所引起的误差。无论采取什么样的抽样方式，这种误差都是不可避免的。

五、简答题

1. 简述抽样法的科学基础。（浙大 2007 年研）

答：社会研究的对象中不存在同质总体，任何个体之间都存在着差异，任何部分都无法完全代表总体，因此无论采用什么样的选取部分的方法，无论做得多么仔细，没有也不可能抽出毫无偏差的代表总体的所有特点和关系的样本。在用样本来概括总体时总要有误差，它的大小可以反映出样本代表性的高低。对于研究人员来说，重要的是要能知道误差的大小和控制它的大小，并依据要求的代表性，抽取出相应的样本。因此，抽样调查的关键在于：

（1）判断一个样本的误差大小。

（2）抽取一个有代表性的样本。如果无法从理论上和技术上实际抽选出一个达到所要求的代表性的样本，那么用样本概化总体便毫无意义。

数理统计学中的抽样理论指出，遵循随机原则的概率抽样可以保证抽选出有一定代表性的样本，并能够通过计算估计样本与总体间误差的大小以及这种估计的可信程度。这就给抽样法奠定了科学的基础，从而使抽样调查成为宏观社会研究的主要方法之一。

2. 什么是随机抽取？请简述概率抽样的基本原理。

答：（1）随机抽取的含义

随机抽取即保证总体中的每一个个体都有同等的机会入选样本。或者说，总体中的每一个成员被抽中的概率相等（也即被抽中的机会相等）。而且，任何一个个体的入选与否，与其他个体毫不相关、互不影响。或者说，每一个个体的抽取都是相互独立的，是一种随机事件。

（2）概率抽样的基本原理

概率抽样即随机抽样，是按照统计总体中每个单位都有一定机会被抽中的概率原则，从总体中抽取一定数量的单位作为样本进行调查，用所获得的具有充分代表性的样本数据来推断总体数量的特征，并控制抽样误差的方法。其理论基础是大数定律，随着样本容量的不断增加，样本均值将越加趋向于总体均值。在一定条件下，随机抽样能以较少的人力、物力，在较短的时间内推算出统计总体的指标，如农村住户调查、城市住户调查等；有时也可以被用来检验全面调查资料的准确程度，如人口普查后进行的随机抽样复查。

3. 简述抽样的一般程序，并说明抽样设计的基本原则有哪些？（暨南大学 2017 年研）

相关试题：

（1）举例说明随机抽样的基本程序。（论述题，山东大学 2017 年研）

（2）抽样的一般程序包括哪几个步骤？（广西民大 2017 年研）

（3）抽样的一般程序是什么？（华中农大 2016 年研）

（4）举例说明抽样设计的原则。（山东大学 2016 年研）

（5）抽样设计的基本原则是什么？（西南财大 2025 年研；河北大学 2016 年研）

（6）简述抽样的一般程序。（西北师大 2015 年研；华中农大 2015 年研）

(7)简述抽样设计的原则。(安师大2015年研；东财2009年研)

答：(1)抽样的一般程序

不同的抽样方法具有不同的操作要求，但它们通常都要经历以下几个步骤：

①界定总体

界定总体是在具体抽样前，首先对从中抽取样本的总体范围与界限做明确的界定。这一方面是由抽样的目的决定的，另一方面界定总体也是达到良好的抽样效果的前提条件。如果不知道总体的范围，从中选取的不是随机样本，那么抽取出的样本可能会缺乏代表性。

②制定抽样框

制定抽样框是依据已经界定好的总体范围，收集总体中全部抽样单位的名单，并通过对名单进行统一编号来建立起供抽样使用的抽样框。

③决定抽样方案

研究人员在具体实施抽样之前，依据研究的目的要求、各种抽样方法的特点，以及其他有关因素来决定具体采用哪种抽样方法。除抽样方法的确定以外，还需要根据要求确定样本的规模以及主要目标量的精确程度。

④实际抽取样本

在上述几个步骤完成后，严格按照所选定的抽样方法，从制定好的抽样框中抽取一个个的抽样单位，构成此次研究的样本。

⑤评估样本质量

样本评估是指对样本的质量、代表性、偏差等进行初步的检验和衡量，其目的是防止由于样本的偏差过大而导致的失误。

(2)抽样设计的基本原则

参见本章课后习题复习思考题第2题答案。

4．什么是抽样框？它为什么重要？(中央民大2019年研)

答：(1)抽样框的含义

在确定了调查总体和抽样单位后，就要编制抽样框，即将总体按抽样单位划分为各部分，这些部分必须互不重叠且能合成总体，然后毫无遗漏地编号排列成表，每个抽样单位唯一地与表上的一个号码相对应。对于不同类型的总体，抽样框的形式也有多种。在学校、企业、机关等正规社会组织中进行抽样时，可以利用现成的人员花名册；而在某一个地理区域内抽样时，常可使用人口普查资料编制抽样框。

(2)抽样框的重要性

抽样框是概率抽样一个最基本的要求，它的质量关系着抽样的质量。在实际抽样时，得到一个好的抽样框往往既困难又麻烦，需要具备一定的技巧并采取认真细致的态度。

①当总体范围太大时，如果没有现成的抽样框，就需要编制一个新的抽样框，这往往要花费巨大的人力、物力，如编制一份北京市全体60岁以上老人的清单。

②有时可能会有一个现成的抽样框，但它们可能已经过时，例如1983年人口普查时得到一份北京市60岁以上老人的清单，但1989年调查时由于一部分人新进入这一总体，一部分人已死亡，这份清单已经过时，这时应把清单进行整理或稍微修改总体定义。

③在复杂的多阶段抽样中，相应各个阶段要有多个抽样框。

5. 什么是简单随机抽样？利用随机数表抽样的步骤有哪些？

答：（1）简单随机抽样的含义

简单随机抽样是指统计总体的每一个总体单位都不加任何分组、划类、排队等限制，依据每一单位都有同等机会被抽取的随机原则，从总体中抽取部分单位作为样本进行调查，以其结果推断总体有关指标的一种随机抽样方式。随机抽样的各种方式都是简单随机抽样的派生方式。

由于这种抽样方法对各个总体单位没有任何约束，故又称无限制随机抽样或完全随机抽样；又由于这种抽样方式是随机抽样调查中最简单的组织形式，又称单纯随机抽样。简单随机抽样样本的抽选方法有直接抽选法、抽签法和随机数字表法等。

（2）利用随机数表进行抽样的具体步骤

①先取得一份总体所有元素的名单（即抽样框）；

②将总体中所有元素一一按顺序编号；

③根据总体规模是几位数来确定从随机数表中选几位数码；

④以总体的规模为标准，对随机数表中的数码逐一进行衡量并决定取舍；

⑤根据样本规模的要求选择出足够的数码个数；

⑥依据从随机数表中选出的数码，到抽样框中去找出它所对应的元素。

6. 什么叫系统抽样？简述系统抽样的具体步骤。（华中农大 2011 年研）

答：（1）系统抽样的含义

系统抽样又称等距抽样或间隔抽样。它是把总体的单位进行编号排序后，再计算出某种间隔，然后按这一固定的间隔抽取个体的号码来组成样本的方法。系统抽样需要有完整的抽样框，样本的抽取是直接从总体中抽取个体，而无其他中间环节。

（2）系统抽样的具体步骤

①给总体中的每一个个体按顺序编号，即制定出抽样框。

②计算出抽样间距。计算方法是用总体的规模除以样本的规模。假设总体规模为 N，样本规模为 n，那么抽样间距 K 就由下列公式求得：

$$K(\text{抽样间距}) = \frac{N(\text{总体规模})}{n(\text{样本规模})}$$

③在最前面的 K 个个体中，采用简单随机抽样的方法抽取一个个体，记下这个个体的编号（假设所抽取的这个个体的编号为 A），它称做随机的起点。

④在抽样框中，自 A 开始，每隔 K 个个体抽取一个个体，即所抽取个体的编号分别为 A，$A+K$，$A+2K$，…，$A+(n-1)K$。

⑤将这 n 个个体合起来，就构成了该总体的一个样本。

7. 什么是系统抽样（等距离抽样）？请简要分析这种抽样方法的优势与风险并举例说明之。（中山大学 2010 年研）

答：（1）系统抽样的含义

参见本章考研真题与典型题简答题第 6 题答案。

（2）系统抽样的优势与风险

①系统抽样较之于简单随机抽样来说，较为简便易行，尤其是当总体及样本的规模都

较大时更是如此。

②系统抽样也存在一定风险。系统抽样是以总体中个体的随机排列为前提的，如果总体的排列出现有规律的分布时，就会使系统抽样的结果产生很大误差，降低样本的代表性。因此，在进行系统抽样过程中，必须消除抽样总体中的规则分布的影响。

(3)举例

要在某社区总共2000名居民中，抽取一个规模为100的居民代表样本。先对2000名居民依次编号，然后按20的抽样间距进行抽样。首先，在1~20的数码中，采取简单随机抽样的方法抽取一个数字，如抽到了数字8，则8为第一个号码，每隔20名再抽一个。这样，便可抽取8，28，48，…，1992这100个号码对应的居民，这100名居民就构成本次抽样的样本。

由此可以看出，系统抽样对于大样本来说，具有简单易行的特点。但是，这种方法存在的风险是如何正确地制定抽样框。在使用系统抽样方法时，一定要注意抽样框的编制方法。特别要注意下列两种情况：

①总体名单中，个体的排列具有某种次序上的先后、等级上的高低的情况；

②总体名单中，个体的排列上有与抽样间隔相对应的周期性分布的情况。

8．什么是分层抽样？分层抽样有什么作用？（湖南师大2016年研）

答：(1)分层抽样的含义

分层抽样是指将调查总体按某一标志分成若干互不交叉重叠的类(组)，其中每一类(组)称为一层，然后在各层内随机抽取调查单位组成层样本，将这些层样本汇总起来构成总样本即分层样本的随机抽样方式。在总体构成复杂、内部各单位差异较大和单位数目较多的情况下，比较适宜于采用分层抽样。

(2)分层抽样的作用

①在不增加样本规模的前提下降低抽样误差，提高抽样的精度。分层抽样要求各层的子样本在总体的样本中所占比例与本层在总体中所占比例相同，正是通过这样的分层，使得各层内元素之间的同质性程度增强，从每一子总体内抽出一个小样本就能较好地代表总体，抽样误差较小，从而可以提高总体参数估计值的精确度。

②便于了解总体内不同层次的情况，以及对总体中不同的层次进行单独研究，或者进行比较。

9．如何选择分层抽样的分层变量？（浙大2009年研）

答：在实际运用分层抽样的方法时，研究者需要考虑下列两个方面的问题：

(1)分层的标准问题。在实际抽样中通常采用的分层原则有：

①以所要分析和研究的主要变量或相关的变量作为分层的标准；

②以保证各层内部同质性强、各层之间异质性强、突出总体内在结构的变量作为分层变量；

③以那些已有明显层次区分的变量作为分层变量。

(2)分层的比例问题。按各层子样本容量的确定方式，分层抽样可分为按比例分层抽样和非比例分层抽样。前者要求各层的子样本在总体的样本中所占比例与本层在总体中所占比例相同。

10. 在抽样调查中，分层抽样与整群抽样分别是如何操作的，试比较二者的异同及其适用范围。（华中农大 2011 年研）

相关试题：

（1）分层抽样和整群抽样分别适用怎样的总体？（华中师大 2019 年研）

（2）分层抽样和整群抽样有何异同，各自运用中应注意什么问题？（论述题，河北大学 2017 年研）

（3）比较整群抽样和分层抽样的差异性。（安师大 2017 年研）

（4）请比较分析分层抽样与整群抽样。（中山大学 2015 年研）

答：参见本章课后习题复习思考题第 3 题答案。

11. 什么是"配额抽样"和"分层抽样"，二者之间的异同之处何在？（中山大学 2006 年研）

相关试题：

（1）请比较分层抽样与配额抽样的异同。（厦门大学 2025 年研；人大 2019 年研）

（2）配额抽样（概念题，吉林大学 2017 年研）

答：（1）配额抽样和分层抽样的含义

①配额抽样又称定额抽样，首先按某个标准或变量（如性别、年龄、住所等）将被调查总体的单元分类，然后根据总体内各类单元的比例规定样本数目，再分配给每个调查采访人员一定定额。

②分层抽样是指将调查总体按某一标志分成若干互不交叉重叠的类（组），其中每一类（组）称为一层，然后在各层内随机抽取调查单位组成层样本，将这些层样本汇总起来构成总样本即分层样本的随机抽样方式。

（2）配额抽样和分层抽样之间的不同点

①抽样方法不同

分层抽样的抽样方法是完全依据概率原则，排除主观因素，客观地、等概率地到各层中进行抽样，可以进行统计分析，推论总体；定额抽样则是那种"按事先规定的条件，采取偶遇方式，有目的地、方便地寻找"的做法，不可以进行总体的推论。

②抽样目的不同

a. 配额抽样是非概率抽样的一种抽样方法，而分层抽样是概率抽样的一种抽样方法。定额抽样之所以分层分类，其目的在于要抽选出一个总体的"模拟物"，其方法则是通过主观的分析来确定和选择组成这种模拟物的成员。

b. 定额抽样注重的是样本与总体在结构比例上的表面一致性，从而来提升样本的代表性；而分层抽样进行分层，一方面是要通过一定的分层标准来提高各层间的异质性与同层中的同质性，另一方面也是为了照顾到某些比例小的层次，使得所抽样本的代表性进一步提高，误差进一步减小。

（3）配额抽样和分层抽样之间的相同点

①配额抽样与分层抽样中的比例抽样相似，也是按调查对象的某种属性或特征将总体中所有个体分成若干类或层，然后在各层中抽样，样本中各层（类）所占比例与他们在总体中所占比例一样。

②前提相同，因为要进行分层，所以都要对总体中各种构成的比例有所了解。

12. 简述多段抽样的操作方法及优劣之处。

答：(1)多段抽样操作方法

先从总体中随机抽取若干大群(组)，然后再从这几个大群(组)内抽取几个小群(组)，这样一层层抽下来，直至抽到最基本的抽样元素为止。在运用多段抽样方法时，需要注意在类别和个体之间保持平衡。或者说，保持合适的比例。在确定每一阶段的抽样的单位数目时，主要考虑的因素有两方面：

①各个抽样阶段中的子总体的同质性程度。同质性程度越高的子总体，所抽的规模就应相对小一点；反之，则应大一点。

②研究者所拥有的人力和经费。

(2)多段抽样的优缺点

这种抽样方式简单易行，适用于较大范围、样本数较多的抽样调查。但由于每级抽样都会产生误差，经多级抽样产生的样本，误差也会相应增大。

13. 什么是PPS抽样方法？(北科大2009年研；中财2009年研)

相关试题：

(1)PPS抽样(概念题，郑州大学2025年研；中央民大2018年研；安师大2018年研；重庆工商2017年研；南航2015年研；华中农大2012年研)

(2)举例说明如何进行PPS抽样。(论述题，华中农大2015年研)

答：(1)PPS抽样的含义

参见本章课后习题基本概念第16题答案。

(2)PPS抽样的实质

在第一个阶段中，大的群被抽中的概率大，而小的群被抽中的概率小；这样到了第二阶段，被抽中的大的群中的元素被抽中的概率显然就小于被抽中的小的群中的元素了。正是这一大一小，平衡了由于群的规模所带来的概率差异。

可以用下列公式来说明PPS抽样的原理：

$$\begin{matrix}\text{每一个元素}\\\text{被抽中的概率}\end{matrix}=\text{所抽取的群数}\times\left(\frac{\text{群的规模}}{\text{总体的规模}}\right)\times\left(\frac{\begin{matrix}\text{平均每个群中}\\\text{所要抽取的元素}\end{matrix}}{\text{群的规模}}\right)$$

14. 什么是户内抽样方法？简述生日法的具体步骤。

答：(1)户内抽样的含义

参见本章课后习题基本概念第15题答案。

(2)生日法的具体步骤

户内随机抽样时，可以采用“Kish选择法”和生日法。其中，生日法的具体步骤如下：

①随机确定一年中的某一天为标准日期，为便于计算，通常抽取每个月的第一天；

②了解所抽中的户中18岁以上的人口数，以及每人的生日是几月几日；

③计算出每人的生日距离标准日期的天数；

④从中选出生日距离标准日期最近的人作为调查对象。

15. 简述Kish选择法。(安师大2017年研)

答：(1)Kish选择法的含义

在户内抽样，对家庭内的成年人采取抽样的步骤中，通常采用 Kish 选择法。Kish 选择法的具体做法是：研究者先将调查表分为(编号为)A、B1、B2、C、D、E1、E2、F 八种，每种表的数目分别占调查表总数的 1/6、1/12、1/12、1/6、1/6、1/12、1/12、1/6；同时，印制若干套(一套八种)“选择卡”发给调查员，每人一套。

(2)Kish 选择法的具体步骤

①调查员对每户家庭中的成年人进行排序和编号。排序的方法是：男性在前，女性在后；年纪大的在前，年纪小的在后，即最年长的男性排第一，次年长的男性排第二，以此类推；最年长的女性排在最年幼的男性后面，其他女性也按年纪从大到小接着排列。

②调查员根据调查表上的编号找出相应的“选择表”，依据家庭人口数目从“选择表”中随机选取编号并对编号对应的对象进行调查。

(3)Kish 选择法的优点

①按这种方法抽取的被访对象都具有同等的被选中的概率。

②按这种方法不仅可以使研究者收集到样本家庭的资料，同时也可以收集到由这些被访者所构成的个人样本的资料，这种资料可以用来描述这一地区所有成年人所构成的总体。按这种方法对调查对象进行抽取，能够保证家庭中的每一个人被抽中的概率相同，从而使抽出来的人所组成的样本，在年龄、性别、受教育水平等方面特征的分布与总体的分布接近。

16. 什么是抽样误差？简述抽样误差的影响因素。

答：(1)抽样误差的含义

参见本章课后习题基本概念第 22 题答案。

(2)抽样误差的影响因素

①总体的分布方差。降低总体分布的方差，从而降低样本统计量的随机波动程度，就会提高样本统计量估计总体参数的精确度。

②抽样规模。随着样本规模的增加，样本统计量的随机波动程度也会逐渐降低，抽样误差也会随之降低。关于抽样规模与抽样误差之间的关系，还应该注意两点：

a. 对于比较小的样本来说，样本规模即使只是小幅度的增加，也会明显的提高精确度。

b. 对于比较大的样本来说，同样增加这么多个个案，却收效甚微。

17. 一般来说，社会研究中样本规模的确定主要受到哪些因素的影响？(中财 2014 年研)

相关试题：

(1)简述样本容量的确定。(吉林大学 2019、2018 年研)

(2)影响样本规模确定的因素有哪些？(安徽大学 2025 年研；南航 2018 年研)

(3)在实际社会调查中，有哪些因素会影响到研究者对样本规模的确定？(重庆工商 2017 年研)

(4)试述影响样本规模的因素。(论述题，河北大学 2016 年研)

(5)在社会调查中，确定样本规模时一般应考虑哪些因素？(华中农大 2010 年研)

(6)在抽样中，影响样本规模(sample size)确定的因素主要有哪些？(中山大学 2008 年研)

答：参见本章课后习题复习思考题第 5 题答案。

18. 什么是置信度和置信区间？二者之间存在什么样的关系？

答：(1)置信度与置信区间的含义

①置信度又称置信水平，是指总体参数值落在样本统计值某一正负区间内的概率，或者说，总体参数值处于样本统计值某一区间中的把握程度。它反映的是抽样的可靠性程度。比如，置信度为96%，指的是总体值落在样本值某一区间的概率为96%。

②置信区间是指在一定的置信度下，样本值与总体值之间的误差范围。它所反映的是抽样的精确性程度。误差范围越大，精确性程度越低；误差范围越小，精确性程度越高。

(2)置信度与置信区间的关系

置信度和置信区间之间存在着对应或相互影响的关系，被推论的参数值的准确性越高，即置信区间越小，它的可靠性，即置信度就越低；反过来，被推论的参数值的准确性越低，即置信区间越大，它的可靠性，即置信度就越高。因此，人们通常在置信度和置信区间的选择上采取折中的方法。置信度和置信区间的高低和大小都对样本规模具有直接或间接的影响。

六、论述题

样本规模与抽样误差的关系，应该注意什么问题。(苏州大学2017年研)

答：(1)样本规模与抽样误差的含义

①样本规模

样本规模又称样本容量，它是指样本中所含个案的多少。统计学中通常以30为界，把样本规模分为大样本(30个个案及以上)和小样本(30个个案以下)。当样本规模大于30时，无论总体的分布如何，其平均数的抽样分布将接近于正态分布。

②抽样误差

抽样误差就是样本统计值与总体参数值之间存在的偏差，是由于抽样本身的随机性所引起的误差。无论采取什么样的抽样方式，这种误差都是不可避免的。但同时，抽样误差的大小是可以在样本设计中事先进行限定的。

(2)样本规模与抽样误差之间的关系

样本规模又称为样本容量，它指的是样本中所含个案的多少；抽样误差就是样本统计值与总体参数值之间存在的偏差。抽样误差主要取决于总体的分布方差和样本规模这两个因素，它们会在一定程度上导致抽样误差的增加或降低。随着样本规模的增加，样本统计量的随机波动程度也会逐渐降低，抽样误差也会随之降低。一般来说，在简单随机抽样中，可以采取扩大样本规模的方式来使抽样误差降低。

(3)应注意的问题

①对于比较小的样本来说，样本规模就算只是小幅度的增加，也会明显的提高精确度。如果样本量不足，使得抽样误差较大，那么在同一时间点对同一批人群开展相同的调查，也可能会得到截然不同的调查结果。

②对于比较大的样本来说，同样增加这么多个案，结果却收效甚微。由于抽样样本数的大小对调查结果有很大影响，因此抽样误差所描述的程度类似成语“以偏概全”，即指用片面概括全部，误差越大，以偏概全越严重。

七、设计题

1. 某公司要对公司 2000 名员工(包括 200 名管理干部在内)的员工态度展开研究，以改进公司的管理模式。请你设计一个样本为 500 人的抽样方案，必须确保样本具备足够的代表性。(江西财大 2007 年研)

答：(1)在对抽样方案选择之前，必须对相关概念进行准确的界定。

首先总体为某公司的 2000 名员工，样本为按一定方式从中抽取的 500 名员工，抽样框为包含这 2000 名员工的花名单。

(2)样本为 500 人的抽样方案设计如下：

因为 2000 名员工中有 200 名管理干部在内，所以可以把普通员工和管理干部进行分组，以此来克隆总体，提高样本的代表性。

①选择分层抽样法，确定各组在样本中的比例。因为管理干部在总体中占有 10%，所以在抽样时，也应该在样本中抽出 10% 的管理干部，即 50 名，其余 450 名为普通员工。

②采用系统抽样法，首先在普通员工中抽取 450 人，抽样间隔为 1800/450 = 4，在序号排名前 4 的员工中，随机抽选出一个人，然后按照抽样间隔依次来抽取，直到抽够 450 人，再用同样的办法，在 200 名管理员工中，抽取 50 名管理干部。最后完成抽样方案。

2. 某城市有 20 个区(县)，共 1000 万人口。这些区(县)有 8 个是城区，12 个是郊区。现要从全市抽取 2000 名居民进行调查，以了解全市居民的消费状况。请设计一种多阶段抽样方案，要说明每阶段的抽样框、抽样单位、抽样方法和样本规模。(中财 2013 年研)

答：多段抽样是按抽样元素的隶属关系或层次关系，把抽样过程分为几个阶段进行。具体做法是：先从总体中随机抽取若干大群(组)，然后再从这几个大群(组)内抽取几个小群(组)，这样一层层抽下来，直至抽到最基本的抽样元素为止。要在 20 个区(县)，1000 万人口中，抽取 2000 名居民进行调查，可分为以下几个阶段：

(1)从 20 个区(县)中抽取 5 个区(县)。这一阶段的抽样框是全市 20 个区(县)，抽样单位是区(县)，使用分层抽样方法，样本规模是 5 个区(县)。其中包括 2 个城区、3 个郊区。

(2)从 5 个区中分别抽取 4 个街道(乡镇)。抽样框是抽中区中的所有的街道(乡镇)，抽样单位是街道(乡镇)，使用简单随机抽样方法，抽样规模是 20 个街道(乡镇)。

(3)从 20 个抽中的街道(乡镇)中分别抽取 5 个社区(村庄)。抽样框是抽中的街道(乡镇)中所有的社区(村庄)，抽样单位是社区(村庄)，使用简单随机抽样，抽样规模是 100 个社区(村庄)。

(4)从抽中的 100 个社区(村庄)中分别抽取 20 个家庭，按“生日法”在每个家庭中抽取一个成年人进行调查。抽样框是抽中的社区(村庄)中的所有家庭，抽样单位是家庭，使用简单随机抽样方法，抽样规模是 2000 个家庭。

八、统计计算和分析题

假如某研究团队想从全市 7 个区，100 个街道，500 个社区，共 1000 万人口中抽取 1200 户居民进行调查。在此项研究中，研究者要运用到分阶段抽样。请问：(华中农大 2012 年研)

(1)什么叫分阶段抽样?分阶段抽样的一般抽样过程是什么?

(2)在分段抽样过程中,若要使用分层随机抽样,您将如何操作?(请简述分层随机抽样的含义,并对其具体抽样过程进行描述和分解)

(3)在分段随机抽样过程中,若要使用系统抽样(等距抽样),您又将如何操作?(请简述系统抽样的含义,并对其具体抽样过程进行描述和分解)

答:(1)分阶段抽样是指按抽样元素的隶属关系或层次关系,把抽样过程分为几个阶段进行。在社会调查中,当总体的规模很大,或总体分布范围较广,很难一次完成预定目标的情况时,研究者多采用多段抽样的方法来对抽取样本。

多段抽样的一般抽样过程为:先从总体中随机抽取若干大群(组),然后再从这几个大群(组)内抽取几个小群(组),这样一层层抽下来,直至抽到最基本的抽样元素为止。

(2)分层抽样又称类型抽样,它是先将总体中的所有单位按某种特征或标志划分成若干类型或层次;然后再在各个类型或层次中采用简单随机抽样或系统抽样的办法抽取一个子样本;最后,将这些子样本合起来构成总体的样本。

①分层抽样的方法

分层抽样中有按比例和不按比例分层两种方法。按比例分层抽样是指按各种类型或层次中的单位数目同总体单位数目间的比例来抽取子样本的方法。即在单位多的类型或层次中所抽的子样本就大一些,在单位少的类型或层次中所抽的子样本就小一些。

②具体操作

a. 根据题目所给的信息,可以运用分层抽样中的按比例的方法。

b. 按照全市7个区,100个街道,500个社区所占的人口比例,将1200户居民按比例分到各个区。假设100个街道中有60个属于新城区,40个属于老城区,则需将这一比例复制到样本中,故可以采取分层抽样和分段抽样相结合的方法,先在7个区中抽取10个街道,其中新城区街道6个,老城区街道4个,再在每一街道抽取5个社区,然后在每一社区抽取24户,最后在每户家庭中抽取一人进行调查,最后可获得1200个样本($10\times5\times24=1200$)。

(3)系统抽样又称等距抽样或间隔抽样。它是把总体的单位进行编号排序后,再计算出某种间隔,然后按这一固定的间隔抽取个体的号码来组成样本的方法。

①系统抽样的具体步骤

a. 给总体中的每一个个体按顺序编号,即制定出抽样框。

b. 计算出抽样间距。计算方法是用总体的规模除以样本的规模。假设总体规模为N,样本规模为n,那么抽样间距K就由下列公式求得:

$$K(\text{抽样间距})=\frac{N(\text{总体规模})}{n(\text{样本规模})}$$

c. 在最前面的K个个体中,采用简单随机抽样的方法抽取一个个体,记下这个个体的编号(假设所抽取的这个个体的编号为A),它称作随机的起点。

d. 在抽样框中,自A开始,每隔K个个体抽取一个个体,即所抽取个体的编号分别为A,$A+K$,$A+2K$,…,$A+(n-1)K$。

e. 将这n个个体合起来,就构成了该总体的一个样本。

②具体操作

按照全市 7 个区，100 个街道，500 个社区所占的人口比例，将 1200 户居民按比例分到各个区。假设系统抽样是在全市 7 个区中抽取 10 个街道，50 个社区，每个社区 24 户居民进行调查，则能得到 1200 个样本。

在分阶段抽样的第一级系统抽样，即采用系统抽样方法从 100 个街道中抽出 10 个，再在这 10 个街道中采用抽签法各抽取 5 个社区，然后采用系统抽样方法在每一社区中抽取 24 户居民，最后即可获得 1200 个样本($10 \times 5 \times 24 = 1200$)。

第七章　实验研究

7.1　复习笔记

【视频导学(名师点拨)】

实验研究

扫码看视频导学

【知识梳理(庖丁解牛)】

- 实验研究
  - 实验的含义
  - 实验的基本要素：自变量与因变量、前测与后测、实验组与控制组
  - 实验的逻辑、特点、意义
  - 实验的程序与类型
    - 实验研究的程序
    - 寻找两组相同的对象
    - 对自变量的操纵
    - 实验的分类
      - 实验室实验与实地实验
      - 标准实验与准实验设计
      - 双盲实验
  - 基本实验设计
    - 经典实验设计(古典实验设计、双组前后测模式)
    - 更为复杂的实验设计：索罗门三组设计、四组设计
    - 实地实验
  - 影响实验正确性的因素
    - 重大事件
    - 实验对象的发育
    - 前后测环境的不一致
    - 初试—复试效应
    - 实验对象的选择和缺损

【考点难点归纳(去粗取精)】

考点一：实验的基本要素与逻辑　★★★

1.　实验的基本要素(见表7-1)

表 7－1　实验的基本要素

要点	具体内容
自变量与因变量	①自变量（实验刺激）：对实验组进行前后测之间通过操纵引入的变量。 ②因变量：研究所测量的变量。 实验研究的中心目标是：探讨变量之间的因果关系
前测与后测	①前测：实验前对因变量进行的测量。 ②后测：实验后对因变量进行的测量。 通过对前测和后测结果的比较，可判断出实验刺激对因变量的影响
实验组与控制组	①实验组：有实验刺激。 ②控制组：没有实验刺激。 同时观察实验组和控制组，比较、分析和说明实验刺激的影响和作用

2. 实验的基本逻辑（见图 7－1）

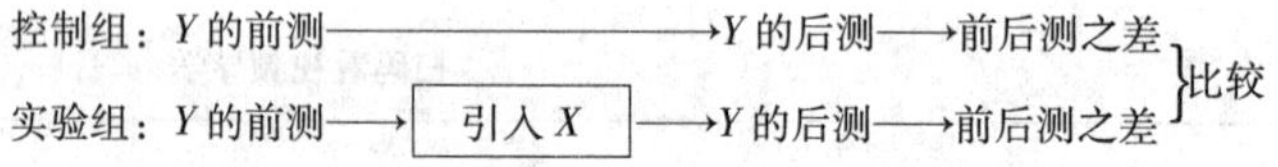

图 7－1　实验的基本逻辑

拓展：实验是控制检验因果过程的卓越工具，特别适合范围有限、界定明确的概念与假设。实验法不适合描述，但适合解释，也可以很好地研究小群体的互动。

考点二：实验研究的程序（见图 7－2）★★★

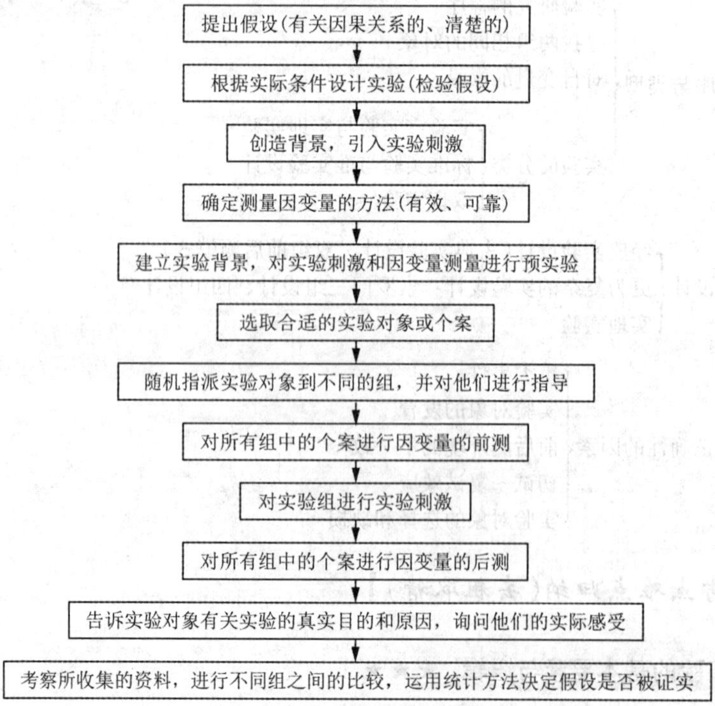

图 7－2　实验研究的程序

考点三：实验的分类 ★★★

1. 实验室实验与实地实验（见表 7－2）

表 7－2 实验室实验与实地实验

要点	含义	优点	缺点
实验室实验	在实验室内进行的实验	①实验背景和变量容易控制，实验环境可以较好地“封闭”。 ②能够清楚地观察到自变量对因变量的影响	①实验内容的局限性较大（室内限制）。 ②实验的结果缺乏推广性、普遍性和概括性
实地实验	在现实社会生活中进行的实验	研究者可以在真实的社会生活背景中观察到人们自然的反应	研究者难以对众多有可能影响因变量的实验背景、实验条件进行控制，难以孤立出自变量的独立影响

2. 标准实验与准实验设计

标准实验中，实验设计具有一定的必备条件，如随机指派实验对象以形成两个或多个相同的组、前测和后测、实验环境的封闭、实验刺激的控制和操纵等。但是，如果实验设计中缺乏标准实验中的一个或多个“条件”或“部分”的话，就只能称其为准实验设计（半实验设计）。具体来看，准实验设计的类型如表 7－3 所示。

表 7－3 准实验设计的类型

类型	特点
具有不等同组的仅有后测的设计	有一个具有实验刺激和仅有后测的实验组，一个仅有后测的控制组，但实验组与控制组不等同（对实验刺激也缺乏控制）
有前测和后测的单组设计	仅有一个实验组，有前测和后测（有实验刺激，无控制组）
仅有后测的单组设计	最简单的准实验设计，只有实验刺激和对实验组的后测

3. 双盲实验

双盲实验中，实验刺激由实验人员和实验对象以外的第三者任意分派和给定，实验对象和参与实验的观察人员都不知道谁被给予了实验刺激。

考点四：基本实验设计的类型（见表 7－4） ★★★★

表 7－4 基本实验设计的类型

类型	主要内容
经典实验设计（最基本、最标准）	又称古典实验设计（或双组前后测模式），包含了实验组、控制组、前测、后测、自变量、因变量以及随机指派等全部要素
索罗门三组设计（消除交互作用效应）	在经典实验设计的基础上，再增加一个控制组（没有前测，只有实验刺激和后测）
索罗门四组设计（消除实验外部因素的影响）	在三组设计的基础上，再增加第三个控制组（没有前测和实验刺激，只有后测）
实地实验	实地实验遵循一般实验的逻辑，其主要的特征是被研究的对象不与他们所生活的自然环境相分离

考点五：影响实验正确性的因素 ★★★

(1)重大事件。

(2)实验对象的发育。

(3)前后测环境的不一致。

(4)初试—复试效应。

(5)实验对象的选择和缺损。

拓展：实验的内在无效度与外在无效度

内在无效度是指实验以外的因素对因变量的影响。坎贝尔和斯坦利列出了实验设计的内在无效度的12种来源，主要包括历史事件、被测者的成熟、测验、测量工具、统计回归、选择偏好、实验死亡率、因果时序、实验处理中的传播与模仿、补偿、补偿性竞争、自暴自弃。

外在无效度问题是指实验结果是否能概化到"现实"世界，即实验发现未必反映现实生活。

7.2 课后习题详解

一、基本概念

1. 实验

答：实验是指根据事先拟订的研究假设，通过对研究对象采取某项措施或施加一定的影响，来进行观察、记录、分析，以发现或证实变量间或社会现象间的因果关系的方法。实验的基本目标是检验两个变量之间是否具有因果关系。

2. 实验刺激

答：实验刺激又称自变量，是研究者对实验组进行前后测之间通过操纵引入的变量。在实验研究中，自变量和因变量是两个相对的概念。实验研究的中心目标就是探讨变量之间的因果关系。

3. 前测

答：前测与后测是实验研究中两个相对应的概念。在一项实验设计中，通常需要对因变量(或结果变量)进行前后两次相同的测量。在给予实验刺激之前的测量，称为前测。

4. 后测

答：对因变量进行前后两次相同的测量之中，第二次给予实验刺激之后的测量为后测。研究人员通过比较前测和后测的结果，来衡量因变量在被施以实验刺激前后所发生的变化，反映实验刺激对因变量所产生的影响。

5. 实验组

答：实验组是实验过程中接受实验刺激的那一组对象。即使是在最简单的实验设计中，也至少会有一个实验组。

6. 控制组

答：控制组又称对照组，它是各方面与实验组都相同，但在实验过程中并不给予其实验刺激的一组对象。控制组的作用是向研究者展示，如果不接受实验刺激那样的处理，实验组将会发生什么。

7. 匹配

答：匹配是指根据各种标准或特征，找到两个完全相同或几乎完全相同的实验对象进行配对，并将其中一个对象分到实验组，而将另一个对象分到控制组的方法。

8. 随机指派

答：随机指派又称随机化，是指完全按照随机抽样的原理和方法来将实验对象随机地分配到实验组和控制组中。

9. 实验室实验

答：严格的实验研究通常在实验室内进行，在实验室实验中，实验背景和变量都相对容易控制，实验环境可以较好地“封闭”，实验者能够比较清楚确切地观察到自变量对因变量的影响。

10. 实地实验

答：在社会生活中进行的实验研究称为实地实验。实地实验中，研究者可以在真实的社会生活背景中观察到人们自然的反应。由于变量众多，自变量难免受到额外变量的干扰，这也是研究者难以控制的。

11. 准实验设计

答：“准”是“类似于”“接近于”“几乎是”或者“半”的意思，坎贝尔和斯坦利指出，通过仔细地选择被试群体和测量方法，可以建立“在产生正确因果推论的能力上与真实实验相近的研究设计”。准实验设计是指缺乏实验设计中一个或多个“条件”或“部分”的实验。

12. 双盲实验

答：双盲实验指的是在一项实验中，实验刺激对于实验对象和参与实验的观察人员来说都是未知的。即究竟是实验组还是控制组被给予了实验刺激，参与实验的双方(指实验对象和实验人员)都不知道，实验刺激是由实验人员和实验对象以外的第三者任意分派和给定的。

13. 经典实验设计

答：经典实验设计又称古典实验设计，或双组前后测模式，是最基本同时也是最为标准的实验设计。其包含了实验设计的全部要素：实验组、控制组、前测、后测、自变量(实验刺激)、因变量，以及随机指派。

14. 交互作用

答：交互作用指前测和实验刺激之间产生的某种“交互作用”，即二者互相作用所产生的另一种外加的影响。实验中可能会包含一部分这种交互作用所产生的影响。因此，研究者必须设法排除这种影响，以得出实验刺激真正的效果来。

二、复习思考题

1. 将各种准实验设计与经典实验设计进行比较，探讨它们之间的差别及其意义。

答：(1)准实验设计

实验设计必须具有一些必备的条件，比如随机指派实验对象以形成两个或多个相同的组、前测和后测、实验环境的封闭、实验刺激的控制和操纵等等。这样的实验通常称作标准实验。但是，如果实验设计中缺乏标准实验中的一个或多个“条件”或“部分”的话，就只能称其为准实验设计(半实验设计)。

(2)经典实验设计

经典实验设计又称古典实验设计，或双组前后测模式，是最基本同时也是最为标准的实验设计。其包含了实验设计的全部要素：实验组、控制组、前测、后测、自变量(实验刺激)、因变量，以及随机指派。其具体图示如图7－3所示。

实验组：　前测1-------- 实验刺激------- 后测1
控制组：　前测2------------------------ 后测2

图7－3　经典实验设计示意图

(3)准实验设计与经典实验设计的差别及其意义

①经典实验设计包含了实验设计的全部要素，而准实验设计则缺乏实验设计中一个或多个"条件"或"部分"。对于社会研究者来说，经典实验设计的可能性不大。

②社会研究的对象和内容常常在许多方面限制了严格的实验设计在现实社会中的应用。研究者常常无法对实验环境进行高度的控制。所以，通常采用准实验设计来进行研究。坎贝尔和斯坦利指出，通过仔细地选择被试群体和测量方法，可以建立"与真实实验相近的研究设计"。因此，准实验设计是在更好的实验设计无法实行时所使用的有实用价值的设计。

2. 在社会学、心理学、社会心理学等杂志上，找两篇实验研究报告，分析它们的自变量和因变量是什么，同时分析研究者是如何将实验刺激引入实验的。

提示：此题为开放题，可在《社会学研究》等相关杂志上，找到两篇实验研究报告，分析它们的自变量和因变量是什么，同时分析研究者是如何将实验刺激引入实验的，言之成理即可。

3. 分析上述两篇实验研究中，实验对象是如何选取的，又是如何被分配到实验组和控制组的。

提示：此题为开放题，根据上一题中所选取的实验研究，分析其实验对象是如何选取的，又是如何被分配到实验组和控制组的，言之成理即可。

4. 举例说明为什么要采取"双盲实验"的方法。

答：(1)双盲实验的含义与作用

①双盲实验是指在一项实验中，实验刺激对于实验对象和参与实验的观察人员来说都是未知的。即究竟是实验组还是控制组被给予了实验刺激，参与实验的双方(指实验对象和实验人员)都不知道，实验刺激是由实验人员和实验对象以外的第三者任意分派和给定的。采取这种方法，可以更好地排除在实验过程中的误差，更加明确实验中两个变量之间的因果关系。

②双盲实验的作用在于，可以排除研究者的"期望"对实验过程和结果解释的影响，使研究人员进一步从其他一些变量中得出新的实验结果。

(2)举例说明采取双盲实验的理由

例如：检验某种新药的药效，为了避免病人及护理人员心理作用的影响，采用双盲实验。实验中，作为实验对象的病人和作为实验参与者(或观察者)的医务人员都不知道(双盲)谁被给予了新药，谁被给予了"宽心丸"。这样，医务人员对病人服药以及服"宽心丸"这两种结果的观察就会更加客观，因而对新药实际效果的解释也就会更准确、更科学。这种“双盲”的实验设计能使研究人员进一步从其他一些变量中孤立出新药的效果来。

5. 结合你所感兴趣的研究领域，谈谈实验研究方式所受到的限制。

提示：此题为开放题，可结合自身所感兴趣的研究领域进行分析作答，言之成理即可。

6. 将实验研究方式的基本逻辑与调查研究方式的基本逻辑进行对比，并分析二者在社会研究中的地位和作用。

答：(1)实验研究

①实验研究的基本逻辑

如果研究者根据某种理论命题得到两个变量之间存在因果联系的假设，或者根据经验事实和主观判断，推测现象 X 是造成现象 Y 的原因，即：$X \to Y$。为了证明这一假设，首先对 Y 进行测量。即先测量在没有受到 X 影响下的 Y 的情况，然后引入实验刺激 X，即有可能对 Y 产生影响的变量，接着再次测量 Y 的情况，比较两次测量结果。如果两次情况发生变化，就可以作出 X 是造成现象 Y 的原因的推测，即 $X \to Y$。这是实验研究的最基本的分析逻辑，如图 7－4 所示。

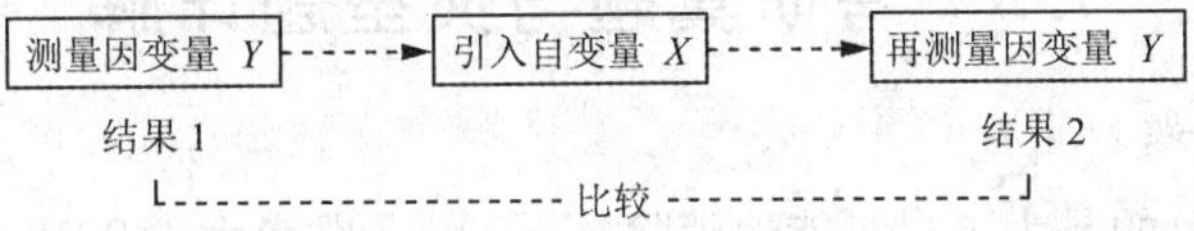

图 7－4　实验研究的最基本分析逻辑示意图

上图只是一种最简化和最理想的情况。实际社会研究中研究者的分析逻辑要比这复杂得多。实际情况中，造成 Y 前后情况发生变化的原因不是唯一的，因此还得控制其他变量造成的影响。

为此，需要有一个控制组。对这个控制组来说，它也接受前后两次对因变量 Y 的测量，但却不对其实施实验刺激，即不引入自变量 X。这样，在“实验组和控制组这两组对象相同”的前提下，就可以从实验组前后两次测量之差中，减去控制组前后两次测量之差，从而得到仅由自变量 X 产生的影响。这就是实验研究的分析逻辑中必须有“实验组”“控制组”这一对基本要素的原因。

②实验研究在社会研究中的地位和作用

a. 社会研究的一个十分重要的目标，是探索和认识各种社会事物发生、发展及变化的原因。通常，社会研究者不会满足于对社会事物或现象进行一般的状况描述。当发现两种社会现象存在一定的关系时，就会探索这两者之间是否存在着因果关系。在这方面，实验研究的方式发挥着十分重要的作用。

b. 由于实验研究的严谨要求在现实生活中难以满足，因此实际社会研究中运用实验研究方式的并不多。尽管实验研究在社会科学领域的实用性不强，但是实验研究的方式最重要的东西是它的内在逻辑。

(2)调查研究

①调查研究的基本逻辑：选题和假设→制定研究方案→收集资料→整理分析→解释结果。

②调查研究在社会研究中的地位和作用如下：

调查研究是社会研究中一种最常见的研究方式，它以其特定的方式满足了社会研究者探讨各种社会行为、社会现象和社会问题的需要。同时，定量研究的诸多内容也十分集中地体现在调查研究的方式之中。

③调查研究的主要优点有：

a. 调查研究的方式可以兼顾到描述和解释两种目的。它既可以用来描述某一总体的概况、特征，以及进行总体中各个部分之间的比较；同时，它也可以用来解释不同变量相互之间的关系。

b. 调查研究具有比较严格、规范的操作程序。这使得其研究结果具有较高的信度，即描述和概括事物的精确度较高。

c. 调查研究可以迅速并高效地提供有关某一总体的丰富的资料和详细的信息，在了解及掌握不断变动的社会现象方面具有很大的优越性。

d. 调查研究所具有的定量特征、通过样本推断总体的特征使其应用范围非常广泛，受到广大社会研究人员、政府决策部门人员、市场研究人员以及大众传媒从业人员的重点关注。

7.3　考研真题与典型题详解

一、单项选择题

1. 双盲实验的目的是为了尽可能地消除(　　)。(暨南大学 2018 年研)

A. 马林诺夫斯基效应　　B. 索罗门效应

C. 齐加尼克效应　　D. 罗森塔尔效应

【解析】双盲实验指的是在一项实验中，实验刺激对于实验对象和参与实验的观察人员来说都是未知的。当实验者知道哪些是实验组成员、哪些是控制组成员时，他们对研究结果和结论的期待也可能影响到实验的进行、行为的测量、对结果的解释。因此，必须排除这种期待的影响，这种期待叫作“罗森塔尔效应”。

2. 在实验中要加以控制或者主动施加的可观测变量是(　　)。(中山大学 2018 年研)

A. 实验者　　B. 自变量　　C. 因变量　　D. 实验检测

【解析】在实验研究中，自变量又称作实验刺激，它是研究者对实验组进行前后测之间通过操纵引入的变量，而因变量则往往是研究所测量的变量。实验者是进行实验设计和操纵的主体，实验者与实验检测都无法作为变量。

二、多项选择题

1. 下列属于实验设计的主要组成部分的有(　　)。(中财 2012 年研)

A. 自变量和因变量　　B. 实验组

C. 控制组　　D. 前测

E. 后测

【解析】实验是指根据事先拟订的研究假设，通过对研究对象采取某项措施或施加一定的影响，来进行观察、记录、分析，以发现或证实变量间或社会现象间的因果关系的方法。实验的基本目标是确定两个变量之间是否具有因果关系。作为一种特定的研究方式，实验有着三对基本要素：①自变量与因变量；②前测与后测；③实验组与控制组。任何一项实

1D　2B　▍　1ABCDE

验研究，一般都会涉及这些基本要素。可以说，实验研究的这三对基本要素，构成了实验研究所具有的独特的语言。

2. 在实际的社会研究中，下列哪些因素会影响实验的正确性？（　　）（暨南大学 2018 年研）

A. 前后测环境的不一致　　B. 社会现象的复杂性

C. 重大事件　　D. 实验者

E. 初试—复试效应

【解析】在实际社会研究中，除了霍桑效应那样的带有方法论意义的影响因素外，实验的正确性还受到某些特定因素的影响。其中比较突出的问题有以下几个方面：①重大事件的影响；②实验对象的发育所造成的影响；③前后测环境不一致的影响；④初试—复试效应的影响；⑤实验对象选择和缺损的影响。

三、概念题

1. 实验研究（赣南师大 2017 年研；重庆工商 2016 年研）

答： 实验研究是指一种经过精心的设计，并在高度控制的条件下，通过操纵某些因素，来研究变量之间因果关系的方法。实验的基本目标是确定两个变量之间是否具有因果关系。实验有着三对基本要素：自变量与因变量；前测与后测；实验组与控制组。

2. 自变量与因变量（浙大 2011 年研）

答： 自变量与因变量是实验研究的一对基本要素。自变量是指引起其他变量变化的变量，又称原因变量。而因变量则称结果变量。在实验研究中，自变量是研究者对实验组进行前后测之间通过操纵引入的变量，而因变量则往往是研究所测量的变量。

3. 前测与后测（贵州师大 2024 年研；东财 2014 年研）

答： 前测与后测是实验研究的一对基本要素。在一项实验设计中，通常需要对因变量（或结果变量）进行前后两次相同的测量。第一次在给予实验刺激之前，称为前测；第二次则在给予实验刺激之后，称为后测。研究人员通过比较前测和后测的结果，来衡量因变量在被施以实验刺激前后所发生的变化，反映实验刺激（自变量）对因变量所产生的影响。

4. 实验组与对照组（中山大学 2021 年研）、**实验组**（人大 2025 年研）

答： 实验组与对照组是实验研究的基本要素。对照组又称控制组，二者含义参见本章课后习题基本概念第 5、6 题答案。

5. 双盲实验（暨南大学 2022 年研；人大 2019 年研；华中农大 2017 年研；山东大学 2016 年研）

答： 参见本章课后习题基本概念第 12 题答案。

四、简答题

1. 简述实验研究的基本程序。

答： 实验研究的程序与其他方法大致相同。可分为准备、实施和资料处理三个阶段以及若干步骤：

（1）准备阶段

①确定研究问题和研究目的。查阅理论文献，确定研究课题的价值及其可行性。

②提出理论假设和工作假设。选择和分析各个有关的变量，将变量分类并建立变量间的因果模型。

③进行实验设计。选择实验场所、设备、测量工具、确定实验进程、控制方式、观测方法等。

(2)实施阶段

①选取实验对象，采用随机、指派法等手段进行分组。

②实施实验。控制情境、引入(或改变)自变量、仔细观察、做测量记录。

(3)资料处理阶段

①整理分析资料。对观测记录进行统计分析，得出实验结果，检验假设，提出理论解释和推论。

②撰写研究报告。

2. 简述实验设计的主要类型。(山东大学2015年研)

答：实验是指根据事先拟订的研究假设，通过对研究对象采取某项措施或施加一定的影响，来进行观察、记录、分析，以发现或证实变量间或社会现象间的因果关系的方法。实验设计的主要类型如下：

(1)经典实验设计

经典实验设计又称古典实验设计，是最基本同时也是最为标准的实验设计。经典实验设计中包含了实验设计的全部要素：实验组、控制组、前测、后测、自变量(实验刺激)、因变量，以及随机指派。

经典实验设计的实施步骤如下：

①随机指派实验对象到实验组和控制组；

②对两个组的对象同时进行第一次测量，即前测；

③对实验组给予实验刺激，但不对控制组实施这种刺激；

④对两个组的对象同时进行第二次测量，即后测；

⑤比较和分析两个组前后两次测量结果之间的差别，得出实验刺激的影响。

(2)更为复杂的实验设计

①索罗门三组设计

实验中，除了前测的影响外，前测和实验刺激之间还会产生某种“交互作用”，即二者的交互作用所产生的另一种外加的影响。索罗门三组设计正是为了消除交互作用效应的一种实验设计。它是在经典实验设计的基础上，再增加一个控制组后形成的。这个控制组没有前测，只有实验刺激和后测。用实验组与控制组1的前测平均数来代替控制组2的前测得分。如图7－5所示。

实验组:	前测 e------	实验刺激---------	后测 e
控制组 1:	前测 1------	------------------	后测 1
控制组 2:		实验刺激---------	后测 2

图7－5 索罗门三组实验设计示意图

②索罗门四组设计

索罗门四组设计是在三组设计的基础上，再增加第三个控制组，该控制组既无前测也无实验刺激，而只有一个后测。如图7－6所示。

实验组:	前测 e	实验刺激	后测 e
控制组 1:	前测		后测 1
控制组 2:		实验刺激	后测 2
控制组 3:			后测 3

图 7－6　索罗门四组实验设计示意图

由于控制组 3 既无前测也无实验刺激，所以在控制组 3 中所发现的与前测相比的任何变化就只能是实验以外的因素影响的结果。

(3)实地实验

实地实验是指在真实的、自然的环境中为了某种预定好了的目的，操纵一个或几个必要的自变量，排除或控制其他变量，依据已经设定好了的客观指标，对所考察的因变量进行观察、记录的研究方法。

3. 举例说明实验研究中“控制组”和“双盲控制”的重要性。

答：(1)实验研究中的“控制组”

控制组又称对照组，它是各方面与实验组都相同，但在实验过程中并不给予其实验刺激的一组对象。在实验研究过程中，研究人员不仅观察接受实验刺激的实验组，同时也观察没有接受实验刺激的控制组，并通过比较这两组对象的观察结果，来分析与说明实验刺激的作用和影响。

例如，考虑一项关于咖啡因对改善多动症儿童的行为的效果研究。需要有一组实验组服用咖啡因，并且用一组没有服用咖啡因的儿童作控制组进行比较，以决定咖啡因是否产生了希望当中的效果。可以用抛掷硬币来决定哪些多动症儿童可以作为实验组或控制组：如果是正面，纳入一组；如果是反面，纳入另一组，这样可以避免无意中偏向某一组。既然采用了随机安排的方式，那么每个人都有和另外一些人相同的机会被安排到同一组。为了消除组与组之间的个体差异，总的来说，两组要相像。如果两组其他各方面均相同，仅接受了实验处理(咖啡因)的那一组在行为上产生不同，这样才可以假设这种实验组和控制组儿童行为上的不同是由咖啡因引起的。

(2)实验研究中的“双盲控制”

在双盲实验中，实验者和参与者都不知道哪些参与者属于控制组，哪些属于实验组。只有在所有数据被记录完毕之后，实验者才能知道哪些参与者是哪些组的。采用双盲实验是为了要减少偏见和无意识的暗示对实验结果的影响。对于被试者的随机分配是双盲实验中至关重要的一步。确认哪些受试者属于哪些组的信息交由第三方保管，并且在研究结束之前不能告知研究者。

例如，想要了解一种治疗高血压症的新药的疗效，而他的被试全都是志愿者，换句话说，主试和被试都知道他们身处实验情境之中。将被试随机分为二组，一组被试(实验组)服用的是降血压的新药，而另一组被试(对照组)服用的只是用淀粉制成的和降血压药外形、口味完全一样的安慰剂。但是，每一位被试并不知道自己服用的究竟是降血压药还是安慰剂，或者说，被试并不知道自己是属于实验组还是对照组，这是一“盲”。主试当然必须清楚地了解每一位被试所服用的是什么，但是，在实验过程中不是由主试自己来为被试测量血压。进行血压测量的人虽然也是相关人员，并且了解正在进行的是实验研究，只是他并不知道每一位被测量的对象所取用的是降血压药还是安慰剂，这就是另一“盲”。

4. 什么叫双盲实验？为什么在严格的实验设计中往往要采取双盲实验的方法？（华中农大 2011 年研）

答：参见本章课后习题复习思考题第 4 题答案。

5. 简述实验的交互作用效应。（浙大 2011 年研）

相关试题：主效应与交互效应（辨析题，华中师大 2018 年研）

答：交互作用效应是指实验刺激（自变量）的影响（用 E 表示）、外部因素的影响（U）、前测干扰影响（P）三者之间相互作用所产生的影响。

简单实验设计未考虑交互作用效应，所以它的实验结果是不太精确的。从表 7－5 中可看出三种简单实验设计的精确性。

表 7－5　差异值的构成

实验设计	观测到的差异值
①单组前后测	$d = y_2 - y_1 = E + P + U + I$
②两组前后测	$d = (y_2 - y_1) - (y_4 - y_2) = E + I_{PE} + I_{EU} + I_{PEU}$
③两组无前测	$d = y_2 - y_1 = E + I_{EU}$

注：E 为自变量 x 引起的观测值变化；P 为前测引起的改变；U 为外部无控制因素引起的改变；I 为交互作用引起的改变；$I = I_{PE} + I_{PU} + I_{EU} + I_{PEU}$。

实验设计①只有一个实验组，它除了假定前测（P）和外部因素（U）影响很小外，还将这些因素的交互作用忽略不计，因此它的测量结果误差较大，效度较低。设计②通过控制组排除了前测和外部因素的影响，只有一些交互作用效应影响它的实验效度。设计③由于无前测，因此效度最高。但是无前测也有一定局限性，它无法比较不同时间的变化，而且无法检验在实验开始时两个组的特征值是否相等。

6. 简述影响实验正确性的几个重要因素。（华中农大 2012 年研）

相关试题：

（1）影响实验研究效度的因素有哪些？（人大 2019 年研）

（2）简述影响实验正确性的因素。（南航 2018 年研；华中农大 2017 年研；暨南大学 2017 年研）

答：影响实验正确性的几个重要因素如下：

（1）重大事件的影响

出现在前、后测结果上的差异除了原来的实验刺激以外，还有可能受到发生在前、后测之间相隔的时间段中某些重大事件的影响。除了原来的实验刺激以外，重大事件也成为另一个新的“实验刺激”。其情景如图 7－7 所示。

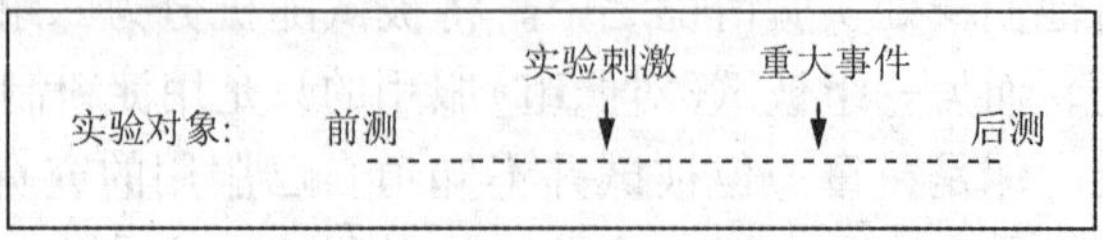

图 7－7　重大事件对实验的影响

(2)实验对象的发育所造成的影响

实验对象的发育是指在实验的前测和后测之间，实验对象在生理上、心理上的成长、成熟及其所带来的变化。实验对象的发育可以被看做是一种内部的影响，即实验对象自身变化所造成的影响。其情景如图7－8所示。

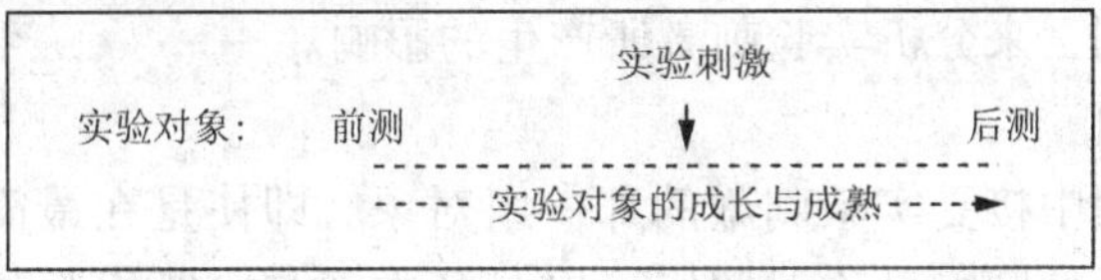

图7－8 实验对象的发育对实验的影响

(3)前后测环境不一致的影响

进行前测和后测时所具有的环境常常不同。即使用同样的问卷，在同样的地点，由同样的研究者参与，有时也会造成前后两次测量在某些细节上出现差别，从而给实验对象带来不同的影响。

(4)初试—复试效应的影响

实验中的前测和后测的形式、内容完全一样。但正是由于实验方法的这一特点，容易产生初试—复试的影响问题。实验对象变得更加熟悉问卷内容、更加清楚问题的含义、更加明了调查的目标，特别是更加明白他们作为调查对象的角色，这些变化所产生的影响显然是不可忽视、不可低估的。

(5)实验对象选择和缺损的影响

实验对象作为实验不可缺少的一个部分，可能产生出一些影响实验正确性的因素。这种情况体现为以下方面：

①实验对象的选择

实验对象的选择通常不是像调查研究那样从某一总体中随机抽取，而大多是采取下列三种方式之一：a. 自愿参加；b. 征募参加；c. 强制参加。问题的严重性在于，这三种方式所得到的实验对象都不能很好地代表一般公众。

②实验对象的缺损

前测和后测的对象必须是同一群人，如果实验对象完成前测后由于各种原因不参与后测，就会影响实验结果。

五、论述题

1. 实验研究的基本要素包括哪些？影响实验正确性的因素有哪些？(暨南大学2016年研)

答：实验是指根据事先拟订的研究假设，通过对研究对象采取某项措施或施加一定的影响，来进行观察、记录、分析，以发现或证实变量间或社会现象间的因果关系的方法。实验的基本目标是确定两个变量之间是否具有因果关系。

(1)实验研究的基本要素

①自变量与因变量

自变量是引起其他变量变化的变量，故又称原因变量。而因变量则称作结果变量。实验刺激又称自变量，是研究人员对实验组进行前后测之间通过操纵引入的变量。在实验研究中，自变量和因变量是两个相对的概念。实验研究的中心目标是探讨变量之间的因果关系，其基本内容是考察自变量对因变量的影响，即考察实验刺激对因变量的影响。

②前测与后测

在一项实验设计中，通常需要对因变量(或结果变量)进行前后两次相同的测量。第一次在给予实验刺激之前，称为前测。第二次则在给予实验刺激之后，称为后测。通过比较前测和后测结果的不同，来分析实验刺激所产生的影响。

③实验组与控制组

实验组是实验过程中接受实验刺激的那一组对象。即使是在最简单的实验设计中，也至少会有一个实验组。控制组又称对照组，它是各方面与实验组都相同，但在实验过程中并不给予其实验刺激的一组对象。设置控制组的目的，是为了将研究本身(如前测和后测)对实验对象的影响，与实验刺激即自变量的影响区分开来。为了达到这个目的，就需要实验组与控制组的成员的各方面条件和状况都相差无几，基本上不存在大的差别。

(2)影响实验正确性的因素

参见本章考研真题与典型题简答题第6题答案。

2. 一项具体实验所必须满足的几个基本条件。(河北大学2016年研)

相关试题：简述实验研究法应满足的几个基本条件。(安师大2015年研)

答：(1)实验研究的含义

参见本章考研真题与典型题概念题第1题答案。

(2)一项具体实验必须满足的几个基本条件

①必须建立变量之间因果关系的假设。实验研究的目标就是检验和证明因果关系。因此，变量之间因果关系的假设是实验研究的逻辑起点。在一项具体实验进行前，必须先作出假设。同时，研究人员应了解实验中的自变量和因变量各是什么，特别是要清楚如何引入作为自变量的实验刺激。

②自变量必须能够很好地被“孤立”。即要排除其他变量对自变量的影响。在许多实际研究中，这一点往往是最难做到的，因为很多影响因素是难以排除和相互分开的。比如，在一项分析家庭对青少年犯罪的影响的研究中，就必须先排除可能存在影响的因素，如学校影响、同辈群体影响和其他大众传媒影响，显然，这在实际操作中是非常困难的。

③自变量(实验刺激)必须是可以改变的，同时也是容易操纵的。最容易的对比刺激是“给予实验刺激”和“不给予实验刺激”；稍为困难的改变则是程度上的变化，比如“难”“中”和“易”等。其对应的实际操作则是类似于“困难”“中等困难”和“容易”。

④实验程序和操作必须能够重复进行。实验可以在相同的情形下重复进行，这也是保证实验结果具有高确定性的重要条件。

⑤必须具有高度的控制条件和能力。要想保证实验结果的准确性，就必须对实验对象(包括实验组和控制组)以及实验环境进行严格控制。可以说，控制是实验研究的最本质的特征，没有控制就没有实验。

3. 联系某一社会实际，任选一种实验设计，写出具体实施步骤。

答：(1)要设计一项实验，首先要对实验的相关概念有着清晰的把握。这些相关概念包括：

①前测，是指在进行实验刺激前，对被试者进行的测验，了解被试者的相关情况；

②后测，是指在实验刺激进行完之后，再对被试者进行测试，了解被试者前后发生的变化；

③实验组，是实验过程中接受实验刺激的那一组对象；

④控制组，是不进行实验刺激的那组被试者，用来和实验组作比较；

⑤自变量，又称作实验刺激，是引起其他变量变化的变量，它是研究者对实验组进行前后测之间通过操纵引入的变量；

⑥因变量，是研究所测量的变量。

(2)以经典实验设计为例，它包含了实验设计的全部要素，即实验组、控制组、前测、后测、自变量、因变量，以及随机指派。

经典实验设计的实施步骤为：

①随机指派实验对象到实验组和控制组；

②对两个组的对象同时进行第一次测量，即前测；

③对实验组给予实验刺激，但不对控制组实施这种刺激；

④对两个组的对象同时进行第二次测量，即后测；

⑤比较和分析两个组前后两次测量结果之间的差别，得出实验刺激的影响。

(3)具体实验设计举例

明确相关概念之后，进行简单的经典实验设计，例如要了解一组新药是否对病人的疾病有治愈作用，具体实施步骤如下：

①随机分组。先随机把一些病人分为两组：一组为实验组，即要吃新药的人；另一组为控制组，即不吃新药而是吃普通药片的人。

②前测与后测。分别对两组病人进行前测，查看他们的病情状况，然后给实验组的人服用新药，给控制组的人吃普通药片，这一过程之后，再对两组成员进行后测，查看他们的病情。

③比较与分析结果。如果服用了新药的人病情有了明显的好转，而同时控制组的人的病情没有丝毫的变化，那么就意味着这款新药是有利于治愈某种疾病的，如果服用了新药的人病情没有好转，则证明这款新药疗效不大。

第八章　调查研究

8.1　复习笔记

【视频导学(名师点拨)】

调查研究

扫码看视频导学

【知识梳理(庖丁解牛)】

- 调查研究
  - 调查研究及其应用领域
    - 调查研究的概念
    - 调查研究的主要特征
    - 调查研究的应用领域
    - 调查研究的题材
  - 问卷设计
    - 问卷的结构
    - 问卷设计的原则
    - 问卷设计的步骤
    - 问题及答案的设计
    - 问题的语言及提问方式
    - 问题的数量与顺序
  - 调查资料的收集方法
    - 自填问卷法：方式、优缺点
    - 结构访问法
      - 当面访问法
      - 电话访问法
  - 调查的组织与实施
    - 调查员的挑选
    - 培训调查员的方法
    - 联系被调查者
    - 调查过程的管理与质量监控
    - 保证调查的回收率
  - 调查研究的特点及应用
    - 调查研究的主要优点
    - 调查研究的主要弱点
    - 调查研究方式所面临的挑战

【考点难点归纳(去粗取精)】

考点一：调查研究 ★★

1. 调查研究的概念、主要特征、题材(见表 8-1)

表 8-1 调查研究的概念、主要特征、题材

要点	主要内容
概念	采用自填式问卷(或结构式访问)的方法，从取自总体的样本里系统、直接地收集资料，并通过分析资料来研究社会现象及其规律
主要特征	①对调查总体的抽样是随机的、一定规模的。 ②收集资料一般按照一套系统的、特定的程序要求，通过调查问卷来进行。 ③样本规模较大，为了得出研究结论，资料的统计分析必须在计算机的辅助下进行
题材	①社会背景：关于人们各种社会特征的资料。(客观性强) ②社会行为：大部分调查研究的主体内容——“做了什么”“怎样做”等。(客观事实) ③社会意见：构成各种民意测验、舆论调查、社会心理调查的主要内容——“想些什么”“如何想的”“有什么看法”“持什么态度”等(观念性、主观性)

2. 调查研究的应用领域(见表 8-2)

表 8-2 调查研究的应用领域

应用领域	主要内容
社会生活状况调查	①调查对象：某一时期、某一社区或某一社会群体的社会生活状况。 ②调查目的：根据人们日常社会生活各个方面的基本内容，了解某时期、地区或人群的生活状况
社会问题调查	调查目的：解决社会问题(为解决问题提出建议)
市场调查	①调查目的：了解市场规模、拓展商品的销路，从而更好地为企业的生产和利润服务。 ②调查内容：包括市场占有率、顾客的购买情况、商标的宣传效果等
民意调查(舆论调查)	即对社会中民众的意见、态度、意识等主观意向进行的调查(典型：美国的总统选举民意测验)
学术性调查	即广泛应用于社会学、政治学、人口学、教育学、传播学等社会科学领域中的调查研究。这类调查的目标在于探索和研究某类社会现象所具有的一般规律或普遍法则

考点二：问卷(封面信、指导语、问题及答案、编码)的设计 ★★★★★

1. 问卷设计的原则、步骤(见表 8-3)

表 8-3 问卷设计的原则、步骤

要点	具体内容
原则	①明确问卷设计的出发点。 ②明确阻碍问卷调查的各种因素，包括主观因素和客观因素。 ③明确调查目的、内容与样本性质等(与问卷设计紧密相关的各种因素)

续表

要点	具体内容
步骤	①探索性工作。熟悉和了解基本情况，对各种问题的提法和可能的回答有初步的认识。 ②设计问卷初稿。(设计问卷的框图→设计问题并排序→检查问题→打印成初稿) ③试用。包括客观检验法与主观评价法。 ④修改定稿并印制。在印刷并用于正式调查之前，要经过试用、修改、反复检查等程序

2. 问题及答案的设计(见表 8 -4)

表 8 -4 问题及答案的设计

要点	具体内容	
问题的设计要求	形式	包括填空式、是否式、单项选择式、多项选择式、表格式等
	语言表达	要求语言简单、陈述简短、避免双重含义、无倾向性、非否定形式、考虑知识能力、无敏感性问题
	数量	没有固定的标准，需要依据调查的内容，样本的性质，分析的方法，拥有的人力、财力、时间等各种因素来决定
	顺序	①前面放简单的问题，后面放复杂的问题。 ②前面放熟悉的问题，后面放生疏的问题。 ③前面放能够引起被调查者兴趣的问题，后面放容易使人紧张或产生顾虑的问题。 ④先问行为方面的问题，后问态度、意见、看法方面的问题。 ⑤个人背景资料一般放在开头。(有时也可以放在结尾) ⑥如果有开放式的问题，应放在问卷的最后面
答案的设计要求(与所提的问题协调一致)	需注意要使答案具有穷尽性和互斥性： ①穷尽性，即答案包括了所有可能的情况。对于任何一个被调查者来说，问题的答案中总有一个是符合他的情况的。 ②互斥性，即答案互相之间不能交叉重叠或相互包含。即对于每个回答者来说，最多只能有一个答案适合他的情况	

拓展：相倚问题与矩阵问题

①相倚问题又称后续性问题，是指在前后两个(或多个)相连的问题中，被调查者是否应当回答后一个(或后几个)问题，要由他对前一个问题的回答结果来决定。前一个问题称作“过滤性问题”。

②矩阵问题是提供同一类封闭问题的有效形式。当某组陈述是以几个具有相同倾向的问题开始，而且只有最后的几个问题才是以相反的倾向进行陈述时，受访者可能会出现误解和错答。研究者可以通过交叉放置不同倾向的陈述和简短、清楚的陈述，来解决这个问题。

考点三：收集调查资料的方法 ★★★

1. 自填问卷法(见表 8 -5)

表 8 -5 自填问卷法

要点	主要内容	
方式	个别发送法	将准备好的问卷逐个发送到调查对象手中，说明调查的意义和要求，请他们合作填答，并约定收取的时间、地点和方式

续表

要点		主要内容
方式	邮寄填答法	研究者把印制好的问卷装入信封，通过邮局寄给被调查者，待被调查者填答后再将问卷寄回调查机构或调查者
	集中填答法	①通过某种形式将被调查者集中起来，每人发一份问卷； ②由研究者统一讲解调查的主要目的、要求、问卷的填答方法等事项； ③请被调查者当场填答问卷； ④填答完毕后，统一将问卷收回
	网络调查法	研究者利用互联网向调查对象发送与回收调查问卷
优点	①节省时间、经费和人力。 ②具有很好的匿名性。 ③可避免人为因素的影响	
缺点	①问卷的有效回收率难以保证。 ②对被调查者的文化水平有一定的要求。 ③调查资料的质量难以保证	

拓展：回收率标准

经过研究者的测试，回收的样本应该近似于原始样本的一个随机抽样。可接受的回收率范围很广，一般来说，要进行分析和撰写报告，问卷回收率至少要有50%才是足够的；要至少达到60%的回收率才算是好的；而达到70%就非常好。一个经过验证且没有偏误的回收问卷要比有偏误的高回收率重要得多。

2. 结构访问法(见表8－6)

表8－6 结构访问法

方式		主要内容
当面访问法	含义	研究者先选择和培训一组访问员，由这组访问员携带调查问卷分赴各个调查地点，按照调查方案和调查计划的要求，对所抽取的被调查者进行访谈，并按照问卷的格式和要求来记录被调查者的回答
	优点	①调查资料的质量较好； ②调查对象的适用范围较广
	缺点	①结果受访问员与被访者之间的互动的影响； ②匿名性比较差； ③调查的费用高、时间长、代价大； ④对调查员的要求比较高
电话访问法	含义	调查员在电话中对被调查者进行调查访问
	优点	①速度快、简便易行、节省财力。(适用于内容比较简单的调查) ②便于对调查员进行监督和控制(访问的质量更有保证)
	缺点	①被调查者的选取及代表性方面有一定的难度； ②调查的时间不能太长，所收集资料的广度和深度受访问时间的不充分性的影响

拓展：访员角色与访谈调查原则

访员必备的特征是保持中立。在资料收集过程中，访员不能对问卷上的答案产生任何影响，不应该影响受访者的知觉及其意见。

访谈调查中普适性的、一般性的指导原则包括：举止得体、熟悉问卷、准确记录、及时追问。

考点四：调查研究的优点、缺点及挑战(见表8－7) ★★★

表8－7 调查研究的优点、缺点及挑战

要点	主要内容
优点	①可以兼顾描述和解释两种目的： a. 可以用来描述某一总体的概况、特征，以及进行总体中各个部分之间的比较。 b. 可以用来解释不同变量相互之间的关系。 ②操作程序比较严格、规范，因而研究结果具有较高的信度。(描述和概括事物的精确度较高) ③可以迅速、高效地提供有关某一总体的丰富的资料和详细的信息。(能够很好地了解和掌握不断变动的社会现象) ④应用范围广泛
缺点	①在探讨和分析变量之间的因果关系方面，效果较差。 ②对事物理解和解释的深入性以及研究所具有的效度比实地研究差很多。 ③研究的无反应性不及利用文献的定量研究。 ④所得的资料比较表面化、简单化，很难深入被调查者的思想深处
挑战	包括：①抽样随机性的挑战；②自我报告方式的挑战；③解释能力的挑战

8.2 课后习题详解

一、基本概念

1. 调查研究

答：调查研究是指采用自填式问卷或结构式访问的方法，系统、直接地从取自总体的样本中收集资料，并通过对资料的统计分析来认识社会现象及其规律的社会研究方式。调查研究的样本是相当规模并且是随机抽取的，资料收集需要采用特定工具，研究所得到的是巨大的量化资料。

2. 市场调查

答：市场调查是指为了解市场规模、拓展商品的销路，以便更好地为企业的生产和利润服务，而围绕某类产品或某种商品的市场占有率、顾客的购买情况、商标的宣传效果等等所进行的调查。它是随着商品经济的发展而逐渐普及的。目前我国这类调查研究有很多，比如化妆品市场调查、饮料市场调查、服装市场调查、家电市场调查等等。

3. 民意调查

答：民意调查又称舆论调查，是指对社会中民众的意见、态度、意识等主观意向进行的调查。它的最初形式是地方报纸为了追求新闻的趣味性，在总统选举之前举办的一种模拟选举。最典型的民意调查是美国的总统选举民意测验。各国主要传媒常开展此类调查。程序通常为：设计方案，随机抽样，拟定问卷，发信、打电话或派员面询意见，整理、统计、分析、综合调查结果。

4. 问卷

答：问卷是指为进行调查研究而设计的问题表格。它是社会调查中最常用的工具。它将调查的目的和要求具体化为一系列有机联系的问题和可测量指标，以便进行定性和定量研究。一般要经过探索性研究、初稿设计、使用和修改等步骤，最后才形成正式的问卷。

5. 封面信

答：封面信是指调查问卷中致被调查者的一封短信。其作用在于取得被调查者的信任、消除被调查者的疑虑，引起被调查者合作的兴趣和愿望。其内容主要包括向被调查者说明调查的目的、调查单位或调查者的身份、调查的大概内容、调查对象的选取方法和对结果保密的措施，以及致谢等。

6. 开放式问题

答：开放式问题是指那种只提出问题，但不为回答者提供具体答案，由回答者根据自己的情况自由填答的问题。开放式问题的主要优点是允许回答者充分自由地发表自己的意见，所得资料丰富生动；缺点是资料难以编码和统计分析，对回答者的知识水平和文字表达能力有一定要求，填答所花费的时间和精力较多，还可能产生一些无用的资料。

7. 封闭式问题

答：封闭式问题是在提出问题的同时，还给出若干个答案，要求回答者根据实际情况进行选择。封闭式问题的类型主要包括填空式、是否式、单项选择式、多项选择式、表格式等。

8. 编码

答：编码是指赋予每一个问题及答案一个数字作为它的代码。在以封闭式问题为主的问卷中，为了将被调查者的回答转换成数字，输入计算机进行处理和定量分析，需要对回答结果进行编码。编码既可以在问卷设计的同时就设计好，也可以等调查完成后再进行。前者称为预编码，后者称为后编码。

9. 预编码

答：预编码是指在问卷设计的同时就设计好的编码。在设计问卷时对回答的每一个种类都指定好其编码值，并印在问卷上。预编码主要限于回答类别事先已知的问题，这些问题主要是封闭性问题，或回答已经是数字而不需作转换的问题。在实际调查中，研究者大多采用预编码。

10. 后编码

答：后编码是指调查资料收集完成后再进行的编码。后编码不是与问卷设计同时进行的，多用于开放性问题。从工作量上讲，后编码的方法比较费人力、费时间。所以，仅当问卷上需要不可避免地提出开放性问题时，才使用此法。

11. 自填问卷法

答：自填问卷法是指调查者将调查问卷发送给被调查者，由被调查者自己阅读和填答问卷，然后再由调查者收回的方法。通常包括个别发送法、邮寄填答法、集中填答法和网络调查法四种形式。

12. 结构访问法

答：结构式访问法是指调查者根据结构式的调查问卷，向被调查者逐一地提出问题，并根据被调查者的回答在问卷上选择合适的答案的方法。结构访问法主要有两种方式：当面访问法与电话访问法。

13. 个别发送法

答：个别发送法是指研究者将问卷印制好以后，派调查员依据所抽取的样本，将问卷逐个发送到被调查者手中，同时讲明调查的意义和要求，请他们合作填答，并约定收取的时间、地点和方式的方法。

14. 集中填答法

答：集中填答法是指先通过某种形式将被调查者集中起来，每人发一份问卷，接着由研究人员统一讲解调查的目的、要求、问卷的填答方法等事项，然后请被调查者当场填答问卷，填答完毕后再统一将问卷收回的方法。收回问卷时可以采用投入问卷回收箱的办法，以消除集中填答法所带来的某些心理顾虑。

15. 邮寄填答法

答：邮寄填答法是指研究者把印制好的问卷装入信封，通过邮局寄给被调查者，待被调查者填答后再将问卷寄回调查机构或调查者的方法。在寄给被调查者问卷时，一般应同时附上已写好回邮地址和收信人(或收信单位)且贴好足够邮资的信封，以便于被调查者将填答好的问卷顺利寄回。

16. 网络调查法

答：网络调查法又称基于互联网的调查，或者在线调查，是指研究者利用互联网向特定对象发送调查问卷，同时也通过互联网将被调查者填答好的问卷收回的调查方法。常见的网络调查方式有三种：①将调查问卷直接链接在网站的网页上；②将问卷链接在特定的网页上(比如电子邮箱)发送给特定的调查对象；③研究者在确定调查总体、抽取调查样本、收集被调查者的电子邮箱地址后，直接将调查问卷用电子邮件发送给被调查对象。

17. 当面访问法

答：当面访问法是指一种以口头语言为中介、调查者与被调查者进行面对面的交往和互动的方法。研究者先选择和培训一组访问员，访问员根据问卷提出问题，不得随意改变提问的顺序和提法，被调查者依据实际情况回答。这种方法虽然费时费力，但能够对调查过程加以控制，从而提高调查结果的可靠性。

18. 电话访问法

答：电话访问法是指调查员通过打电话的方式与被调查者联系，并在电话中对被调查者进行调查访问的方法。电话访问法的优点主要包括：①取得信息资料的速度最快，节省调查时间和经费。②覆盖面广，可以对任何有电话的地区、单位和个人进行调查。特别是那些不易见到面的被调查者，如某些名人，采用此法更容易取得成功。③只通过电话进行沟通，被调查者不受调查者在场的心理压力影响，因而能畅所欲言。④访问员的管理更为系统规范，更有利于访问质量的监控，达到管理集中、反馈及时之效。

19. 调查的回收率

答：调查的回收率又称调查的应答率或回答率，是调查者实际调查的样本数与计划调查的样本数之比，即社会调查过程中研究者成功完成调查询问的个案数占计划完成的样本总个案数的百分比。在自填式问卷调查中，它常常被称为问卷回收率，在结构式访问调查中，它又常常被称为访问回答率。

二、复习思考题

1. 问卷的封面信中应说明哪些内容？试就第四章练习中你所选定的调查课题设计一份问卷的封面信。

答：(1)问卷的封面信中应说明的内容

封面信是一封致被调查者的短信。应说明的内容主要包括向被调查者说明调查的目的、调查单位或调查者的身份、调查的大概内容、调查对象的选取方法和对结果保密的措施，以及致谢等。封面信的语言要简明、中肯，篇幅宜短不宜长，短短一两百字最好。

(2)示例

亲爱的同学：

您好！

我们是×××学校×××学院×××级×××专业的学生，为了了解我校食堂就餐满意度的现状，给相关部门提供真实的资料，并为同学们对我校食堂提出改进意见和建议提供一个平台，我们开展了这次调查。本次调查问卷不记名，对您提供的答案绝对保密。您的真实意见和建议对我们非常重要。希望能得到您的支持和协助。感谢您的配合！

2. 根据前面章节的练习中你所得到的操作化指标，设计若干个实际问卷中运用的问题。

答：(1)操作化指标：对命题“女学生比男学生更负有同情心”操作化，得到操作化指标：①给讨饭者钱、物；②捐献衣物给受灾地区人民；③帮助走失的小孩找到父母；④搀扶盲人过马路。

(2)**提示：**此题为开放题，可根据以上操作化指标设计实际问卷中运用的问题，言之成理即可。

3. 问卷设计中，对问题的表达和提问的方式有哪些常用的规则？为什么要尽量简单？

答：(1)问题措辞的基本原则是简短、明确、通俗、易懂。在问卷设计中，对问题的语言表达和提问方式有下列常用的规则：

①问题的语言要尽量简单。尽可能使用通俗易懂的语言，避免使用专业术语。

②问题的陈述要尽可能简短。即表述问题的语言应可能简单、明确，避免冗长和啰嗦。

③问题要避免带有双重(或多重)含义。每个问题只询问一件事件，避免用同一个问题询问多个事件。

④问题不能带有倾向性。表述问题要客观，不要带有倾向性或诱导性。不要去引导被调查者对问题的看法或回答，否则很难获得其真实的想法，与实际情况会有偏差。

⑤不要用否定形式提问。以否定形式提出问题时，由于人们不习惯，许多人常常容易漏掉问题中的“不”字，造成误答的情形。

⑥不要问回答者不知道的问题。研究者所问的问题都应该是被调查者能够回答的，被调查者确实具有回答这些问题的知识能力。

⑦不要直接询问敏感性问题。对敏感性问题最好采取某种间接询问的形式，并且语言

要特别委婉。

(2)问题的语言要尽量简单的原因在于，社会调查的对象大多都是普通公民，简单明了、通俗易懂的语言方便他们理解，并且使调查人员能够更好地与他们进行交流，如果使用复杂的、抽象的概念以及专业术语，如“核心家庭”“社会分层”等不但使调查对象不能够理解，更会使他们产生厌烦心理，从而使调查无法进行。

4. 安排问卷中问题的顺序时，应按照什么样的规则？并说明这样做的理由何在。

答：安排问卷中问题的顺序时，应遵循的规则及理由具体如下：

(1)把简单易答的问题放在前面，把复杂难答的问题放在后面。

理由：问卷的被访者在填答问卷时，一开始就感到费力，会影响其填答问卷的积极性，甚至会影响到被访者是否会完成整份问卷。所以问卷最开始的问题一定要相当简单，回答起来一定要非常容易。

(2)把被调查者熟悉的问题放在前面，把他们感到生疏的问题放在后面。

理由：当被访者一开始就被陌生、不熟悉的问题难住，表达不出自己的看法，整个调查往往无法顺利进行下去。当以被调查者熟悉的内容开头，就不至于使调查一开始就卡住而无法进行。

(3)把能引起被调查者兴趣的问题放在前面，把容易引起他们紧张或产生顾虑的问题放在后面。

理由：当问卷的开头部分的问题比较敏感，触及有关伦理、道德、政治态度、个人私生活等方面的问题，容易使被访者产生强烈的自我防卫心理，从而引起其对问卷调查的反感，阻碍调查的顺利进行。当开始的问题能够引起被访者的兴趣，那么调查便可能较顺利地进行。

(4)一般先问行为方面的问题，再问态度、意见、看法方面的问题。

理由：如果一开始就是关于态度、意见和看法这些方面的问题，容易引起被访者的戒备情绪和反感情绪，导致较高的拒答率。而行为方面的问题主要是客观的、具体的事实，比较容易回答。

(5)个人背景资料，一般放在开头，但有时也可以放在结尾。

理由：个人背景资料是社会调查中最常用、最主要的自变量，一份资料必须包含这些变量。当调查的内容不涉及较敏感的话题，个人背景资料可放在问卷的开头。但有时个人背景资料还包含主要个人特征(比如年龄、性别、文化程度、婚姻状况、职业等)，也属较敏感的内容，所以适合放在末尾。

(6)若有开放式问题，则应放在问卷的最后面。

理由：回答开放式问题一般需要更多的思考和书写时间。把它放在问卷开头或中部时，都会影响回答者填完问卷的信心和情绪；而将它放在问卷的结尾处时，绝大多数回答者是能够完完整整地填答完它们的。即使被调查者放弃了填答开放式问题，也不会影响到前面的问题和答案。

5. 找几份实际社会调查中所用的问卷，结合本章的内容，对这些问卷进行分析和评价。

提示：此题为开放题，可在“问卷星”等问卷网站上找到几份实际社会调查中所用的问卷，结合本章的内容，对这些问卷进行分析和评价，言之成理即可。

6. 结合实际说明自填问卷法和结构访问法各有什么优缺点。

答：(1)自填问卷法和结构访问法的含义

自填问卷法是指调查者将调查问卷发送给被调查者，由被调查者自己阅读和填答问卷，然后再由调查者收回的方法。通常包括个别发送法、邮寄填答法、集中填答法和网络调查法四种形式。

结构访问法是指调查者根据结构式的调查问卷，向被调查者逐一地提出问题，并根据被调查者的回答在问卷上选择合适的答案的方法。可分为当面访问法和电话访问法两种方式。

(2)自填问卷法的优缺点

①自填问卷法的优点

a. 节省时间、经费和人力。自填问卷法不需要调查者逐一地询问问题，可以短时间内调查很多人，十分省时省力。

b. 具有很好的匿名性。由于自填问卷法一般不要求署名，并且调查人员可以不在场，回答者不受他人干扰和影响，回答者的心理压力很低，有利于据实填答问卷。

c. 可避免人为因素的影响。自填问卷法采用的是发放或邮寄的方式，可以避免调查员在场带来的影响。

②自填问卷法的缺点

a. 问卷的有效回收率有时难以保证。当被调查者对该项调查的兴趣不大、态度不积极，或者被调查者由于受时间和能力等其他方面的限制而无法完成问卷时，问卷的有效回收率会受到影响。

b. 自填问卷法对被调查者的文化水平有一定要求。自填式问卷要求被调查者能看得懂问卷，能理解问题及答案的含义，能理解填答问卷的正确方式，如此才能按要求填答问卷。但实际生活中并不是所有的人都具有这种能力、都能达到这种程度，这样一来，自填问卷法的适用范围就常常受到限制。

c. 调查资料的质量常常得不到保证。采取自填问卷法时，调查人员无法控制被调查者填答问卷的环境。对于理解不清楚的问题，被调查者无法及时询问，各种错答、误答、缺答、乱答的情况可能会发生。这导致问卷调查资料的质量比较差，可信度不高。

(3)结构访问法的优缺点

①结构访问法的优点

a. 能够控制调查过程，从而可以最大限度地降低来自被调查者方面的误差，提高调查结果的可靠程度。

b. 回收率高，应答率也高。

c. 应用范围广泛，可以自由选择调查对象，可以问一些比较复杂的问题，并可选择性地对某些特定问题作深入调查。

d. 能获得自填问卷无法获得的有关访问对象的许多非语言信息。

②结构访问法的缺点

a. 与自填式问卷相比，结构式访问费用高，时间长，因而往往使调查的规模受到限制。

b. 对于敏感性、尖锐性或有关个人隐私的问题，它的效度也不及自填式问卷。

c. 访问员的态度、素质、经验等对访问结果有决定性的影响，访问员往往自觉不自觉地将自己的主观意见或偏见带到访问过程中，从而使调查结果产生偏差。

7. 试比较个别发送法、邮寄填答法、集中填答法各自的优缺点，并说明在实际应用中应注意什么。

答：(1)个别发送法的优缺点

①个别发送法的优点：节省时间、经费和人力；调查员可以及时向被调查者进行解释和说明；可以保证比较高的回收率；调查保证了一定的匿名性；可以减少因调查员在场所带来的某些偏差；被调查者可以根据自身条件分配比较充分的时间对问卷进行阅读和思考。较好地处理了调查的质量与数量之间的关系。

②个别发送法的不足：调查的范围依然受到一定的限制，问卷的填答质量依然不能完全得到保证。

(2)邮寄填答法的优缺点

①邮寄填答法的优点：可以省掉一大笔访问员的报酬和旅费；不受空间距离和障碍的限制。

②邮寄填答法的不足：它需要有调查对象的地址甚至姓名；问卷的回收率难以保证。

(3)集中填答法的优缺点

①集中填答法的优点：比个别发送法更为节省调查时间、人力和费用；比邮寄填答法更能保证问卷填答的质量和回收率。

②集中填答法的不足：许多调查研究的样本根本不可能集中；将众多的被调查者集中在一起，有时会形成某种不利于个人表达特定看法的“团体压力”或“相互作用”。

(4)在实际应用中应注意的问题

①使用个别发送法时，调查的范围依然受到一定的限制，在研究中应注意调查对象的代表性，并尽量保证问卷的填答质量。

②使用邮寄填答法时，研究者对关于调查主办者身份的说明要经过慎重的考虑，尽可能采用比较正式的、非营利性的、给人以信任感和责任感的身份。封面信应单独打印，并使用单独的小信封装封，再和问卷、空信封一同装入邮寄给被调查者的大信封内。封面信的语气应该是“随您意”的，而不应该用“一定要”的。封面信的内容应该简明、短小、诚恳。寄问卷的时间也应该有所考虑。用跟踪信或提醒电话帮助提高回答率。

③使用集中填答法时需要注意将众多的被调查者集中在一起所形成的某种不利于个人表达特定看法的“团体压力”或“相互作用”。

8. 邮寄填答法最主要的缺点是什么？为了尽可能提高邮寄问卷的回收率和填答质量，研究者应注意哪些方面的问题？

答：(1)邮寄填答法的缺点

①它需要有调查对象的地址甚至姓名。对于许多调查研究来说，并不存在一份现成的和完整的总体成员的名单，因此，邮寄调查的问卷也无法全部寄出。

②问卷的回收率难以保证。许多的主、客观因素会导致被调查者放弃填写调查问卷的工作，阻碍调查问卷寄回到研究者手中。

(2)为了提高回收率与填答质量，研究者应该注意的问题：

①关于调查主办者身份，应尽可能采用比较正式的、非营利性的、给人以信任感和责任感的身份；

②封面信应单独打印，并使用单独的小信封装封，再和问卷、空信封一同装入邮寄给被调查者的大信封内；

③寄问卷的时间应该有所考虑，避开重大节日或其他特殊原因的时间。

④用跟踪信或提醒电话帮助提高回答率。

9. 举例说明挑选调查员时应考虑的一般条件和特殊条件。

答：(1)挑选调查员的一般条件

①诚实与认真。诚实主要指不弄虚作假，要客观地、实事求是地对待调查的结果。认真则是要求不马虎、不敷衍。

②兴趣与能力。调查工作本身并不一定使每位调查员都感到有趣，重要的是调查员要培养自己对调查工作的兴趣。优秀的调查员应具有较好的观察能力、辨别能力和交往能力。

③勤奋负责。调查工作的艰苦性，要求调查员有肯吃苦的精神和具有高度责任心。

④谦虚耐心。这是对调查员工作态度的要求。谦虚体现为尊重被访者，耐心则体现为在访问中要耐心听完被访者的回答，不能表现出不耐烦的态度。

(2)挑选调查员的特殊条件

①依据研究的主题、社区的性质、被访对象的特点来挑选调查员。所选的调查员在年龄、职业、社会地位等背景条件上与被调查者比较接近，有一定共同语言。

②除了性别、年龄和地区几个方面外，教育程度也是一个十分重要的条件。教育程度较高的调查员，应用各种调查技巧的能力较高。

10. 从社会科学期刊中选择三篇调查研究报告，分析它们所采用的资料收集方法。

答：(1)调查研究中的资料收集方法主要有两种基本类型：自填问卷法和结构访问法。在这两个大的类别中，又根据具体实施方法的不同，进一步划分出不同的子类型。具体如图8－1所示。

- 调查资料的收集方法
  - 自填问卷法
    - 个别发送法
    - 集中填答法
    - 邮寄填答法
    - 网络调查法
  - 结构访问法
    - 当面访问法
    - 电话访问法

图8－1 调查资料的收集方法

(2)调查研究报告资料收集方法分析：

①王美君：《武汉市大学生法律意识调查报告》，2009(9)。

本研究采用的是自填问卷法，课题以武汉市六所高等院校即武大、华中师范大学、湖北大学、武汉科大、武汉冶金管理干部学院、武汉工程职业技术学院的非法律专业的大学生作为抽样调查对象。共发放问卷615份，回收问卷605份，回收率为98.4%，有效问卷592份，有效率97.9%。

②王珩：《高校学生社团发展调查报告——以浙江省高校为例》，2007(3)。

本研究的调查分校内与校外，校外部分采取访谈调查法，校内部分采取问卷调查和访谈调查法，校内用自填问卷法中的个别发送法，发放了100份问卷，回收问卷84份，对浙江师范大学校内的部分校级、院级社团干部进行了调查和走访。访谈采用的是结构访问法，通过对浙江省高校学生社团成员以及学校相关工作负责人员的访谈，收集了大量资料，了解后发现高校学生社团存在会员认识不清、活动质量欠佳、衔接传承不够等问题。

③简新华：《中国农民工最新情况调查报告》，2007(6)。

本研究采用的是结构访问法中的当面访问法，调查了解了农民工的状况及其诉求。由于问卷对被调查者有一定的要求，而农民工的群体文化水平有限，因此当面访问法更能了解到直观具体的信息。

8.3 考研真题与典型题详解

一、单项选择题

在问卷中，问题的答案之间不能相互重叠或相互包含，这是所谓的(　　)。(中财2007年研)

A. 穷尽性　　B. 完备性　　C. 互斥性　　D. 统一性

【解析】答案的互斥性是指答案互相之间不能交叉重叠或相互包含，对于每个回答者来说，最多只能有一个答案适合他的情况。答案的穷尽性是指答案包括了所有可能的情况，对于任何一个被调查者来说，问题的答案中总有一个是符合他的情况的。

二、多项选择题

1. 问卷是调查研究中用来收集资料的主要工具，尽管实际调查中所用的问卷各不相同，但它们往往包含的基本内容有(　　)。(中财2009年研)

A. 封面信　　B. 指导语　　C. 问题　　D. 答案

E. 编码

【解析】问卷是调查研究中用来收集资料的主要工具，形式上是一份问题表格，功能上是测量人们的行为、态度和社会特征。尽管实际调查中所用的问卷各不相同，但是它们往往都包含以下部分：①封面信；②指导语；③问题；④答案；⑤编码等。

2. 下列属于问卷设计中常见错误的有(　　)。(中财2012年研)

A. 问题含糊　　B. 概念抽象

C. 问题带有倾向性　　D. 双重含义

E. 问题与答案不协调

【解析】在问卷设计中，对问题的语言表达和提问方式有下列常用的规则：①问题的语言要尽量简单；②问题的陈述要尽可能简短；③问题要避免带有双重或多重含义；④问题不能带有倾向性；⑤不要用否定形式提问；⑥不要问回答者不知道的问题；⑦不要直接询问敏感性问题。对答案的设计应遵循的原则有：①答案的设计要与所提的问题协调一致；②答案要有穷尽性；③答案要有互斥性。

3. 以下哪些资料收集方法属于调查研究的资料收集方法？(　　)(暨南大学2018年研)

C　Ⅰ　1ABCDE　2ABCDE　3AD

A. 自填式问卷　　B. 结构式观察　　C. 统计报表　　D. 结构式访问

E. 实验观察

【解析】调查研究中的资料收集方法主要有：①自填问卷法，包括个别发送法、集中填答法、邮寄填答法和网络调查法；②结构访问法，包括当面访问法、电话访问法等。

三、概念题

1. 调查研究(华中农大 2012 年研)

相关试题：调查研究法(山东大学 2017 年研)

答：参见本章课后习题基本概念第 1 题答案。

2. 封闭式问题(河北大学 2017 年研；中山大学 2008 年研)

答：参见本章课后习题基本概念第 7 题答案。

3. 相倚问题(河北大学 2017 年研；人大 2017 年研)

答：相倚问题是指在前后两个(或多个)相连的问题中，被调查者是否应当回答后一个(或后几个)问题，要由他对前一个问题的回答结果来决定，即前一个问题作为“过滤性问题”。在问卷设计中，有些问题只适用于样本中的一部分调查对象。为了使设计的问卷适合每一个调查对象，研究者在设计时必须使用相倚问题(或称为后续性问题)。

4. 结构访问法(华中农大 2011 年研)

答：参见本章课后习题基本概念第 12 题答案。

5. 自填问卷法(重庆工商 2016 年研)

答：参见本章课后习题基本概念第 11 题答案。

6. 调查的回收率(中央民大 2019 年研)

答：参见本章课后习题基本概念第 19 题答案。

四、简答题

1. 社会调查的题材主要可分为哪几大类？请简要说明。(重庆工商 2016 年研)

答：社会调查的题材主要可分为以下几类：

(1)某一人群的社会背景，即有关人们各种社会特征的资料。一方面包括人口统计方面的内容，比如性别、年龄、职业、婚姻状况、文化程度等；另一方面也包括生活环境方面的内容，比如家庭构成、居住形式等。

(2)某一人群的社会行为和活动，即人们“做了什么”以及他们“怎样做”等。比如，人们每天几点睡觉、每周运动几次等。

(3)某一人群的意见和态度，即人们“想些什么”“如何想的”或“有什么看法”“持什么态度”等。比如，人们怎么看待学区房现象、人们对放开三胎政策有什么意见等。这类题材属于观念性、主观性的，它是构成各种民意测验、舆论调查和社会心理调查的主要内容。

2. 简述调查研究的应用领域。(西北师大 2015 年研)

答：调查研究的应用领域包括：

(1)社会生活状况调查，是对某一时期、某一社区或某一社会群体的社会生活状况所进行的调查。其侧重点主要为人们日常社会生活各个方面的基本内容，以此反映人们总的社会生活状况。

(2)社会问题调查，是针对社会中存在的社会问题进行调查，找出问题的原因，从而提供参考意见。

(3)市场调查，是为了解市场规模和拓展商品的销路，围绕某类产品或某种商品的市场占有率、顾客的购买情况、商标的宣传效果等所进行的调查。它是随着商品经济的发展而逐渐普及的。

(4)民意调查，又称舆论调查，是对社会中民众的意见、态度和意识等主观意向进行的调查。

(5)学术性调查，是广泛应用于社会学、政治学、人口学、教育学、传播学等社会科学学科领域中的调查研究。这类调查一般是致力于探索和研究某类社会现象所具有的一般规律或普遍法则。

3. 社会研究过程中，什么情况下适宜采用问卷法？（江西财大 2007 年研）

答：社会研究过程中问卷法的适用情况：

(1)调查需要大样本来对总体进行推断时，适宜采用问卷进行资料的收集。

(2)要对调查对象进行数量化、标准化测量的时候，应该用问卷进行资料的收集，以便对收集到的资料进行统计分析。

(3)对一些社会敏感话题、禁忌的话题，应该采用问卷，因为有较强的匿名性，可以保护被试者的隐私。

(4)被调查总体成分单一时，适宜采用问卷进行资料的收集。在单一成分的总体中，由于人们的社会背景相同或相似的因素较多，问卷设计相对容易。比较而言，成分较为复杂的总体中，人们社会背景中各种因素差异较大，要设计一份适合每一类人的问卷就非常困难。

4. 简述当面访问法的优缺点。（南航 2017 年研）

相关试题：当面访问法的主要优点？（河北大学 2017 年研）

答：(1)当面访问法的含义

当面访问法是调查者以口头语言为中介与被调查者进行面对面的交往和互动的方法。相对于自填问卷法主要依靠问卷的特征，当面访问法则主要是依靠访问员。

(2)当面访问法的主要优点

①调查资料的质量较好。因为调查员在场，一方面可以对访问的环境和被调查者的表情、态度进行观察，另一方面可以对被调查者回答问题的质量加以控制，使得调查资料的真实性和准确性大大提高。同时，当面访问可以减少被调查者做出欺骗性回答的机会，提高调查结果的真实性，也便于对调查资料的效度与信度进行评估。

②调查对象的适用范围广。当面访问法对被访者在书面语言的阅读、理解和表达能力上几乎没有什么要求。因此，适用的范围十分广泛，既可用于文化水平比较高的调查对象，也可用于文化水平比较低的调查对象。

(3)当面访问法的主要缺点

①访问员与被访者之间的互动有时会影响到调查的结果。由于调查者和被访者都是有感情和有思想的人。双方在访问过程中难以做到完全客观，会导致一些访问偏差，影响到访问资料的质量和访问的效果。

②当面访问导致匿名性比较差。对于一些涉及人们的隐私(如个人婚姻、私生活)、社会禁忌、人与人之间的利害关系等敏感性内容的调查研究来说，难以采用当面访问法来收集资料。

③当面访问调查的费用高，时间长，代价大。当面访问法必须派出一批访问员，访问员的培训费用、工作报酬以及差旅费等等，远比个别发送法、集中填答法、邮寄填答法所花的费用大。当面访问法所花费的时间也大大长于自填式问卷调查。

④当面访问法对调查员的要求更高。尽管自填问卷法也会用到调查员，但其作用相对较小。在当面访问法中，调查员对调查资料的质量、对调查结果的质量影响更大。因此，调查员具有比较高的访问技巧和比较强的应变能力，是成功地完成访问调查的必不可少的条件。

5. 问卷设计有哪些原则？妨碍问卷调查有哪些主客观因素？(暨南大学2017年研)

相关试题：

(1)请简述问卷设计的基本原则。(吉林大学2019年研)

(2)请论述：问卷设计应遵循哪些基本原则？(论述题，重庆工商2016年研)

(3)妨碍问卷调查的因素有哪些？(广西民大2016年研)

(4)论述问卷设计的基本原则(中山大学2015年研)

答：(1)问卷设计的原则

①要明确问卷设计的出发点。首先，问卷的设计需要考虑调查者的需要，即要紧紧围绕所研究的问题和所要测量的变量来进行设计，既不漏掉一些必需的资料，也不包含一些无关的资料。其次，要考虑被调查者的实际情况，尽量为他们填答问卷提供方便，减少困难和麻烦。

②明确阻碍问卷调查的各种因素。由于问卷调查需要被调查者的密切合作，在设计问卷时必须明确在问卷调查过程中可能出现的阻碍因素。

③明确与问卷设计紧密相关的各种因素。一份问卷的设计工作远远不止是列出一组问题，它还涉及许多在问卷上看不到的因素，例如调查的目的、调查的内容、样本的性质等。

(2)妨碍问卷调查的主客观因素

①主观上的障碍。被调查者心理上和思想上对问卷产生的各种不良反应所形成的障碍。如果问卷内容需要计算和回忆的问题太多，被访者容易产生畏难情绪；如果问卷涉及个人隐私等敏感的内容，被访者容易产生种种顾虑；如果问卷形式设计得呆板、杂乱，被访者可能对问卷调查毫无兴趣。

②客观上的障碍。即由被调查者自身的能力、条件等方面的限制所形成的障碍。例如阅读能力、理解能力、记忆能力、计算能力所带来的限制。在问卷中询问有关被调查者过去的经历、收入、每月的生活费用、时间等问题时，需要进行一定的回忆、思考和计算，这对被调查者而言可能存在很大的困难。

6. 试述问卷设计的基本原则和主要步骤。(暨南大学2017年研；吉林大学2017年研；山东大学2015年研)

相关试题：问卷设计的常规步骤有哪些？(南航2015年研)

答：(1)问卷设计的基本原则

参见本章考研真题与典型题简答题第5题答案。

(2)问卷设计的主要步骤

①探索性工作。即先熟悉和了解一些基本的情况，以便对各种问题的提法和可能的回答有一个初步的认识。

②设计问卷初稿。经过了探索性工作后，研究者可以动手设计问卷初稿。具体做法包括：a. 根据研究假设和所需资料的内容，在纸上画出整个问卷的各个部分及前后顺序的框图；b. 具体地设计出每一个部分中的问题及答案，并安排好这些问题相互间的顺序；c. 根据回答者阅读和填写问卷的情况对所有问题进行检查、调整和补充；d. 将调整后的结果打印成问卷初稿。

③试用。试用这一步在问卷设计的过程中至关重要，试用问卷初稿的具体方法包括客观检验法和主观评价法两种。

④修改定稿并印制。针对问卷存在的问题逐一对其进行认真分析和修改，最后定稿。只有经过了试用和修改，并对校样反复检查后，才可以把问卷送去印刷，并用于正式调查。

7. 问卷设计中问卷通常包括哪几部分内容？如何安排问卷中问题的次序？(中财 2015 年研)

相关试题：

(1)问卷中包含的主要部分有哪些？(南航 2018 年研)

(2)问卷设计中安排问题的顺序时，应按照什么样的规则？并说明理由。(论述题，重庆工商 2017 年研)

(3)问卷中安排问题顺序的规则有哪些？(南航 2017 年研)

(4)安排问卷中问题次序的常用规则有哪些？(华中农大 2017 年研)

(5)安排问卷中问题的顺序时，应按照什么样的规则？请说明这样做的理由何在。(华中农大 2010 年研)

(6)简述问卷设计中问题的提问顺序。(东财 2010 年研)

答：(1)问卷的结构

①封面信

封面信是一封致被调查者的短信。其作用在于向被调查者简明扼要地说明调查的目的、调查单位或调查者的身份、调查的大概内容、调查对象的选取方法和对结果保密的措施等。

②指导语

指导语是用来指导被调查者填答问卷的各种解释和说明。当问卷的填答方法较简单，指导语用一两句话说明即可。较复杂的问卷的指导语则集中在封面信之后，主要作用是对填表的方法、要求、注意事项等作一个总的说明。

③问题及答案

问题及答案是问卷的主体，也是问卷设计的主要内容。从形式上看，问题可分为开放式与封闭式两大类。

④编码及其他资料

在以封闭式问题为主的问卷中，为了将被调查者的回答转换成数字，输入计算机进行处理和定量分析，需要对回答结果进行编码。

(2)安排问题顺序的原则

参见本章课后习题复习思考题第4题答案。

8. 什么叫问卷的封面信？简述封面信的主要内容。（华中农大2012年研）

相关试题：

（1）封面信中的具体内容包括哪些？（河北大学2017年研）

（2）封面信（概念题，南航2015年研）

（3）问卷的封面信应包括哪些内容？（华中农大2015年研）

答： 参见本章课后习题复习思考题第1题答案。

9. 试举例说明问卷设计中封闭式问题的基本类型。（中财2010年研；人大2005年研）

答：（1）封闭式问题的含义

封闭式问题，即在提出问题的同时，还给出若干个可能的答案，供回答者根据自己的实际情况从中选择一个作为回答。封闭式问题包括问题及答案两部分。

（2）封闭式问题的类型

①填空式

填空式常用于那些对回答者来说既容易回答，又方便填写的问题（通常只需填写数字）。比如：您的年龄多大？______岁。您家有几口人？______口。

②是否式

是否式即答案只有肯定与否定两种，回答者根据自己的情况选择其一。其优点是回答简单明确，可以严格地把回答者分成两类不同的群体。这种形式的弱点是，得到的信息量太少，类别太粗，不能了解和分析回答者中客观存在的不同态度层次。比如：您是待业青年吗？是□否□。您是否住在本市？是□否□。

③单项选择式

单项选择式即给出的答案至少在两个以上，回答者根据自己的情况选择其中之一。这是各种调查问卷中采用得最多的一种问题形式。比如：您的婚姻状况是？A. 未婚 B. 已婚 C. 离婚 D. 丧偶 E. 其他。

④多项选择式

多项选择式即给出的答案至少在两个以上，回答者根据自己的情况选择多个答案。比如：你们家有下列哪些物品？（可多选）①洗衣机；②电冰箱；③电视机；④空调；⑤电脑；⑥微波炉；⑦热水器；⑧小汽车。

⑤表格式

表格式即一种将同一类型的若干问题集中在一起，构成一个问题表格的表达方式。表格式的问题整齐、醒目。但是应当注意，表格式虽具有简明、集中的优点，但也容易产生呆板、单调的感觉，在一份问卷中这种形式的问题不宜用得太多。比如：你觉得下列污染在你所在的城市是否严重？（请在每一行适当的格中打√）

	很严重	比较严重	不太严重	不严重	不知道
1. 灰尘					
2. 噪音					
3. 污水					

10. 一份好的问卷应该符合哪些标准？（中山大学2012年研）

答：一份好的问卷应该符合以下标准：

(1)具有完整的问卷结构，包括封面信、指导语、问题、答案、编码及其他资料。

(2)明确问卷设计的出发点，问卷设计要紧紧围绕所研究的问题和所要测量的变量。

(3)明确阻碍问卷调查的各种因素，在主观和客观上使问卷能够适合被调查者。

(4)明确与问卷设计紧密相关的各种因素，使问卷符合调查目的、调查内容和样本的性质。

(5)问卷设计经过了完整的探索性工作、设计问卷初稿、试用、修改定稿并印制的设计过程。

(6)问卷答案的设计具有互斥性和穷尽性。

(7)问卷的语言简短、明确、通俗、易懂。问卷的问题没有双重或多重含义以及倾向性，不用否定形式提问、不问回答者不知道的问题等。

(8)问题的数量不过多、问卷不过长，以回答者能在20分钟以内完成为宜，不要超过30分钟。此外，对于在公共场所进行的调查，以及通过电话进行的调查，问卷中的问题数量就要更少一些，回答问卷的时间应控制在5分钟之内，最长不能超过10分钟。

(9)问题的顺序恰当。比如：简单易答的问题在前面；能引起被调查者兴趣的问题放在前面，容易引起他们紧张或产生顾虑的问题放在后面；把被调查者熟悉的问题放在前面，把他们感到生疏的问题放在后面；行为方面的问题在前，态度、意见、看法方面的问题在后等。

11. 问卷设计中答案的"穷尽性"和"互斥性"要求是什么意思，并举例说明。（中山大学2007年研）

答：(1)穷尽性和互斥性的含义

①穷尽性是指答案包括了所有可能的情况。要列举出所有可能的答案，不能有所遗漏，所有被访者都有对应可选的答案。

②互斥性是指答案互相之间不能交叉重叠或相互包含。即对于每个回答者来说，最多只能有一个答案适合他的情况。如果一个回答者同时选择某一个问题的两个或更多的答案，那么这一问题的答案就一定不是互斥的。

(2)答案的穷尽性和互斥性举例

①例如，下列问题的答案就不是穷尽的。

您最喜欢看哪类电视节目？（请在合适答案号码上打√）

a. 新闻节目

b. 体育节目

c. 电视剧

d. 教学节目

以上问题所列的答案并没有包括全部电视节目类别，那些喜欢广告节目或喜欢少儿节目的人无法填答这样的问题。因此，可以在所列举的若干个主要答案后面加上"其他"类。如果一项调查结果中，选择"其他"一栏的回答者人数相当多，那么说明问卷中所列答案的分类是不恰当的，即有些比较重要的答案类别没有单独列出。

②例如，下列问题的答案就不是互斥的。

您的职业是什么？（请在合适答案号码上打√）

a. 工人 b. 农民 c. 干部 d. 商业人员 e. 医生 f. 售货员 g. 专业人员 h. 教师 i. 其他

答案中的商业人员与售货员、专业人员与教师和医生都不是互斥的。

12. 简述问卷设计中的常见错误。（安师大 2018 年研）

答：问卷设计中的常见错误包括：

（1）概念抽象。一般的抽象概念都需要操作化处理，这是社会调查的关键环节之一，是问卷设计的前提条件和基础。现实社会调查中的一些问卷设计，正是由于在这一方面注意不够，所以会出现这样或那样的毛病。

（2）问题含糊。是指问题的含义不清楚、不明确，或者问题有歧义。这种问题有些是由于设计者对所提问题的目的和用意不明确造成的，有些则是由于问题的语言表达不当或对问题的用语推敲不够造成的。

（3）问题带倾向性。问卷作为社会调查中的一种测量工具，应该具有客观性。这就要求问卷中的每一个问题都是中性的，即不带有某种倾向性。否则，问卷的信度和效度都将受到影响，问卷也不能客观地测量回答者的行为和态度。

（4）问题提法不妥。这种类型的错误通常是由于研究者在设计问卷时，没有很好地为回答者着想，或者忽视了回答者填答问卷所面临的各种主、客观障碍，提出的问题不尽合理、不大妥当造成的。

（5）问题有双重含义。在一个问题中同时询问几件不同的事情。

（6）问题与答案不协调。在封闭式问题中，问题和答案是一个不可分割的整体，二者之间必须相互协调，密切配合。简单地说，就是提什么问题，就准备什么答案，而不能形成"答非所问"的情况。

13. 简述自填问卷法的主要方式。（安师大 2015 年研）

答：自填问卷法的四种方式：

（1）个别发送法

个别发送法是自填问卷法这一大类中最常用的一种。研究者派调查员依据所抽取的样本，将问卷分别发送给被调查者，同时说明调查的意义和要求，请被调查者合作填答，并约定收取的时间、地点和方式。

（2）邮寄填答法

邮寄填答法是调查研究中一种比较特殊的资料收集方法。研究者将装在信封里的问卷通过邮局寄给被调查者，待被调查者填答后再将问卷寄回。

（3）集中填答法

集中填答法的做法为先将被调查者集中起来，每人分发一份问卷。接着统一讲解调查的主要目的、要求、问卷的填答方法等事项，然后请被调查者当场填答问卷之后，再统一将问卷收回。

（4）网络调查法

网络调查法，又称基于互联网的调查，或者在线调查，是指研究人员利用互联网向特定对象发送调查问卷，同时也通过互联网将被调查者填答好的问卷收回的调查方法。

14. 自填问卷法与结构访问法的不同特点是什么？（重庆工商 2017 年研）

相关试题：

(1) 自填问卷法的主要缺点有哪些？（河北大学 2017 年研）

(2) 简述自填问卷法的优缺点。（郑州大学 2024 年研；山东大学 2016 年研）

答： 参见本章课后习题复习思考题第 6 题答案。

15. 请简述电话访问法的优缺点。（重庆工商 2016 年研）

相关试题：与面访相比，电话访问法的特点是什么？（山东大学 2015 年研）

答：(1) 电话访问法的含义

电话访问法是指调查员通过打电话的方式与被调查者联系，并在电话中对被调查者进行调查访问的方法。电话访问的一般做法如下：

①根据调查目的的要求设计好电话访问的问卷表，并将问卷表按照“计算机辅助电话访问系统”的格式录入计算机；

②在系统中设计好随机抽取电话号码的计算机程序；

③挑选和培训一组电话访问调查员，这是电话访问中十分关键的一环；

④访问员实际开展电话访问。

(2) 电话访问的优点

①十分迅速。电话访问的方式可在一天内完成几百人的样本调查，并且可以同时将所得资料输入计算机。

②电话访问的方式简便易行，节省财力。对于内容比较简单的调查，电话访问的效果更好。当被调查者是某些专业人员时，电话访问也往往更为合适。

③便于对调查员进行监督和控制。这使得电话访问的质量比当面访问更容易得到保证。

(3) 电话访问的缺点

①被调查者的选取及代表性方面存在困难。从理论上说，电话访问的结果只能推论到有电话的对象这一总体。在运用电话访问的方法时，研究者需要对总体和样本的情况有清楚的认识，尽量使抽样具有科学性与代表性。

②电话访问的调查时间不宜过长。访问时间的不充分性客观上制约了电话访问这种方式所收集的资料的广度和深度。当调查的内容较多、问题比较复杂、问卷较长时，不适合采用电话访问法。

16. 简述调查资料的收集方法。（中财 2017 年研）

答： 调查研究中的资料收集方法主要有自填问卷法和结构访问法。这两个大的类别又可分为不同的子类型。

(1) 自填问卷法指的是调查者将调查问卷发送给被调查者，由被调查者自己阅读和填答问卷，然后再由调查者收回的方法。自填问卷法又可分为个别发送法、集中填答法、邮寄填答法和网络调查法。自填问卷法的优点包括节省时间、经费和人力，具有很好的匿名性，可避免某些人为误差。缺点包括回收率低、对调查者的文化水平要求较高、质量难以保证等。

(2) 结构访问法则是指调查者根据结构式的调查问卷，向被调查者逐一地提出问题，并根据被调查者的回答在问卷上选择合适的答案的方法。结构访问法中又可分为当面访问法、电话访问法等。结构访问法的优点包括调查的回答率较高、调查资料的质量较好以及调查对象的适用范围广。缺点包括费用高、时间长、规模受限、效度低以及受到访员的影响较大等。

17. 简述调查研究方法的特点及其面临的挑战。（山东大学2015年研）

相关试题：简述调查研究及其基本特征。（南航2015年研）

答：（1）调查研究的特征

①调查要求从某个调查总体中抽取一定规模的随机样本；

②资料收集采用特定的工具——调查问卷，并且有一套特定的程序要求。

③研究得到大量量化资料，需要在计算机中完成资料的统计分析，最后得出研究的结论。

（2）调查研究面临的挑战

①抽样随机性的挑战

a. 随机抽样的科学原则及其严格的程序要求，具有很浓的理想化色彩。而抽样的实际过程受制于各种现实条件，二者之间互相矛盾。

b. 规模与效率之间的矛盾。比如样本规模的确定，基本的标准是统计分析的需要。但大多数情况下，由于精确性等原因，调查研究对样本规模的要求高于统计分析的需要。从实践上看，调查研究对样本规模更高的追求将使研究者付出更多的代价（包括时间、人力、经费等）。

②自我报告方式的挑战

a. 自我报告方式的可靠性依赖于一个前提，即被调查者的回答是真实的。有众多的因素影响着、阻碍着他们真实地回答调查者的询问。

b. 自我报告方式所获得的资料往往只是被调查者在填答问卷时，或者接受访问时“所说的”，它与回答者在现实生活中实际“所做的”之间，常常有可能不一致。

③解释能力的挑战

调查研究所收集的往往是社会现象在某个时间点上的横切资料。这种单时间点资料特征会使调查研究倾向于是某种“相关性”的研究方式，而不是“因果性”的研究方式。

五、论述题

1. 试述在资料收集时，自填问卷调查或结构访问调查在具体操作过程中需要特别注意的细节。

答：问卷法是现代社会调查研究中最常用的资料收集方法，依据填答或使用的方式的不同，可分为两种主要的类型，即自填问卷调查法和结构访问调查法。自填问卷调查法指的是调查者将调查问卷发送给（或者邮寄给）被调查者，由被调查者自己阅读和填答，然后再由调查者收回的方法。结构访问调查法则是指调查者依据结构式的调查问卷，向被调查者逐一地提出问题，并根据被调查者的回答在问卷上选择合适的答案的方法。二者既有联系，又有差别。但在社会调查研究中，不论采取哪种方式收集资料，都要注意以下几个方面的问题：

（1）调查员的挑选

无论是自填问卷法还是访问法，常常少不了调查员的参与。换句话说，调查员往往是调查研究中资料收集工作的主要承担者。因此，挑选和培训调查员也是研究者在调查研究中的一项重要任务。

(2)调查员的训练

调查访问往往要求调查员同时集以下三种角色于一身：①听众角色；②教师或指导者的角色；③资料收集者或记录者的角色。

(3)联系被调查对象

调查员需要同样本中的每一位被调查者都建立起暂时的联系。结合我国的实际情况，联系被调查对象可以采取这些途径：①通过正式机构；②通过当地部门；③通过私人关系；④直接与被调查者联系。

(4)对调查进展的质量监控

调查员在严格按照调查计划的要求和进度安排开展调查工作外，还需对每阶段中各个方面的工作进行全面的、及时的把握。其主要任务包括：①合理组建调查队伍；②建立监督和管理的办法及规定；③实地抽样的管理和监控；④实地访问的管理和监控；⑤问卷回收和实地审核的管理与监控。

(5)保证调查的回收率

调查回收率是调查者实际调查的样本数与计划调查的样本数之比。对于社会调查而言，回收率是决定和影响调查样本代表性的重要因素。因而，只有保证回收率才能最终反映出调查结果的代表性。

2. 在问卷调查中，一般都是采取由样本“自我报告”或“自我陈述”的方式进行测量。请问：有哪些因素干扰这种测量方式的可靠性？（中山大学2008年研）

答：干扰“自我报告”的可靠性的因素如下：

(1)被调查者回答的真实性难以确定。

自我报告方式的可靠性的前提是被调查者的回答是真实的。一般被调查者清楚自己正在接受别人调查，有众多因素影响回答的真实性。

(2)不同的被调查者对同一问题的理解可能不同。

自我报告方式隐含着一个潜在的假定：对于任何一个问题来说，回答者都具有共同的理解、共同的衡量标准。然而，这一假定对实际调查研究中的有些问题却是不成立的。对于概念的含义和界限，不同人会有不同的理解。

(3)自我报告方式中“说的”和“做的”不一定一致。

自我报告方式所获得的资料可能只是被调查者在填答问卷时，或接受访问时“所说的”，与实际生活中“所做的”之间，常常不一致。尤其是对一些类似“在……情况下，你将怎么做?”研究者在用调查结果去推断未知的现象时，一定要牢记这只是被调查者所说的。这种“说的”和实际将“做的”之间，可能存在很大的距离。

六、设计题

1. 请根据问卷设计的相关知识来判断和解释下列问卷设计中存在的问题。（北科大2009年研）

大学生手机使用情况的调查问卷

亲爱的同学：

为了了解大学生对手机的需求及消费情况，及为了更好地为大家服务，在此请您填写一份调查问卷，（在适当的空格内打√），您的意见对此次调查非常重要，请您慎重填写，在此表示感谢！

1. 您是否认为手机的使用为您建构了一个独立的场域？

2. 您是否使用手机？

3. 您认为使用手机以来您的人际交往能力和学习能力得到了提高？

4. 您经常使用手机获取哪一类的信息？

	经常	偶尔	从不
A. 娱乐信息	□	□	□
B. 新闻时事	□	□	□

答：(1)封面信是一封致被调查者的短信，它的作用在于向被调查者介绍和说明调查的目的、调查单位或调查者的身份、调查的大概内容、调查对象的选取方法和对结果保密的措施等。此题中的封面信没有说明调查者的身份，也没有包括对调查对象选取方法和保密措施的解释，所以是不合理的。

(2)问题措辞的基本原则是简短、明确、通俗、易懂。在问卷设计中，对问题的语言表达和提问方式有下列常用的规则：①问题的语言要尽量简单；②问题的陈述要尽可能简短；③问题要避免带有双重(或多重)含义；④问题不能带有倾向性；⑤不要用否定形式提问；⑥不要问回答者不知道的问题；⑦不要直接询问敏感性问题。

(3)答案的设计要遵从以下原则：除了要与所提的问题协调一致以外，特别要注意做到使答案具有穷尽性和互斥性。

①答案的穷尽性，是指答案包括了所有可能的情况。每个问题的答案中包含所有被访者的情况。如果有某个被访者的情况并没有包括在问题所列的答案中，那么该问题的答案就是有所遗漏的。

②答案的互斥性，是指答案互相之间不能交叉重叠或相互包含。即对于每个回答者来说，最多只能有一个答案适合他的情况。如果一个回答者同时选择某一个问题的两个或更多的答案，那么这一问题的答案就一定不是互斥的。

(4)相倚问题是指在前后两个(或多个)相连的问题中，被调查者是否应当回答后一个(或后几个)问题，要由他对前一个问题的回答结果来决定。前一个问题作为“过滤性问题”。

(5)运用以上原则来解释上述问卷设计中存在的问题：

①问题1中“独立的场域”用词过于专业，不够通俗易懂，不利于被访者的理解和回答。

②问题2属于过滤性问题，应该放到第一个问题的位置询问，因为如果被访问者不使用手机的话，他就无需回答以下关于使用手机的问题了。

③问题3带有双重(或多重)含义。此问题包含两个问题，分别是：a. 您认为使用手机以来您的人际交往能力得到了提高？b. 您认为使用手机以来您的学习能力得到了提高？此问题使用褒义词进行提问，带有明显的倾向性，希望被调查者回答“是”。

④问题4题干用语不准确，调查的是频次，但题干中已经默认“经常”了。如果保留题干不改动，则答案设置需要修改为“政治类信息、经济类信息、社会类信息等”。如果保留答案的设置形式，则题干需改为“您使用手机获取下列信息的情况是”。同时问题的答案要遵循穷尽性和互斥性的原则，此问题设计的答案只有两个，即娱乐信息和新闻时事，显然不能够包含所有的问题答案，且新闻也可以包含娱乐信息。

2. 假设我们计划在全国做一项问卷调查以获得被访者的以下信息：性别、年龄、婚姻状况、教育程度、父母是否健在、个人收入、对目前生活的满意程度，请就这些内容设计一份问卷。(人大2007年研)

答：设计问卷如下：

生活满意度调查问卷

亲爱的朋友，您好！非常抱歉占用您一些时间，鉴于当前社会普遍认为人们的生活满意度较之前相比有降低的趋势，为了更好地了解这其中的原因及提出符合实际且有效的改进建议，特做了以下的调查问卷，麻烦各位帮忙填写。本次调查问卷不记名，对您提供的答案绝对保密。在此感谢各位的支持！

请在横线后填写内容，括号内填写选项，没有特殊说明则为单选。

生活满意度调查组

××××年××月

1. 您的性别：________

2. 您的年龄：________

3. 您的婚姻状况为(　　)。

A. 未婚(不含离异)　B. 已婚　C. 离异　D. 丧偶

4. 您的学历是(　　)。

A. 小学及以下　B. 初中　C. 高中及中专　D. 大专

E. 本科及以上

5. (1)您父亲是否健在？(　　)

A. 是　B. 否

(2)您母亲是否健在？(　　)

A. 是　B. 否

6. 您每月的收入为(　　)元。

A. 1000及以下　B. 1000~3000(含)

C. 3000~5000(含)　D. 5000以上

7. 您对生活满意吗？(　　)

A. 非常满意　B. 比较满意　C. 满意　D. 比较不满意

E. 非常不满意

3. 选择一个你熟悉的社会学问题，设计一个定量研究的研究方案，并设计一份相应的调查问卷。(中财2010年研)

答：(1)社会学问题：大学生消费状况调查研究

(2)研究设计方案

①研究主题：中国大学生消费状况调查研究。

②研究目的与研究意义：对大学生消费这一现象进行描述。这种描述是要发现大学生在消费上的分布状况，了解我国大学生消费行为是否存在分层现象，为社会学分层研究领域增添新的研究对象，针对大学生群体存在的不合理消费提出意见和建议。

③理论假设：a. 我国大学生消费存在分层现象；b. 部分大学生存在不合理消费。

④分析单位与抽样方案：a. 分析单位：大学生；b. 抽样方案：在全国34个省、自治区、直辖市内随机抽取10个省，在10个省中选择大学生最多的城市，然后在每一个城市内按985重点大学、211大学、普通大学分层抽样抽取10所高校，最后在高校内分“校—院—专业—班级—学生”4阶段抽取样本。

⑤研究方式：调查研究。采用自填式问卷或结构式访问的方法，从一个取自总体的样本那里系统地和直接地收集量化资料，并根据资料的统计分析来认识社会现象及其规律。本次对大学生消费的研究，主要采用问卷调查的方法。

⑥研究进度：略。

⑦经费规划：略。

(3)调查问卷设计

大学生消费调查问卷

亲爱的同学：

你好！

大学生作为一个特殊的消费群体正受到越来越多的关注。大学生群体有着不同于社会其他消费群体的消费心理和行为：一方面，其有着旺盛的消费需求；另一方面，又尚未实现经济上的独立，消费上受到很大的制约。消费观念的超前和消费实力的滞后，都对大学生的消费有很大影响。特殊群体自然有自己特殊的特点，例如难免存在一些非理性的消费甚至一些其他的消费问题。

为了研究大学生的消费现状及潜力，我们特开展本次调查活动。您的真实答案和建议对我们非常重要。本次调查问卷不记名，对您提供的答案绝对保密。感谢您的配合！请在横线后填写内容，括号内填写选项，没有特殊说明则为单选。

大学生消费调查组

××××年×月×日

[基本情况]

A1. 您的性别：(　　)。a. 男 b. 女

A2. 您的家庭所在地：(　　)。a. 城市 b. 乡镇 c. 农村

A3. 您所在的年级：(　　)。a. 大一 b. 大二 c. 大三 d. 大四 e. 其他(请说明)

A4. 您所在的学院：______专业：______

[单选题或填空题]

B1. 您家庭的月平均收入为：(　　)。a. 3000元以下 b. 3000~5000元 c. 5000~10000元 d. 10000~20000元 e. 20000元以上

B2. 一般情况下，您每月的生活费(　　)。

a. 有多余 b. 差不多花完 c. 不够花

B3．您期望一个月的月消费为______元。

B4．您的消费方式为(　　)。

a．能省则省 b．事先做好消费计划再花钱 c．毫不在乎想花就花 d．其他(请说明)

B5．您对您的支出有没有记账的习惯？(　　)

a．基本上对所有支出都有记账的习惯

b．对一些比较大的支出有记账的习惯

c．很少有记账的习惯

d．向来没有记账的习惯

B6．当您拿到一个时期的生活费时，您基本上会有怎样的安排？(　　)

a．先存起一部分的钱，剩下的当作此时期的生活费

b．进行该时期的预算，做好消费打算

c．马上去买或马上想去买自己想要的东西

d．没什么安排，想到什么就买什么

B7．您在大学期间使用过______手机。

a．0 部 b．1～2 部 c．3～5 部 d．6 部及以上

B8．您上月用于通讯方面的支出约为(包括使用电话卡的情况)______元。

B9．您上学期学习方面的花费(包括文具、书籍、复印、培训班等)大约为______元。

B10．您每月谈恋爱浪漫气氛“制造费”大约为______元。

B11．同学或朋友过生日时，您会买礼物吗？(　　)

a．当然要，不然没面子 b．自己制作，既有意义，又省钱

c．不买，大家都这么熟了 d．其他

B12．当您想要买某样东西时，却发现钱不够，那么您会(　　)。

a．向父母要钱 b．自己存钱 c．向同学朋友借了再说 d．放弃购买 e．其他(请说明)

B13．在您所热衷的方面，您是否会控制不住自己而大肆花钱？(　　)

a．会 b．不会 c．不确定

B14．当您在进行某项消费时，考虑最多的因素是(　　)。

a．钱够不够用 b．该商品的实用性 c．该商品的档次 d．其他(请说明)

B15．对于下列社会上一般的消费倾向，您比较赞同哪种？(　　)

a．以经济实惠为主 b．兼顾实惠和高标准 c．尽量追求高标准 d．不清楚

B16．买东西时，您比较注重哪一方面？(　　)

a．品牌 b．质量 c．外形美观 d．价格 e．其他(请说明)

B17．您如果有在校内外打工或其他兼职的经历，或有此打算，目的是(　　)。

a．补贴日用 b．增长社会经验 c．赶时髦 d．渴望独立 e．闲着没事就干了

B18．就整体情况而言，您如何看待周边同学当前的消费状况？(　　)

a．过高 b．比较高 c．比较符合实际 d．比较节俭 e．偏低

[多选题]

C1．您的生活费的来源有(　　)。

a．父母给予 b．勤工俭学 c．奖学金 d．校外兼职 e．其他

C2．您每月的生活费主要用在哪些方面？（　　）

a．伙食 b．交通、通讯 c．服装、饰品、化妆品等 d．学习费用（书籍文印等）e．娱乐、交际 f．恋爱 g．其他

C3．您赞成下列哪些看法？（　　）

a．“勤俭节约”是一种美德，永远不会过时

b．在一定范围内可以提倡“勤俭节约”

c．在全社会提倡“勤俭节约”以前曾经有用，现在已经过时

d．只要我喜欢，价格再贵的东西我都会想办法买下来

［简答题］

D1．您觉得目前大学生消费存在哪些现象？您对这些现象又有何看法？

谢谢您的合作！

第九章　利用文献的定量研究

9.1　复习笔记

【视频导学(名师点拨)】

利用文献的定量研究

扫码看视频导学

【知识梳理(庖丁解牛)】

利用文献的定量研究
- 文献的含义、类型
- 利用文献的定量研究及其类型
- 内容分析的概念、程序(重点：抽样、编码)
- 二次分析
  - 含义
  - 步骤：选择研究的主题、寻找合适的资料、对资料的再创造、分析资料
  - 优缺点
- 现存统计资料分析
  - 概念
  - 主要步骤：选择合适的资料、比较与分析资料、说明资料来源
  - 分析方法
  - 资料质量
- 利用文献的定量研究的特点

【考点难点归纳(去粗取精)】

考点一：文献的含义、类型(见表9-1)　★★★

表9-1　文献的含义、类型

要点	具体内容
含义	包含各种信息的书面材料或文字材料(需研究的现象的任何信息形式)
类型 (依据形式和来源分)	①个人文献、官方文献及大众传播媒介： a. 个人文献：个人的日记、自传、回忆录及信件等； b. 官方文献：政府机构和有关组织的记录、报告、统计、计划、信函等；

续表

要点	具体内容
类型 （依据形式和来源分）	c. 大众传播媒介文献：报刊杂志、广播、电视、电影、网络等大众媒介中的各种文字、画面、音像等信息。 ②原始文献和二次文献： a. 原始文献（初级、第一手文献）：由亲身经历某一事件或行为的人所写的资料； b. 二次文献（次级、第二手文献）：利用别人的原始文献所编写或产生出的新的文献资料。 ③现时性的文献和回顾性的文献。 ④文字文献、画面文献和声音文献等

考点二：利用文献的定量研究的含义、类型及优缺点（见表9－2） ★★★

表9－2 利用文献的定量研究的含义、类型及优缺点

要点		主要内容
含义		通过定量地收集和分析现存的，以文字、数字、符号、画面等信息形式出现的文献资料，来探讨和分析各种社会行为、社会关系及其他社会现象
类型	内容分析	主要用于对各种大众传媒信息，尤其是对报纸杂志、广播、电视及网络中的信息进行分析（适用面最广）
	二次分析	主要是对其他研究者先前所收集的原始数据资料进行的再次分析和研究（前提是现实社会中存在大量的可获取的原始数据）
	现存统计资料分析	主要对那些由国家和各级政府部门所编制的统计数据进行分析（较多地应用在社会学、人口学、经济学等学科中）
优缺点	优点	包括：①无反应性；②费用低、省钱省时；③可以研究那些无法接触的研究对象；④适于做纵贯分析；⑤保险系数相对比较大
	缺点	①许多文献的质量难以保证。 ②有些资料的获得比较困难。 ③许多文献资料缺乏标准化的形式，难以编码和分析。 ④效度和信度存疑

考点三：内容分析的抽样和编码（见表9－3） ★

表9－3 内容分析的抽样和编码

要点	主要内容
抽样	①媒介的抽样：常采用分层抽样。 ②期号的抽样：从期刊或报纸的所有期号中抽取若干期号。（或从所有栏目中抽取不同的栏目） ③内容的抽样：从所抽中的期号、时段或栏目中抽取所分析的内容
编码	根据特定的概念框架，对各种形式（口头、文字、画面等）的信息做分类记录

拓展：内容分析的显性内容与隐性内容

①媒介的显性内容，即可见的、表面内容，对显性内容的编码多接近于标准化的问卷使用。这样做的优点是简单并且编码十分可靠，同时也准确地使研究报告的读者知道原始资料是如何被测量的；缺点是存在效度问题。

②对媒介的隐性内容进行编码，是指探寻其深层含义。对隐形内容的编码依赖于研究者的主观感受，即对原始资料进行的评论和分类。这种方法为开发传播媒介的深层含义提供了较好的设计；缺点是牺牲了可靠性和具体性。

考点四：二次分析的步骤、优缺点(见表9-4) ★★★★

表9-4 二次分析的步骤、优缺点

要点	具体内容
步骤	包括：①选择研究的主题；②寻找合适的资料；③对资料的再创造；④分析资料
优点	①省时、省钱、省力。它可以使研究人员从繁琐的原始数据收集以及单调、枯燥的数据整理工作中解脱出来，从而集中更多的时间和精力来分析资料。 ②特别适用于比较研究和趋势研究
缺点	所用资料的准确性或适用性不足(效度较低)

9.2 课后习题详解

一、基本概念

1. 文献

答：文献的原意主要指包含各种信息的书面材料或文字材料。随着社会的发展，信息传播的载体也越来越多样化。因而，可以将文献定义为包含人们希望加以研究的现象的任何信息形式。

2. 利用文献的定量分析

答：利用文献的定量分析是指通过定量地收集和分析现存的，以文字、数字、符号、画面等信息形式出现的文献资料，来探讨和分析各种社会行为、社会关系及其他社会现象的研究方式。

3. 内容分析

答：内容分析是指通过对文献内容做客观的、系统的、量化的分析，探讨其中所反映的人们行为态度和特征，以说明社会结构及文化变迁的一种文献研究方法。它是一种非干扰性的研究方法，保险系数大，所需成本低。但它只限于对已记录下来的信息进行分析研究，效度是它的一个常见问题。

4. 二次分析

答：二次分析又称第二手分析，是指对那些由其他人原先为别的目的收集和分析过的资料所进行的新的分析。这种新的分析根据研究目的的不同可分为两类，一类是从已有资料中，分析新问题；另一类是用新方法和技术分析已有资料，以对已有研究结果进行检验。通常包括以下步骤：①选择研究的主题；②寻找合适的资料；③对资料的再创造；④对资料的重新分析。具有省时、省钱又省力的优点，特别适合于作比较研究和趋势研究，但研究的效果依赖于所依据资料或数据的准确性和适用性。

5. 现存统计资料分析

答：现存统计资料分析是指将现存的统计资料作为研究本身的数据和资料的来源的研究方式。统计资料来源包括官方统计资料、民间统计资料和其他(民意调查)等。

二、复习思考题

1. 利用文献的定量研究区别于其他几种研究方式的本质特征是什么？

答：利用文献的定量研究是指一种通过定量地收集和分析现存的，以文字、数字、符号、画面等信息形式出现的文献资料，来探讨和分析各种社会行为、社会关系及其他社会现象的研究方式。

文献研究方式区别于其他几种研究方式的本质特征是它的不介入性和无反应性，即它不是直接从研究对象那里获取研究所需要的资料，而是去收集和分析现存的，以文字、数字、图片，以及其他信息形式存在的第二手资料——文献资料。而其他几种研究方式都具有一个共同的特点——都要接触研究对象，都要收集和使用直接从社会成员那里获得的第一手资料。

2. 如果要用内容分析的方法研究电视广告中的性别偏见，如何进行抽样？如何进行编码？

答：(1)内容分析的抽样

①内容分析中的抽样通常分为三个主要的阶段，每一阶段所对应的总体所采用的抽样方式有所不同。在众多抽样方式当中，系统随机抽样、分层随机抽样、多阶段随机抽样的方法在内容分析中运用得更为普遍。

a. 媒介的抽样，常采用分层抽样的方法，常用的分层标准有地域分布、受众类型、编辑方向、重要性或规模和播发时间。

b. 期号的抽样，即从期刊或报纸的所有期号中抽取若干个期号，或者从电视台所有时段中抽取不同的时段，或者从所有栏目中抽取不同的栏目等。

c. 内容的抽样，即从所抽中的期号、时段或栏目中抽取所分析的内容。

②对电视广告进行抽样。研究电视广告中的性别偏见，可以按照受众类型进行媒介的抽样。首先，可以通过从电视台所有时段中抽取不同的时段，或是从所有栏目中抽取不同的栏目等，来进行期号的抽样。然后，从所抽中的时段或栏目中抽取有关性别偏见的内容进行分析。

(2)内容分析的编码

①选择编码的单位，即选择具体的观察和点算单位。分析单位是研究所描述和解释的对象，它既可以是内容分析中的编码单位，也可以不是。

②制定一份编码单。编码单是对文献材料进行观察和记录的工具，它的形成和结构将要依赖于编码单位的选择。一旦选定了编码单位，研究者就要为它们制定分类或赋予数值。分类的基本要求同问卷中的答案编制要求一样，有两条原则：a. 每一事实或材料都必须是互斥的，即所制定的各种类别必须是互不相交的；b. 种类必须是穷尽的，即样本中每一种情况都可以归到某一类中。

③对电视广告进行编码。单个的电视广告是编码单位，示例见表9－5。

表 9－5　电视广告编码单

电视广告编码单
广告播出时间：
广告编号：
广告描述：
1. 时间：①白天；②晚上；③不详
2. 地点：①家庭内；②公共场所；③不详
3. 人物关系：①长辈与晚辈；②夫妻；③情侣；④陌生人；⑤不详
4. 商品的应用范围：①男用；②女用；③男女通用

3. 找一份婚姻家庭方面的杂志，对其中的征婚广告进行内容分析。

答：(1)选定研究的分析单位：某杂志上的征婚广告——社会产品

(2)界定目标总体的范围：2019 年的婚姻家庭杂志

(3)抽取样本：

①期号的抽样：从 12 期中抽取 5 期，如 1、4、7、8、10 期。

②内容的抽样：从 5 种杂志的第 1、4、7、8、10 期中随机抽取一篇征婚广告。这样就可以得到要分析的 30 条征婚广告的样本。

(4)确定编码体系

①编码单位：某杂志中的各个征婚广告。

②制作征婚编码单，如表 9－6 所示。

表 9－6　征婚编码单

征婚编码单
期号编号：
征婚人物的姓名：
征婚人物的基本信息：
1. 年龄：
2. 身高：
3. 学历：①高中及以下；②中专高职；③本科；④研究生及以上
4. 身材：①一般；②匀称；③很好
5. 容貌：①普通；②较好；③漂亮/帅气
6. 婚姻经历：①未结过婚；②离婚；③丧偶
7. 有无子女情况：①有；②无
8. 有无老人需要赡养：①有；②无
9. 个性与脾气：

(5)阅读样本文献并按编码体系进行编码和登录，形成数据库。

(6)对数据进行统计分析并得出结果。

4. 利用教师提供的原始数据，进行一次二次分析的实践。

提示：此题为开放题，可根据教师提供的数据进行二次分析。

5. 根据教师提供的人口学方面的研究报告，看看作者是如何利用全国人口普查资料的。

提示：此题为开放题，可根据教师提供的人口学方面的研究报告，学习作者利用全国人口普查资料的方法。

6. 从社会科学刊物中，找出几篇利用文献的定量研究的研究报告，总结并陈述它们所采取的具体方法。

提示：此题为开放题，可从《社会学研究》等社会学相关刊物中，找到几篇利用文献的定量研究报告，总结并陈述其所使用的具体方法，言之成理即可。

9.3　考研真题与典型题详解

一、单项选择题

1. 与其他定量分析相比，内容分析的主要缺点是(　　)。(中山大学 2015 年研)

A. 不便于重复研究　　B. 费时、费力、费钱

C. 信度和效度难以保证　　D. 编码困难

【解析】内容分析法在效度和信度方面存在一定的问题。研究者对文献资料进行编码的结果有时不能反映他所希望测量的概念或所希望研究的变量，同时文献资料进行编码过程需要人工操作，具有极大的主观性，缺乏一个客观标准。因此，效度是内容分析的一个常见问题。

2. 法国学者迪尔凯姆在其著作《自杀论》一书中所采用的主要研究方法是(　　)。(中山大学 2015 年研)

A. 文献研究法　B. 实验法　C. 观察法　D. 访谈法

【解析】《自杀论》中使用的是各国、各地区不同时期的死亡率数据，均为历史文献，研究方法主要为文献研究法。作者通过收集与分析各个国家与地区不同时期的死亡率数据进行分析，是定量研究领域的代表性著作。

二、概念题

1. 文献研究(吉林大学 2025 年研；华中农大 2015 年研)

答：文献研究是一种通过收集和分析现存的以文字、数字、符号、图像、音频、视频等信息形式出现的文献资料，来探讨和分析各种社会行为、社会关系及其他社会现象的研究方法。由于文献研究具有无反应性、费用较低、可以研究那些无法接触的社会现象和适于作纵贯分析的优点，故使用较普遍。其缺点是由于个人偏见、作者的主观意图，以及文献形成过程中的客观限制所形成的各种偏误，影响到文献资料的准确性和全面性，许多文献资料也由于缺乏标准化的形式，难于编录和分析。

2. 内容分析(人大 2025 年研；复旦大学 2025、2015 年研；华中师大 2019 年研；广西民大 2017 年研；华中农大 2016 年研)

答：参见本章课后习题基本概念第 3 题答案。

3. 二次分析(华中农大 2017 年研)

答：参见本章课后习题基本概念第 4 题答案。

4. 第二手文献(山东大学 2015 年研)

答：第二手文献又称二次文献或次级文献，是指利用别人的原始文献所编写或产生出

1C　2A

的新的文献资料，是对一次文献进行加工整理后的产物，即对无序的一次文献的外部特征如题名、作者、出处等进行著录，或将其内容压缩成简介、提要或文摘，并按照一定的学科或专业加以有序化而形成的文献形式，如目录、文摘杂志(包括简介式检索刊物)等。

5. 现有统计资料分析(中山大学2010年研)

答：现有统计资料分析是指用别人已经收集好的，以频数、百分比等统计形式出现的聚集资料进行分析的方法。现存统计资料分析主要集中于对那些由国家和各级政府部门所编制的统计数据进行分析。在社会科学研究中，人们也常常运用各种现存的统计资料来进行自己的研究。这种现存的统计资料，可以成为研究本身的数据和资料的一种来源。

三、简答题

1. 什么叫文献研究？简述文献研究的三种主要类型及其含义。(华中农大2012年研)

相关试题：

(1)简述文献研究的特征。(赣南师大2017年研)

(2)试述文献研究法的主要特点和适用范围。(论述题，山东大学2016年研)

答：(1)文献研究的含义

收集和分析现存的，以文字、数字、符号、画面等信息形式出现的文献资料，来探讨和分析各种社会行为、社会关系及其他社会现象的研究方式。

(2)利用文献的定量研究的类型

①内容分析，主要用于对各种大众传媒信息，尤其是对报纸杂志、广播、电视及网络中的信息进行分析，其适用面也最为广泛。

②二次分析，主要是对其他研究者先前所收集的原始数据资料进行的再次分析和研究。这种方法的运用需要有一个基本的前提，这就是现实社会中应存在大量的原始数据，并且研究者可以找到和获得它们。

③现存统计资料分析，主要集中于对那些由国家和各级政府部门所编制的统计数据进行分析。这种方法在社会学、人口学、经济学等学科中应用比较普遍。

以上三种利用文献的定量研究方法的基本特征和内在逻辑都是相同或相似的。只是在具体应用上，它们各自的侧重点有所不同。

2. 简述内容分析的类型。(浙大2011年研)

答：(1)内容分析的含义

参见本章课后习题基本概念第3题答案。

(2)内容分析的类型

①计词法，是内容分析中最简单、最常用的方法。首先确定与研究问题有关的关键词(记录单位)，然后统计这些关键词在各个样本(分析单位)中出现的频数和百分比，最后进行比较。

②概念组分析，是将与研究内容有关的关键词分成小组。每组代表一个概念，同时也是理论假设中的一个变量。这种方法的记录单位仍是单词，但分析时的变量却是概念组。

③语义强度分析，首先是给出词汇的“强度权”，以显示它们在使用时的差别。强度权是由词汇的语义所决定的，区分词汇的强弱程度的目的，是想区分人们态度的强弱程度。

3. 内容分析的程序。（苏州大学2017年研）

相关试题：内容分析的含义以及一般步骤。（中央民大2018年研）

答：（1）内容分析的含义

参见本章课后习题基本概念第3题答案。

（2）内容分析的程序

①选定研究的分析单位

例如，流行歌曲、家庭关系、社会问题、报刊人物、妇女形象等。

②界定目标总体的范围

例如，20世纪60年代的流行歌曲、1960年至1970年的期刊、1950年至1990年这40年中的《中国妇女》杂志等。

③抽取样本

例如，抽取1966年夏季两个月中发表在四种杂志上的歌曲，以及电视歌曲中前30首、电台播出的前30首歌曲；抽取1960年至1970年三种最著名周刊在这10年中的全部刊物作为样本等。

④确定编码体系

例如，新闻杂志报道的问题类别、报刊人物的社会特征、先进妇女的特征与事迹等。

⑤形成数据库

阅读样本文献并按编码体系进行编码和登录，形成数据库。

⑥得出结果

对数据进行统计分析并得出结果。

4. 简述二次分析与现存统计资料分析的含义及关系。（华中农大2011研）

答：（1）二次分析与现存统计资料分析的含义

参见本章课后习题基本概念第4、5题答案。

（2）二次分析与现存统计资料分析的关系

①相同点

现存统计资料的分析与二次分析所用的资料都是别人已收集好的。

②不同点

二次分析所用的是原始数据资料，是对那些由其他人原先为别的目的收集和分析过的资料所进行的新的分析；而现存统计资料分析利用的则是那种以频数、百分比等统计形式出现的聚集资料。

5. 二次分析的具体步骤及其优缺点是什么？（广西民大2016年研）

相关试题：

（1）何为二次分析，并谈谈实施步骤。（暨南大学2022年研）

（2）二次分析有什么优缺点？（湖南师大2016年研）

答：（1）二次分析的含义

参见本章课后习题基本概念第4题答案。

（2）二次分析的步骤

①选择研究的主题

在二次分析中，必须相当准确地把注意力集中到研究主题上，以便于选择与之相适应的数据资料。在主题与资料的关系上，二次分析往往要求主题去适应资料，而不是相反。

②寻找合适的资料

对于二次分析来说，明确所寻求的资料十分重要。一个研究人员寻找和发现潜在的、具有吸引力的资料来源的最好途径，是去阅读一份相关的研究。

③对资料的再创造

首先，必须从资料中寻找或重新定义研究者所要研究的变量。其次，要仔细地研究这些变量。

④分析资料

二次分析是研究者自己不去进行实地调查，不去“创造”第一手资料，只是根据自己的研究目标在别人已“创造”出的各种原始资料堆中去“寻找”合适的资料进行分析，即只是把别人已“创造”好的资料拿来为自己所用。

(3)二次分析的优点

①省时、省钱、省力，它可以使研究者从复杂、辛苦的收集原始数据的工作中，以及单调、枯燥的数据登录、输入等工作中解脱出来，以便能集中更多的时间和精力来分析资料。

②特别适合于比较研究和趋势研究。例如，可以通过对不同的研究人员在不同的地区分别收集的资料进行二次分析，以对比不同地区的情况。或者把不同的研究人员对不同的群体进行调查所取得的资料进行二次分析，以对比不同群体的情况。还可以把其他研究者在不同时期对于同一问题所做的若干次研究的资料聚集在一起进行二次分析，以研究事物发展的趋势等。

(4)二次分析的缺点

①所用资料的准确性或适用性不足，一方面某个研究人员为其特殊的目的所收集的数据资料，不一定正好与另一个研究人员的研究兴趣相符；而另一方面，二次分析研究人员所需要的数据资料有可能在现有的研究数据中完全找不到。

②二次分析研究人员往往发现原始研究中的某个问题“基本上”是在测量其所感兴趣的某个变量。但他更希望这个问题的提法稍微有点不同，或者再接着问一个相关联的问题，那样就能更准确地测量其想测量的东西。但这样的资料对于二次分析研究人员来说，效度较低，即原始问题所测量的并不恰好是二次分析研究人员所希望测量的变量。

6. 定性资料的编码主要有哪些类型？(江西财大2008年研)

相关试题：选择式编码(东北财大2014年研)

答：在定性研究中，编码是资料分析中的一个完整的部分。斯特劳斯定义了三种定性资料的编码类型，同时他指出，“对于无经验的研究者来说，要理解和掌握编码是一项困难的工作。”这三种编码类型是：开放式编码、轴心式编码、选择式编码。

(1)开放式编码

在初次对所收集的定性资料进行分析时，研究人员常常采用开放式编码。其具体做法是，研究人员先设置一些主题，同时将最初的代码分配到资料中，以便将大量零散的资料转变成不同的类别。研究者慢慢地阅读实地记录，寻找评论的项目、关键的事件或主题，然后标上记号。然后，他在记录卡片的边缘写一个初步的概念或标签，并用红笔或其他方式作出明显的标记。开放式编码要求研究人员以一种开放的心态，尽量排除个人的偏见和思维定势，将所有的材料按其本身所呈现的属性分类。

(2)轴心式编码

轴心式编码是从一组初步的主题或初步的概念开始。在这种方式中，研究者更为注重的是主题，而不是资料，即研究人员的头脑中带着基本的或初步的编码主题去看待资料，阅读资料。在这样做的过程中，研究者也会产生出新的观点、思想，或添加新的编码，并在分析过程中不断将各种观点、主题组织起来，同时识别作为轴心的关键概念。

轴心式编码着重于发现和建立类别之间的各种联系，包括因果关系、时间关系、语义关系等。在轴心式编码过程中，研究人员思考原因和结果、阶段和过程，并寻找将它们聚合在一起的类别或概念。

轴心式编码可以刺激对概念与主题间联系的思考，同时它也提出新的问题。它可以提示放弃某些主题或是更深入地探讨另一些主题。此外，它还加强证据与概念间的连接。通过多种不同的例子作为经验证据，使得主题与资料间的连接得到加强。

(3)选择式编码

选择式编码是在浏览资料和进行开放式或轴心式编码工作的基础上，有选择地查找那些说明主题的个案，并对资料进行比较和对照。研究人员在发展出某些概念，并开始围绕几个核心概念或观点来组织他们的总体分析时着手进行这种工作。即在研究者准备进行这种对资料的最后的阅读和分析时，他已识别了研究课题中的最主要的主题。在选择式编码过程中，主要的主题或概念始终指引着研究者的研究。他不断地对在早期编码中所识别的特定主题进行再组织，并探讨和分析多个不同的重要主题。

选择式编码也可以说是在主题中找到一个可以统领其他一些相关主题的核心主题，将所有的研究结果统一在这个核心主题的范围之内。这种选择式编码的方法比较适合建立“扎根理论”。

7. 简述利用文献的定量研究的优缺点。

相关试题：简述文献研究的优缺点。(华东师大2018年研)

答：(1)利用文献的定量研究的含义

参见本章课后习题基本概念第2题答案。

(2)利用文献的定量研究的优点

①无反应性。利用文献的定量研究不会打扰研究对象，也不会对这些研究对象产生影响。

②费用低，省钱省时。

③可以研究那些无法接触的研究对象。

④适用于做纵贯分析。

⑤保险系数相对比较大。在内容分析中，弥补过失比其他研究要容易得多。只需对所用资料重新进行编码或进行统计处理，而不用一切都从头开始。

(3)利用文献的定量研究的缺点

①许多文献的质量往往难以保证。社会研究所用的文献资料通常都是由其他人为他们

自己特定的目的而编制的，常常隐含着由个人的偏见、作者的主观意图以及形成文献过程中的客观限制所形成的各种偏误，从而影响到文献资料的质量。

②有的资料不易获得。由于许多文献资料都不是公开的和可以随意获得的，因此对于某些特定的社会研究来说，很难得到足够的文献资料。

③许多文献资料由于缺乏标准化的形式，因而难以编码和分析。

④效度和信度存在一定的问题。

四、论述题

试以《自杀论》为例，说明利用现存统计资料分析的具体方法。

答：(1)现存统计资料分析的含义

参见本章课后习题基本概念第5题答案。

(2)以《自杀论》为例说明现存统计资料分析的方法

①涂尔干一百多年前对自杀现象的经典性研究，是想探索哪些因素与人们的自杀有关，或者说他想回答有哪些因素影响到人们自杀的现象。要对自杀的现象进行实验研究是不可能的，进行调查研究也行不通，因为研究者无法向死人做调查。进行实地研究也做不到，因为研究者无法事先确定哪些人将会自杀。但在现实生活中，有关自杀的统计资料可以获得，于是涂尔干选择对这些统计资料进行分析。

②人们自杀的原因是各种各样的，研究者可以按照某些标准对这些自杀案例进行分类。比如说是由于财务上的失败、失恋、精神疾病等个人方面的问题所导致的自杀等。但是，当涂尔干探索自杀问题时，他所思考的问题与这些原因有所不同。他怀疑仅仅从个人心理方面进行解释是不够的。他希望发现环境，尤其是社会条件对自杀的影响。

③经过仔细查阅和比较各国关于自杀的统计资料，涂尔干比较了1841年到1872年欧洲主要国家的自杀统计变化的波动规律。同时，他细心比较了各种统计结果相互之间的一致性与差异性。这样，他一方面注意到自杀率是相对稳定的：好几个国家的资料都表明，自杀率年复一年几乎总是相同的。另一方面，他又发现夏季自杀的发生率比其他季节多得多。这一点就启示他，也许温度与自杀有关。他就从观察到的差异中提出解释因果关系的假说。然后，按照演绎推理的逻辑思路，从假说中推出应有的经验结果，即如果温度真的与自杀行为有关，或者说如果真的是由于温度的不同而导致自杀率不同的话，那么就应该有下列的现实：南欧国家的自杀率比北欧国家高。他又进一步查阅这些自杀统计资料，去检验这一假说。他发现情况并非如此。自杀率最高的既不是南欧国家，也不是北欧国家，而是一些中纬度国家。因此，温度似乎不是自杀的原因。这一假设没有被证实。

④涂尔干通过现存统计资料分析方法，完成了对自杀有关统计数据的分析与比较，同时试图从个人心理方面与社会化环境条件方面研究自杀现象，在社会研究发展史上具有重要意义。

第十章　定量资料分析

10.1　复习笔记

【视频导学(名师点拨)】

定量资料分析

扫码看视频导学

【知识梳理(庖丁解牛)】

- 定量资料分析
  - 资料的整理与录入
    - 资料的审核
    - 资料的转换
    - 数据录入
    - 数据清理
  - 单变量统计分析
    - 单变量描述统计：集中趋势分析、离散趋势分析
    - 单变量推论统计：区间估计、假设检验
  - 双变量统计分析
    - 交互分类与χ^2 检验
    - 不同层次变量的相关测量与检验
    - 回归分析
  - 多变量统计分析
    - 阐释模式：因果分析、阐明分析、条件分析
    - 复相关分析
    - 多元回归分析

【考点难点归纳(去粗取精)】

考点一：资料的整理与录入(见表10－1)　★★

表10－1　资料的整理与录入

要点		具体内容
资料审核	含义	对所收集的原始资料(主要是问卷)进行初步的审阅，校正错填、误填的答案，剔出乱填、空白等
	目的	确保原始资料的准确性、完整性和真实性，为后续的工作打下基础

续表

要点	具体内容	
资料审核	内容	包括：①检查出问卷资料中的问题；②重新向被调查者核实
	类型	①实地审核，即在收集资料的过程中进行，边收集边审核。（对发现的错误及时进行核实处理） ②系统审核或集中审核，先将资料全部收回，然后再集中时间进行审核
资料转换	研究者编制一份编码簿（即编码手册）发给编码员，每个编码员按编码簿的要求，将被调查者对问卷中问题的回答转换成供计算机识别和统计的数字	
数据录入	可以直接在SPSS软件中进行录入，也可以采用专门的数据库软件进行录入，然后再用SPSS软件将录好的数据读入	
数据清理	目的是为了避免在运算过程中混入错误的数据	

拓展：编码簿的要求
①每一个变量，都是以原有变量的缩写形式来界定。
②每本编码簿必须对变量进行完整的定义。
③编码簿必须指出每种变量的属性。
④研究者要给每种属性都贴上一个数字标签。这种数字编码可用于各种资料的处理。

考点二：单变量统计分析（见表 10－2） ★★★★

表 10－2 单变量统计分析

类别	具体内容	
单变量描述统计	目的	用最简单的概括形式展示大量数据资料所容纳的基本信息
	内容	①集中趋势分析：用一个典型值或代表值来反映一组数据的一般水平，或者说反映这组数据向这个典型值集中的情况。包括算术平均数（均值）、众数和中位数等。其中，平均数使用最多，其公式如下： $$\overline{X}=\frac{\sum x}{n}$$ ②离散趋势分析：用一个特别的数值来反映一组数据相互之间的离散程度。离散趋势的统计量中，标准差最为常见，计算公式如下： $S=\sqrt{\frac{\sum(x_i-\overline{X})^2}{n}}$（单值分组数据资料计算时：$S=\sqrt{\frac{\sum(x_i-\overline{X})^2 f}{n}}$） （注意：离散系数等于标准差与平均数的比值，用百分比来表示）
单变量推论统计	目的	用从样本中所得到的数据资料来推断总体的情况
	内容	①区间估计：在一定的置信度下，用样本统计值的某个范围（置信区间）来估计总体的参数值。（估计的精确性通过范围的大小来判断，可靠性或把握性通过可信度的高低来判断） ②假设检验：对总体的某一参数作出假设→用样本的统计量去进行验证，确定假设是否被总体接受（依据是“小概率原理”）

拓展：

(1)连续变量和离散变量

①连续变量又称定距变量，是指以微小的速度稳定增加变量。

②离散变量是指从一个类别跳到另一类别，中间没有联结的变量，比如定类或定序变量。

在分析离散变量时，不适用集中趋势测量和离散趋势测量。只有定距或定比尺度的变量才可以计算中位数和均值。

(2)推论统计的基本假设

①样本必须来自需要推论的总体。

②推论统计假定样本由简单随机抽样得到。但实际上，在抽样调查中不可能做到这一点。标准误抽样技术假设抽样的完成率是100%，完成率越低，误差就会越大。

③推论统计只针对抽样误差，而不考虑非抽样误差。

考点三：双变量统计分析　★★★★

1. 交互分类与χ^2检验

(1)交互分类(见表10－3)

表10－3　交互分类

要点	主要内容
含义	专门用来分析两个定类变量(也可以是一个定类变量、一个定序变量)之间关系，将研究所得的一组数据按照两个不同的变量进行综合分类(结果的反映形式：交互分类表)
作用	①可以较为深入地描述样本资料的分布状况和内在结构。 ②可以对变量之间的关系进行分析和解释。 ③可以用来进行分组比较

(2)χ^2检验的计算公式与步骤(见表10－4)

表10－4　χ^2检验的计算公式与步骤

要点	主要内容
计算公式	$$\chi^2=\sum\frac{(f_o-f_e)^2}{f_e}$$ 式中，f_o表示交互分类表中每一格的观察频数，f_e表示交互分类表中f_o所对应的期望频数
步骤	①建立两变量间无关系的假设。 ②计算出χ^2值。 ③根据自由度和给出的显著性水平(P值)，查χ^2分布表，得到临界值。注意，自由度的计算公式为： $$df=(r-1)(c-1)$$ 式中，r和c分别为交互分类表的行数和列数。 ④将计算出的χ^2值与查得的临界值进行比较： a. χ^2值大于或等于临界值，则称差异显著，并拒绝两变量独立的假设，承认总体中的两变量间有关系； b. χ^2值小于临界值，则接受两变量独立的假设

拓展：χ^2检验的缺点

①χ^2值的大小不仅与数据的分布有关，同时还与样本的规模有关。

②当样本足够大时，一些很小的分布差异也可以通过χ^2检验达到显著性水平。但对于大样本来说，确定变量间存在“有显著性”的关系并无很大意义。

2. 不同层次变量的相关测量与检验

要判断两个变量之间的相关强度，必须进行相关系数的计算。

(1)定类变量与定类变量

若两个变量都是定类层次，或一个定类一个定序，可以采用 λ 系数进行测量。

①λ 系数优于其他几种相关统计量的地方在于，它具有消减误差比例(*PRE*)的意义。

②消减误差比例(*PRE*)是指知道 X 的值时所减少的误差(E_1-E_2)与总误差的比。用公式表示为：

$$PRE=\frac{E_1-E_2}{E_1}$$

PRE 越大，表示以 X 值去预测 Y 值时能够减少的误差所占的比例越大，即 X 与 Y 的关系越强。

③λ 系数的基本特点是以众值作为预测的准则。其计算公式为：

$$\lambda=\frac{\sum f_o-F_y}{n-F_y}$$

式中，f_o 表示变量 X 的每一个值之下变量 Y 的众值；F_y 表示变量 Y 的边际分布中的众值。

④λ 系数的优点是具有 *PRE* 意义，其缺点是仅利用众值资料。当表中的众值都集中在同一行时，λ 系数就会等于零(此时则应采用计算其他相关系数的方法)。

(2)定序变量与定序变量

可以用 Gamma 系数来测量定序变量之间的相关关系。

①Gamma 系数通常用 G 表示，其取值范围是[-1，+1]，适用于分析对称关系，且既表示相关的方向性，又表示相关的程度。Gamma 系数的计算公式为：

$$G=\frac{N_s-N_d}{N_s+N_d}$$

式中，N_s 表示同序对数目；N_d 表示异序对数目。

同序对是指变量大小顺序相同的两个样本点，即其在变量 X 上的等级高低顺序与在变量 Y 上的等级高低顺序相同，否则就称为异序对。

②Gamma 系数的检验，通常采用 Z 检验的方法进行。为了进行 Z 检验，必须先将 G 值标准化为 Z 值，转化的公式为：

$$Z=G\sqrt{\frac{N_s+N_d}{n(1-G^2)}}$$

(3)定类变量(或定序变量)与定距变量

当两个分析的变量一个为定类(或定序)变量，另一个为定距(以上)变量时，用相关比率或 eta 系数来测量二者间的相关程度。

①相关比率又称 eta 平方系数，记为 E^2，其数值范围为 0—1，也具有消减误差比例的意义。其计算公式为：

$$E^2=\frac{\sum(y-\overline{Y})^2-\sum(y-\overline{Y}_i)^2}{\sum(y-\overline{Y})^2}$$

相关比率 E^2 的计算中有自变量和因变量之分。式中，y 为因变量的数值；$\bar{Y}$ 为因变量的均值；$\bar{Y}_i$ 为在自变量 x 的每个取值 x_i 上的因变量的均值。

通常，为了计算方便，常将上述公式化为下列形式：

$$E^2=\frac{\sum n_i\bar{Y}_i^2-n\bar{Y}^2}{\sum y^2-n\bar{Y}^2}$$

式中，n_i 为 x 变量每一取值的频数合计值，n 为总的频数值，$\sum n_i=n$。

②相关比率 E^2 的检验采用的是 F 检验法，其计算公式为：

$$F=\frac{E^2}{1-E^2}\left(\frac{n-k}{k-1}\right)$$

式中，k 为分组数目；n 为样本规模；$k-1=df_1$，$n-k=df_2$。

(4)定距变量与定距变量

可以用皮尔逊相关系数(或称皮尔逊积差相关系数)r 反映定距变量与定距变量之间的相关程度。

①皮尔逊相关系数的计算公式为：

$$r=\frac{\sum(x-\bar{X})(y-\bar{Y})}{\sqrt{\sum(x-\bar{X})^2}\sqrt{\sum(y-\bar{Y})^2}}$$

具有这样几个特点：

a. 公式中 x 与 y 是对等的，即将二者位置互换，r 的值不变，它说明 r 是一种对称关系的测量；

b. r 的取值范围在 -1 到 1 之间；

c. r 的取值具有方向性；

d. r 本身不具有消减误差比例的意义，但其平方 r^2(又称为决定系数)具有消减误差比例的意义。

②皮尔逊相关系数 r 的检验，既可采用 F 检验的方法，也可采用 t 检验的方法，因为 $F=t^2$。F 检验的计算公式如下：

$$F=\frac{r^2(n-2)}{1-r^2}$$

t 检验的计算公式则为：

$$t=\sqrt{F}=\frac{r\sqrt{n-2}}{\sqrt{1-r^2}}$$

3. 回归分析(见表 10－5)

表 10－5　回归分析

要点	主要内容
含义	根据相关关系的形态找出合适的数学模型，建立回归方程，来近似地表达变量间的平均变化关系，以便依据回归方程对未知的情况进行估计和预测(增加了因果性，并且具有了预测的功能，可以说是相关分析的加强版)
对象	定距层次的变量

续表

要点	主要内容
中心问题	建立回归方程(基础：最小二乘法)
回归方程的建立(一元线性)	①依据理论分析或根据研究的需要确定两变量中哪一个为自变量(x)，哪一个为因变量(y)。 ②以自变量为 x 轴，因变量为 y 轴做出散点图，以判明是否为线性相关。 ③如果两个变量为线性相关，就用回归计算找出一条最佳的直线，使它与各点的误差之和为最小。最佳回归直线是依据最小二乘法计算得到的，其标准方程为：$y=a+bx$，其中 b 称为回归系数，计算公式为： $$b=\frac{\sum(x-\overline{X})(y-\overline{Y})}{\sum(x-\overline{X})^2}$$ 也可化为： $$b=\frac{n\sum xy-\sum x\cdot\sum y}{n\sum x^2-(\sum x)^2}$$ $$a=\overline{y}-b\,\overline{x}$$

考点四：多变量统计分析　★★★★

1. 阐释模式的含义、类型(见表 10－6)

表 10－6　阐释模式的含义、类型

要点	阐释模式
含义	通过引进并控制第三变量，来进一步了解和探讨原来两变量之间关系性质的统计分析方法
类型	①因果分析：目标在于检定被看作自变量的 x 与被看作因变量的 y 之间是否真的存在因果关系； ②阐明分析：目标在于探讨因果关系的作用方式、途径； ③条件分析：关注的是原关系在不同条件下是否会有所不同

拓展：研究者不能随意地把所有可能的变量都引入，通常只能选择几个相对重要的第三变量。

2. 复相关分析的含义、决定系数

(1)复相关分析的含义

复相关分析是一种以一个统计值来简化多个自变量与一个因变量之间关系的统计分析方法。它要求所有的变量都是定距以上层次的变量。

(2)复相关系数与决定系数

①复相关系数

复相关分析的统计值 R 表示多个自变量与一个因变量之间相关的程度，它的计算是以两变量相关中的积矩相关系数 r 为基础的。

复相关系数 R 大小在 0 与 1 之间，越是接近 1，表示这些自变量与这一因变量之间的关系越强；反之，R 的值越接近于 0，则表示这些自变量与这一因变量之间的关系越弱。

②决定系数

复相关系数 R 的平方 R^2 称为决定系数，具有消减误差比例的意义。在实际研究中，研究者通常采用下面的公式来计算复相关系数和决定系数：

$$R_{y,12}=\sqrt{\frac{(r_{y1})^2+(r_{y2})^2-2(r_{y1}r_{y2}r_{12})}{1-(r_{12})^2}}$$

$$R_{y,12}^2=\frac{(r_{y1})^2+(r_{y2})^2-2(r_{y1}r_{y2}r_{12})}{1-(r_{12})^2}$$

式中，$R_{y,12}$表示x_1与x_2这两个自变量与因变量y之间的复相关系数；$R_{y,12}^2$表示决定系数；r_{y1}、r_{y2}、r_{12}分别表示x_1与y、x_2与y、x_1与x_2之间的积矩相关系数；r_{y1}^2、r_{y2}^2、r_{12}^2则分别表示上述三个积矩相关系数的平方，即决定系数。

只要计算出上述各变量之间的积矩相关系数，就可以求出R和R^2。

3. 多元回归分析(见表10-7)

表10-7　多元回归分析

要点	主要内容
多元回归方程	多元回归方程的表达式如下： $y=b_1x_1+b_2x_2+\cdots+b_kx_k+a$
净回归系数	即多元回归方程式中的b值，表示在控制了其他自变量以后，某一自变量对因变量的单独效果
标准化回归方程	由于多元回归分析中不同自变量值的衡量单位不同，因而其b值的大小不能相互比较。为了解决这一问题，常常需要将这些b值化为标准值，相应地多元回归方程也转化为标准化回归方程，即： $Y=B_1X_1+B_2X_2+\cdots+B_kX_k$
标准化净回归系数	标准化回归方程式中的B值称为标准化净回归系数(B系数)，表示各个具体的自变量对因变量影响的大小和方向。在复相关系数与B系数之间、每一自变量的分别决定系数与总的决定系数之间，存在着下列关系： $R_{y,1,2,\cdots,k}=\sqrt{B_1(r_{y1})+B_2(r_{y2})+\cdots+B_K(r_{yk})}$ $R_{y,1,2,\cdots,k}^2=B_1(r_{y1})+B_2(r_{y2})+\cdots+B_K(r_{yk})$ 式中$B_1(r_{y1})$，$B_2(r_{y2})$，…，$B_K(r_{yk})$称为分别决定系数，它们表示在全部已解释的方差中，有多少分别是由自变量x_1，x_2，…，x_k所贡献的。其总和就是总的决定系数

拓展：回归分析注意事项

①回归分析的假设。简单随机抽样、抽样误差的存在以及连续性的定距资料。

②回归线，对“内推”，即估算介于观察到的样本之间的值很有用，但在“外推”，即在估算超出观察范围的值的使用上却不太可靠。

10.2　课后习题详解

一、基本概念

1. 资料审核

答：资料审核是资料处理的第一步工作。它是指研究者对所收集的原始资料(主要是问卷)进行初步的审阅，校正错填、误填的答案，剔出乱填、空白和严重缺答的废卷的过程。其目的是保证原始资料具有较高的准确性、完整性和真实性，从而为后续的资料整理录入与统计分析工作打下较好的基础。

2. 数据清理

答：数据清理是指在计算机统计分析前，对数据的有效范围、逻辑一致性以及数据质量的清理。数据清理工作的目的是为了避免在数据资料的录入过程中出现差错。因此，在开始进行计算机统计分析之前，应仔细地进行数据清理。

3. 集中趋势分析

答：集中趋势分析是指用典型值或代表值来反映一组数据的一般水平的分析。集中趋势是数据集中的数据密集其中心值的趋向。通常以平均数或中位数为数据集的中心值，数据愈靠近中心值，或愈多的数据靠近中心值，数据分布的集中趋势就愈强，说明平均数的代表性越大；反之，则越小。集中趋势反映了社会现象中的分配集中情形，即现象在分配过程中其次数集中在曲线的代表位置。

4. 离散趋势分析

答：离散趋势分析是指用一个特别的数值来反映一组数据相互之间的离散程度的分析。离散系数是数据分布离散程度相对水平的度量。通常用来分析不同水平数列之间的标志变异程度。常用的形式是标准差除以算术平均数。它没有计量单位，通常用百分数表示。公式为：离散系数 = 标准差 ÷ 平均数 × 100%。

5. 区间估计

答：区间估计是指在一定的可信度（置信度）下，用样本统计值的某个范围（置信区间）来估计总体的参数值。区间估计是根据概率抽样的原理，以一定的概率即可信度来保证总体指标落在某一区间内。这个区间，统计学上通常称之为“置信区间”。置信区间的大小与可信度的高低成正比。

6. 假设检验

答：假设检验是指根据从总体中抽得的样本，对该总体的某个命题作出接受或拒绝的决策的统计方法。无论接受或拒绝都带有概率的性质，都是在非确定性预测中求得最佳抉择。决定是否拒绝假设，主要取决于检验样本指标与所假设的总体指标的差异是否显著。

7. 交互分类

答：交互分类是指将调查所得的一组数据按照两个不同的变量进行综合的分类。利用交互分类表，可以较为深入地描述样本资料的分布状况和内在结构，同时还可以进行分组比较，解释变量之间的关系。交互分类表所适用的变量层次是定类变量和定序变量。

8. 消减误差比例

答：消减误差比例（简称 *PRE*）指的是知道 X 的值时所减少的误差（$E_1 - E_2$）与总误差的比。*PRE* 越大，表示以 X 值去预测 Y 值时能够减少的误差所占的比例越大，即 X 与 Y 之间就越是相关，或者说，X 与 Y 的关系越强。

9. 阐释模式

答：阐释模式是指一种通过引进并控制第三变量，来进一步了解和探讨原来两变量之间关系性质的统计分析方法。主要分为因果分析、阐明分析以及条件分析。

10. 复相关分析

答：复相关分析是指一种以一个统计值来简化多个自变量与一个因变量之间关系的统

计分析方法。它要求所有的变量都是定距以上层次的变量。复相关又称多元相关，是指两个以上变量中某一变量对其他变量的相关关系。

11. 多元回归分析

答：多元回归分析是多变量统计分析的一种。多元回归分析方法的目的是要用多个自变量来估计或预测一个因变量的数值，以及弄清不同的自变量对因变量所实际具有的影响力大小这两个方面的问题。

二、复习思考题

1. 找一份实际社会研究所用的问卷，对其编写一份编码簿。

提示：此题为开放题，可根据个人所找的实际社会研究所用的问卷进行分析，言之成理即可。

2. 利用老师提供的数据，对其进行数据清理工作。

答：数据清理工作是在计算机的帮助下进行的，通常有下列几种方法：

(1)有效范围清理

对于问卷中的任何变量，其有效编码值通常具有一定范围，当数据中的数字超出此范围时，可以确定该数字一定是错误的。

(2)逻辑一致性清理

逻辑一致性清理的基本思路是根据问卷中不同问题之间内在的逻辑联系，检查前后数据之间的合理性。

(3)数据质量抽查

采用随机抽样的方法，从样本的全部个案中，抽取一部分个案，进行详细的校对工作。依据这一部分个案校对的结果，可以估计和评价全部数据的质量。

3. 试写出下列各种变量间相关系数的类型：

定类变量与定类变量；定序变量与定序变量。

定类变量与定距变量；定距变量与定距变量。

答：(1)定类变量与定类变量间相关系数是 λ 系数；

(2)定序变量与定序变量间相关系数是 Gamma 系数；

(3)定类变量与定距变量间相关系数是相关比率或 eta 系数；

(4)定距变量与定距变量间相关系数是皮尔逊相关系数。

4. 统计检验的目的是什么？为什么社会研究常常需要进行多变量分析？

答：(1)统计检验的目的

统计检验的目的是帮助人们提高控制数字的能力，透过庞杂的数字和复杂的关系去把握其内在的规律性。社会调查往往要涉及大量的变量，而且变量之间的关系又往往是错综复杂的，使得每项调查所要处理与分析的数字信息量十分庞大。处理并理解这么多信息资料是极其困难的，必须设法提炼压缩，找出其内在的特征。

(2)统计分析的作用

①可对资料进行简化，通过描述统计对研究变量自身特征作出清晰的描述；

②可对变量间的关系进行描述和深入的分析，变量间关系是社会研究的最重要的内容之一，统计分析为深入描述和分析变量间关系，进而达到理论解释提供了十分有力的手段；

③可通过样本资料推断总体。它可以通过参数估计和假设检验等手段，将样本资料推论到总体，并能指出这种推论的误差及做出这种推论的把握有多大，即推断性统计。

(3)社会研究需要进行多变量分析的原因

社会现象之间的联系很少是单纯一对一的关系，一种现象的产生，往往需要用多种原因或多种因素进行解释，甚至是用一组相互有关的现象去解释另一组现象，有时这种解释还需要多层次。由于这种多元的相互联系更能反映社会现象联系的实际情况，因此多元统计分析成为深入研究社会现象、进行定量分析的必不可少的工具。

5. 从社会科学期刊中选择三篇研究报告，分析并评价这些研究中所采用的统计分析方法。

提示：此题为开放题，可从《社会学研究》等社会学相关刊物中选择三篇研究报告，分析并评价这些研究中所采用的统计分析方法，言之成理即可。

10.3　考研真题与典型题详解

一、单项选择题

1. 下列不属于用来描述变量的离散趋势的特征值是(　　)。(中财 2009 年研)

A. 异众比率　　B. 四分位差　　C. 中位数　　D. 极差

【解析】中位数一般用于描述定序及定序以上测量尺度的变量的集中趋势。ABD 三项属于用来描述变量的离散趋势的特征值。

2. 显著性水平 α 表达了(　　)。(中财 2009 年研)

A. 在抽样分布中拒绝域面积所占的比例

B. 错误地接受了虚无假设的概率

C. 正确地拒绝了虚无假设的概率

D. 样本统计量落在置信区间之外的概率

【解析】估计总体参数落在某一区间内，可能犯错误的概率为显著性水平，通常以 α 表示，是一个临界概率值。它表示在"统计假设检验"中，用样本资料推断总体时，犯拒绝"假设"错误的可能性大小。α 越小，犯拒绝"假设"的错误可能性越小。

3. 两个相互独立的随机变量，变量 A 标准差为 3，变量 B 标准差为 4，则变量 $(A+B)$ 标准差为(　　)。(中山大学 2018 年研)

A. 5　　B. 7　　C. 3.5　　D. 12

【解析】两个相互独立的随机变量和的标准差公式为：

$$D(\zeta+\eta)=D(\zeta)+D(\eta)$$

则本题中，变量 $(A+B)$ 标准差为：

$$D(A+B)=D(A)+D(B)=3+4=7$$

二、多项选择题

1. 以下不属于统计推论方法的有(　　)。(中财 2012 年研)

A. 差异分析　　B. 参数估计　　C. 比较分析　　D. 趋势预测

1C　2A　3B　▎　1ACD

E. 假设检验

【解析】推论统计的主要目的是用从样本中所得到的数据资料来推断总体的情况，它主要包括参数估计和假设检验等。

2. 下列指标中可用来反映变量的离散趋势的有(　　)。(中财 2012 年研)

A. 均值　　B. 众值　　C. 标准差　　D. 异众比率

E. 中位数

【解析】描述统计的基本方法包括集中趋势分析、离散趋势分析。离散趋势分析是指用一个特别的数值来反映一组数据相互之间的离散程度。其中，反映集中趋势的统计量包括均值、众数与中位数，反映离散趋势的统计量包括全距、标准差、异众比率与四分位差。

3. 如果变量 X 和变量 Y 之间的相关系数显著，则下列说法正确的有(　　)。(中财 2012 年研)

A. X 变化可能是影响 Y 变化的原因　　B. Y 变化可能是影响 X 变化的原因

C. 两者相关可能出于其他变量的影响　　D. 两者之间的相关可能是伪相关

E. 二者之间在现实中一定存在关联

【解析】相关是指两个变量间存在一种连带关系，即当一个变量的值发生变化时，另一个变量的值也相应地发生变化。如果假设这两个变量是 X 和 Y，则这种变化通常包括：①X 变化是影响 Y 变化的原因；②Y 变化是 X 变化的原因。另外，变量 X 和变量 Y 之间的相关可能出于其他变量的影响，如果只是因为由于中间变量的影响，则二者就是伪相关。

4. 以下哪些分布在用于统计检验时涉及到自由度？(　　)(中财 2012 年研)

A. 正态分布　　B. t 分布　　C. F 分布　　D. χ^2 分布

E. 标准正态分布

【解析】t 分布的自由度为 $n-1$；F 分布的自由度视统计方法情况而定；χ^2 分布的自由度为 $(r-1)(c-1)$。正态分布只涉及样本个数、置信水平和置信度，不涉及自由度的问题。标准正态分布是正态分布的特殊形式，所以也不设计自由度的问题。

三、概念题

1. 离散系数(中山大学 2010 年研)

答：离散系数是指反映一组数据分布离散程度相对水平的指标。通常用来分析不同水平数列之间的标志变异程度。常用的形式是标准差除以算术平均数。它没有计量单位，通常用百分数表示。公式为：离散系数 = 标准差 ÷ 平均数 × 100%。

2. 间接检验(浙大 2007 年研)

答：间接检验是指提出一个与研究假设相反的虚无假设，通常是将原假设作为虚无假设。根据统计检验的原理，研究者可以依据由样本计算出的统计量在总体的范围内证明虚无假设是不成立的，从而拒绝或否定虚无假设，并接受与之相反的研究假设。间接检验能够证实研究假设，但不能完全否定研究假设。

3. 小概率原理(中财 2012 年研)

答：小概率原理，即“小概率事件在一次观察中不可能出现”的原理。小概率原理所代

2CD　3ABCD　4BCD

表的是假设检验的基本思想，即如果在一次观察中小概率事件出现了，那么则怀疑该事件的概率未必很小，即认为该事件本身不是一种小概率事件，而是一种大概率事件。

4. 虚无假设

答：虚无假设是指与备择假设相对应的假设，一般用 H_0 表示，它常常是根据已有的资料或根据周密考虑后确定的。例如，根据理论探讨假定妇女生育意愿与教育水平相关，这个假设就是原假设。但直接用于假设检验的不是原假设，而是备择假设，又称研究假设，备择假设就是与原假设相反的假设，用 H_1 表示，它是当原假设被推翻时需要接受的假设。

5. 回归分析(安师大 2014 年研；东财 2008 年研)

答：回归分析是指研究一个受到随机性影响的随机变量(因变量)与另一些随机变量或一般变量(自变量)之间的依赖关系的统计分析方法。它是社会研究中进行定量分析的基本方法。“回归”这个概念是英国生物统计学家高尔顿在 1889 年提出的。他在研究父子身高间的依赖关系时，发现高个子父亲的儿子身高一般不会像父亲那么高，矮个子父亲的儿子也不会像父亲那么矮，这些儿子的身高都有回归于平均身高的趋势。以后就把随机变量之间的依赖关系称为回归关系。利用这种关系可预测或控制另一变量的值。

6. 复相关分析(安师大 2015 年研)

答：参见本章课后习题基本概念第 10 题答案。

7. 假设检验(安徽大学 2025 年研；华中农大 2016 年研)

答：参见本章课后习题基本概念第 6 题答案。

8. 区间估计(中央民大 2019 年研；重庆工商 2016 年研)

答：参见本章课后习题基本概念第 5 题答案。

9. 离散趋势分析(苏州大学 2017 年研)

相关试题：

(1) 集中趋势(中央民大 2018 年研)

(2) 集中趋势与离散趋势(南航 2018 年研)

答：参见本章课后习题基本概念第 4 题答案。

10. 阐释模式(北科 2013 年研)

答：参见本章课后习题基本概念第 9 题答案。

四、判断并改错题

1. 在研究两个定类变量之间的相关关系时，使用的检验方法是 Z 检验。(中财 2015 年研)

答：错误。正确表述为：

在研究两个定序变量之间的相关关系时，使用的检验方法是 Z 检验。而在研究两个定类变量之间的相关关系时，使用的检验方法是 χ^2 检验。

2. 方差分析中的相关比率具有消减误差比例的性质。(中财 2015 年研)

答：正确。

五、简答题

1. 请谈谈相关分析与因果分析的区别与联系。(华科 2025 年研；中南财大 2010 年研)

答：(1)相关分析与因果分析的含义

①相关是指两个变量间存在一种连带关系，即当一个变量的值发生变化时，另一个变量的值也相应地发生变化。相关分析就是以一个统计值表示变量与变量间的关系，这个统计值称为相关系数。通常大多数相关系数取值在 0 与 ±1 之间，0 代表无相关，±1 代表完全相关，相关系数越大，表示相关程度越强。

②因果关系是指某个因素的存在一定会导致某个特定结果的产生。因果分析是为了确定引起某一现象变化原因的分析，主要解决"为什么"的问题。因果分析就是在研究对象的先行情况中，把作为它的原因的现象与其他非原因的现象区别开来，或者是在研究对象的后行情况中，把作为它的结果的现象与其他的现象区别开来。回归分析是一种因果分析，它是根据两变量间关系的具体形态，选择一个合适的数学模型，来近似地表达变量间平均变化关系，这个数学模型就是回归模型。

(2)相关分析与因果分析的联系

①因果分析以相关分析为基础，只有两个变量之间存在高度的相关关系时，因果分析才有意义。

②一般先进行相关分析，测定现象之间的相关程度大小，进而决定是否进行因果分析，推断出变量之间的因果关系。

(3)相关分析与因果分析的区别

①相关分析的目的在于了解两个变量之间的关系强度，即用相关系数来描述 x 和 y 两个变量之间的共变特征。

因果分析的目的在于了解一个变量怎样随另一个变量变化而变化。

②相关分析中，两个变量之间的关系是双向的，不涉及两个变量间的因果关系。也就是说，相关分析可以不分自变量和因变量。

因果分析表示一种因果关系，可以进行预测，必须明确自变量和因变量。

2. 比较相关分析与回归分析。(安师大 2016 年研)

答：(1)相关分析与回归分析的含义

①相关分析是研究现象之间是否存在某种依存关系，并对具体有依存关系的现象探讨其相关方向以及相关程度。它是研究随机变量之间的相关关系的一种统计方法。

②回归分析则是对有相关关系的现象，根据其关系的形态找出一个合适的数学模型，即建立回归方程，来近似地表达变量间的平均变化关系，以便依据回归方程对未知的情况进行估计和预测。

(2)相关分析与回归分析的区别

①相关分析所研究的两个变量是对等关系，回归分析所研究的两个变量不是对等关系，必须根据研究目的确定其中的自变量、因变量。

②对于变量 x 与 y 来说，相关分析只能计算出一个反映两个变量间相关密切程度的相关系数，计算中改变 x 和 y 的地位不影响相关系数的数值。回归分析有时可以根据研究目的不同分别建立两个不同的回归方程。

③相关分析对资料的要求是：两个变量都是随机的，或者一个变量是随机的，另一个变量是非随机的。而回归分析对资料的要求是：自变量是可以控制的变量(给定的变量)，因变量是随机变量。

(3)相关分析与回归分析的联系

①相关分析是回归分析的基础和前提。相关分析可以确定客观现象之间存在的数量上的依存关系。假若对所研究的客观现象不进行相关分析，直接作回归分析，这样建立的回归方程往往没有实际意义。通过相关分析后再进行回归分析，在此基础上建立的回归方程才有实际意义。

②回归分析是相关分析的深入和继续。对所研究现象只作相关分析，仅说明现象之间具有密切的相关关系是不够的，统计上研究现象之间具有相关关系的目的就是要通过回归分析，将具有依存关系的变量间的不确定的数量关系加以确定，然后由已知自变量的值推算未知因变量的值，只有这样，相关分析才具有实际意义。

六、统计计算和分析题

1. 为证实某村村民人均年收入为3000元的结论，抽取64名村民调查，知其人均收入为2850元，标准差为560元。问在置信水平95%条件下是否证实此结论？（浙大2011、2007年研）

答：在置信水平95%条件下不能证实此结论。具体分析如下：

根据样本值：$\overline{X}=2850$，$S=560$，$n=64$，$1-\alpha=0.95$，建立原假设H_0：$\mu=3000$。

又$Z_{\alpha/2}=1.96$，置信区间为：$[\overline{X}-Z_{(1-\alpha)}\frac{S}{\sqrt{n}},\ \overline{X}+Z_{(1-\alpha)}\frac{S}{\sqrt{n}}]$。

代入原式可得置信区间：$[2850-1.96\times70,\ 2850+1.96\times70]=[2712.8,\ 2987.2]$。

由于$\mu=3000$不在置信区间$[2712.8,\ 2987.2]$内，所以拒绝原假设。

2. 如上题中某村村民真实的人均年收入为2747.3元。求接受原假设人均年收入为3000元时所犯的错误的概率。（浙大2007年研）

答：原假设H_0：$\mu=3000$，$S=560$，$n=64$，$1-\alpha=0.95$。

作$\overline{X}$的分布图，并求出接受域的临界值：

$\overline{X}'_{\frac{\alpha}{2}}=3000-1.96\times\sqrt{\frac{560\times560}{64}}=2862.8$。$\overline{X}''_{\frac{\alpha}{2}}=3000+1.96\times\sqrt{\frac{560\times560}{64}}=3137.2$。

根据真实总体$\mu=2747.3$，作$\overline{X}$的分布图，对于真实总体$\mu=2747.3$来说，样本均值$\overline{X}$为$\overline{X}>2862.8$的部分都将误认为$\mu=3000$而被接受。这部分面积就是第二类错误β的数值：

$Z_1=\frac{2862.8-2747.3}{70}=1.65$；$Z_2=\frac{3137.2-2747.3}{70}=5.57$。

查表有：$\beta=\Phi(Z_2)-\Phi(Z_1)=1-0.9505=0.0495$。

所以，如某村村民真实的人均年收入为2747.3元，接受原假设人均年收入为3000元时所犯的错误的概率为4.95%。

3. 从某大型公司随机抽取400名职员做样本，调查得到他们的月平均工资为2010元，标准差是50元。求90%的置信度下，该公司职员的月平均工资的置信区间是多少？($Z_{(1-0.05)}=1.96$；$Z_{(1-0.01)}=2.58$；$Z_{(1-0.1)}=1.65$)（北科大2010年研）

答：由题意可知，$\bar{x}=2010$，$s=50$，$n=400$，$1-\alpha=0.9$，$\alpha=0.1$，$Z_{\frac{\alpha}{2}}=1.65$。

置信区间 $=\left[\bar{x}-Z_{\frac{\alpha}{2}}\cdot\frac{s}{\sqrt{n}},\ \bar{x}+Z_{\frac{\alpha}{2}}\cdot\frac{s}{\sqrt{n}}\right]$。

所以，$\bar{x}-Z_{\frac{\alpha}{2}}\cdot\frac{s}{\sqrt{n}}=2010-1.65\times50/20=2005.875$。

$\bar{x}+Z_{\frac{\alpha}{2}}\cdot\frac{s}{\sqrt{n}}=2010+1.65\times50/20=2014.125$。

所以，该公司职员的月平均工资的置信区间为[2005.875，2014.125]。

4. 为了研究受教育年限(x)和职业声望(y)之间的关系，假设回归方程为 $y=a+bx$。根据8个样本的抽样调查数据计算得出，$\bar{x}=13$，$\bar{y}=70$，$L_{xx}=200$，$L_{xy}=584$，$L_{yy}=1882$。根据 F 分布表查得 $F_{0.05}(1, 8-2)=5.59$。（中财2008年研）

(1)如果根据抽样调查数据对受教育年限和职业声望之间的关系进行假设检验，请给出原假设和备择假设。

(2)请根据已知条件，计算出回归方程 $y=a+bx$ 中 a 和 b 的值。

(3)请根据已知条件对回归方程进行显著性检验，并对检验结果进行说明。

(4)该回归方程的回归系数 b 说明了什么?

(5)请根据已知条件计算判定系数 r^2，并说明其含义?

答：(1)①原假设：受教育年限和职业声望之间是相关的；

②备择假设：受教育年限和职业声望之间不相关的。

(2)由题意，$b=L_{xy}/L_{xx}=584/200=2.92$；$a=y-bx=70-2.92\times13=32.04$。

则总体线性回归方程是：$y=a+bx=32.04+2.92x$。

(3)具体分析如下：

①原假设：$b=0$；

②备择假设：$b\neq0$；

③统计量：$F=RSSR/(RSS/n-2)\sim F(1, n-2)$；

其中：$RSSR=L_{xy}^2/L_{xx}=1705.28$；$RSS=L_{yy}-RSSR=1882-1705.28=176.72$；

将 $RSSR$、RSS 值代入 F 式，$F=RSSR/(RSS/n-2)=57.8$；

根据 F 分布表查得 $F_{0.05}(1, 8-2)=5.59$；

因为 $F=57.8>F_{0.05}(1, 8-2)=5.59$，所以拒绝总体为 $b=0$ 的原假设，接受备择假设 $b\neq0$，即认为配置回归直线是有意义的。

(4)回归方程的回归系数 $b=2.92$ 说明，教育年限每增加一个单位，则职业声望增加2.92个单位。

(5)由题意，$TSS=RSS+RSSR=176.72+1705.28=1882$；$r^2=PRE=(TSS-RSS)/TSS=RSSR/TSS=1705.28/1882=0.906$。

$r^2=0.906$，表示当知道教育年限(x)与职业声望(y)有线性相关关系之后，可以改善预测程度的90.6%，或可以用 x 解释掉 y 的90.6%的误差。

5. 一项调查显示，某市人均月收入为920元，标准差为155元，人均住房面积为15平方米，标准差为1.8平方米。（东财2007年研）

问：该市人均收入和人均住房面积哪一个差异程度比较大?

答：(1)人均收入的离散系数为：

$$CV=\frac{S}{\bar{X}}\times 100\% =\frac{155}{920}\times 100\% =16.8\%$$

(2)人均住房面积的离散系数为：

$$CV=\frac{S}{\bar{X}}\times 100\% =\frac{1.8}{15}=12\%$$

由 16.8% >12% 可知，人均月收入的差异程度较大。

第十一章　定量研究的结果表达

11.1　复习笔记

【视频导学(名师点拨)】

定量研究的结果表达

扫码看视频导学

【知识梳理(庖丁解牛)】

- 定量研究的结果表达
  - 研究报告的类型、撰写步骤
  - 定量研究报告的结构
    - 导言
      - 研究的问题及其背景
      - 文献回顾
      - 介绍自己的研究
    - 方法
    - 结果：结果和讨论的处理、结果的表达
    - 讨论
    - 小结、摘要、参考文献及附录
  - 撰写研究报告的步骤
  - 撰写研究报告应注意的问题

【考点难点归纳(去粗取精)】

考点一：研究报告的类型(见表11－1)　★★★★

表11－1　研究报告的类型

划分依据	类型
按性质和主要功能分	①描述性报告：内容全面、细致，描述基本状况、发展过程和主要特点。(定量、定性均可) ②解释性报告：解释和说明现象的产生原因(或者说明不同现象之间的相互关系)
按读者对象分	①学术性报告：研究过程(方法)详细，资料分析广泛，但结果不明晰。 ②应用性报告：研究过程(方法)简洁，结果清晰(含建议)

续表

划分依据	类型
按研究性质分	①定量研究报告：一般包括导言、方法、结果、讨论、小结或摘要、参考文献以及附录等结构(数量化、表格化、逻辑性强)。 ②定性研究报告：格式灵活、篇幅较长、主观色彩较重

拓展：研究报告的"沙漏"形式

撰写研究报告时，应该明确一种"宽—窄—宽"的指导思想或基本思路，即应按照"沙漏"的形式撰写。

①由"宽"变"窄"。研究报告在内容上应从广阔的导言开始，逐渐集中到比较专门化的领域，直到提出研究者自己的研究领域和研究的问题。

②介绍自己的研究方法和研究所得出的主要结果，这可以说是沙漏的最狭窄部分。

③由"窄"又变"宽"。从转向讨论研究结果的内涵时起，研究报告又开始逐渐由具体的结论向更一般的领域拓展。

考点二：定量研究报告的结构 ★★★★

(1)导言，即主要说明所研究的问题及研究的意义，包括下述内容：

①研究的缘起(或研究的背景、研究的动机)；

②研究的问题及其界定；

③对前人相关研究的回顾(有时这一内容也可以单独作为一个部分)；

④研究的目的和意义。

(2)方法，即说明研究所采用的方式方法、研究的程序和工具等，主要包括以下内容：

①研究的思路或逻辑；

②研究的基本概念、变量、假设和理论架构；

③研究的总体、样本及抽样方法、抽样过程；

④研究的主要方法，包括资料收集方法和资料分析方法。

(3)结果，即说明通过研究发现了什么。

(4)讨论，即说明所发现的结果具有哪些意义，从这一结果出发，还能得到什么或还能继续做些什么。

(5)小结或摘要，即对上述四个方面的简要总结。

(6)参考文献，即研究报告中所涉及的书籍和文章目录。

(7)附录，即研究过程中所用的问卷、量表及某些计算公式的推导、数据计算方法等。

考点三：撰写研究报告的步骤及应注意的问题(见表 11－2) ★★★

表 11－2 撰写研究报告的步骤及应注意的问题

要点	具体内容
撰写步骤	①确立主题(灵魂)：确定研究要表达的中心问题。 ②拟定提纲(骨架)：构思整体框架，理清思路，将之转化为具体的撰写提纲(主要针对结果部分和讨论部分)。方法是对研究的结果进行分解，并将分解后的每一部分进行细化。 ③选择材料(血肉)：以撰写提纲的范围和要求为依据，坚持以精练、典型、全面的原则来进行选择。 ④撰写报告：一气呵成，前后一致，反复检查、修改、完善

续表

要点	具体内容
应注意的问题	①行文要则：语言简单平实、客观陈述事实、语气平和(报告立场)。 ②引用与注释：引用原文时，用引号引起来，再用注释注明。只援引别人的观点、结论时不用引号，但需要用注释注明(夹注、脚注和尾注)

11.2　课后习题详解

一、基本概念

1. 研究报告

答：研究报告是指以文字、图表等形式将研究的过程、方法和结果表现出来，反映社会研究成果的一种书面报告。它是一种以专业读者和同领域研究者为对象的交流形式，告诉读者对于所研究的问题是如何进行研究的，取得了哪些研究成果，这些研究成果有何价值及如何应用。

2. 描述性报告

答：描述性报告是指着重于对所研究现象进行系统、全面的描述的报告。描述可以是定量的，也可以是定性的。其主要目的是通过对研究资料和结果的详细描述，向读者展示所研究现象的基本状况、主要特征和发展过程。

3. 解释性报告

答：解释性报告的主要目的是要用研究所得资料来解释和说明某类现象产生的原因，或说明不同现象相互之间的关系。这类报告中虽然也有一些对现象的描述，但这仅仅是为了解释和说明而作的必要的描述。

二、复习思考题

1. 从《社会学研究》上选择三篇研究报告，逐一概括其构成部分及结构，并进行比较。

答：根据题目要求，从《社会学研究》中选取了《点石成金的学校？——对学校“加工能力”的探讨》《同情与效用：大卫·休谟的道德科学》与《庙宇重建与道德共同体——以大理Z村空间差异为例》这三篇文章，并对其结构做出罗列比较，比较结果如表11－3所示。

表11－3　三篇研究报告的比较分析

报告名称	点石成金的学校？——对学校“加工能力”的探讨	同情与效用：大卫·休谟的道德科学	庙宇重建与道德共同体——以大理Z村空间差异为例
作者	谢桂华，张阳阳	杨璐	梁永佳
文章结构	包括：①引言；②学校在个体教育获得中的作用；③数据、变量和方法；④学校特征与学校加工能力；⑥结论和讨论	包括：①导论；②观念论的改造；③道德的社会性起源：同情；④人为道德与商业社会：效用论；⑤结语	包括：①中国宗教复兴三种理论；②一个“文明化”项目；③重建文昌宫；④礼物作为宗教复兴动力；⑤结论
类型	包括：①定量研究报告；②解释性研究报告；③学术性报告	包括：①理论研究；②描述性报告；③学术性报告	包括：①定性研究报告；②解释性研究；③个案研究

从列表可以看出，三篇文章属于完全不同的研究报告类型，具体分析如下：

(1)导言

①三篇文章对导言部分的称谓不同。其中《点石成金的学校？——对学校“加工能力”的探讨》称引言，《同情与效用：大卫·休谟的道德科学》称导论，而《庙宇重建与道德共同体——以大理Z村空间差异为例》中则没有明确的导言部分，而是开门见山地摆出相关理论。

②三篇文章导论部分的内容布局不同。其中《点石成金的学校？——对学校“加工能力”的探讨》包括了研究背景、文献回顾和自己研究的介绍；《同情与效用：大卫·休谟的道德科学》包括研究背景(主要是理论背景)和研究目的两部分；而《庙宇重建与道德共同体——以大理Z村空间差异为例》则省略了导言部分，只以两段介绍了自己的研究，没有单独成章。

(2)文献回顾

参照现在论文写作的标准，学者大多把文献回顾单独列出来，写成一章。三篇文章都参考相关领域的研究成果，做了相关的研究综述。不同之处在于《点石成金的学校？——对学校“加工能力”的探讨》参考相关研究成果，在这一部分就提出了四个研究假设；《同情与效用：大卫·休谟的道德科学》则借助相关理论将休谟的道德思想分为了两个部分；而《庙宇重建与道德共同体——以大理Z村空间差异为例》则直接指出了中国宗教复兴的三种理论。

(3)方法

与文献回顾不一样的是，三篇文章在方法部分的行文模式截然不同。作为定量研究的《点石成金的学校？——对学校“加工能力”的探讨》第三章主要介绍数据、变量和研究方法，而作为理论研究的《同情与效用：大卫·休谟的道德科学》则从道德起源以及道德与效用的关系两方面展开论述，《庙宇重建与道德共同体——以大理Z村空间差异为例》则在这一部分介绍了个案的相关情况以及与本研究相关的内容，即Z村的大致情况和Z村“文昌宫”重建过程的发展路径。

(4)结果

三篇文章都在第四部分做了分析，继而得出了自己的研究结论。

①《点石成金的学校？——对学校“加工能力”的探讨》在对数据进行简单处理的基础上，在本章进行了高级统计分析，通过建模和检验发现各种与学校相关的特征变量对学生学业成绩的影响。

②《同情与效用：大卫·休谟的道德科学》因其理论研究的性质，其理论探讨过程即其得出结论的过程，也就是说，可以从方法部分看到此篇文章的研究结论。

③《庙宇重建与道德共同体——以大理Z村空间差异为例》在这一部分是质性分析阶段，通过把案例和理论相结合，分析文昌宫重建对道德重建的作用。

(5)讨论、结语

三篇文章的最后部分都是结语部分，不同的是，《点石成金的学校？——对学校“加工能力”的探讨》重申了自己的研究背景和研究思路，反省自己的研究局限。《同情与效用：大卫·休谟的道德科学》则又对理论做了相关梳理，以及提出自己研究这一理论的意义。而

《庙宇重建与道德共同体——以大理 Z 村空间差异为例》则主要是对自己研究的简单重述，陈述自己的研究结论。

(6)参考文献

在研究报告的结尾处，通常要列出与研究报告相关的参考文献，或者叫做参考书目，三篇文章都列有相关的中文和英文的参考文献。

2. 从《社会学研究》上选择一篇与你感兴趣的或你所熟悉的领域相关的研究报告，从该报告的导言部分读到结果部分，不要读其“结论与讨论”部分。你自己根据所读部分的内容写一个“结论与讨论”部分，并与原报告中的该部分比较。

提示：此题为开放题，可根据研究兴趣从《社会学研究》上选取的研究报告，阅读导言至结果部分后，整理“结论与讨论”部分，言之成理即可。

3. 如何正确表达下列参考文献？

(1)两位作者合著的一本著作。

(2)一本翻译的著作。

(3)在一本合编的著作中的一篇论文。

答：参考文献即研究报告中所涉及的书籍和文章目录。这些书目是研究者在整个研究过程中所阅读、评论、引用过的文献。这样做一方面体现了研究者专业的、科学的、实事求是的研究态度，另一方面也为相同领域的其他研究者提供了一个可参考的文献索引。应了解中文和英文文献的格式、写法等等(具体参见中华人民共和国国家标准)。

(1)作者 1，作者 2. 著作名[M]. 出版地：出版社，年份.

(2)原作者. 书名[M]. 译者，译. 出版地：出版社，年份.

(3)作者 1，作者 2. 论文名[D]. 出版地：保存者，出版年份：论文页码范围.

4. 利用老师提供的调查数据，撰写一篇描述性报告。

提示：此题为开放题，可利用相应的调查数据撰写对应的描述性报告，言之成理即可。

11.3　考研真题与典型题详解

一、名词解释

研究报告(安师大 2016 年研)

答：参见本章课后习题基本概念第 1 题答案。

二、简答题

1. 研究报告的沙漏形式。(苏州大学 2017 年研)

相关试题：简述研究报告的“沙漏”形式。(北科大 2008 年研)

答：撰写研究报告时，应该明确“宽—窄—宽”的指导思想或基本思路。形象地说，就是要按照“沙漏”的形式来撰写，这种沙漏式的撰写形式，并不是指篇幅上的多和少，而是指所涉及的内容范围的宽和窄。具体内容如下：

(1)由“宽”变“窄”。研究报告在内容上应从广阔的导言开始，逐渐集中到比较专门化的领域，直到提出研究者自己的研究领域和研究的问题。

(2)介绍自己的研究方法和研究所得出的主要结果，这可以说是沙漏的最狭窄部分。

(3)由“窄”又变“宽”。从转向讨论研究结果的内涵时起，研究报告又开始逐渐由具体的结论向更一般的领域拓展。

广阔的导言能够为读者提供所研究问题形成的背景及其意义；狭窄的方法和结果部分可以帮助读者集中注意力于研究成果和研究质量；而讨论部分的拓宽，则可向读者展示研究结果的丰富内涵。

2. 研究报告的分类及作用。(北师大 2015 年研)

相关试题：应用性调查报告与学术性调查报告有什么差别？(华南理工 2015 年研)

答：按照不同的划分标准，可以把研究报告划分为不同的类型。根据研究报告在性质和主要功能上的不同，可将其区分为描述性报告和解释性报告；根据报告的读者对象的不同，可将研究报告分为学术性研究报告与应用性研究报告；根据研究的性质，研究报告还可以分为定量研究报告与定性研究报告。

(1)描述性报告与解释性报告

参见本章课后习题基本概念第 2、3 题答案。

(2)学术性报告与应用性报告

①学术性研究报告，是用作专业杂志上发表或学术会议上发表的研究报告，这一类报告往往比较紧凑、严谨。在研究设计、研究方法方面它需要比较详细的描述，特别是样本抽取、变量测量、资料收集等细节。资料分析部分相对广泛，但对结果的讨论部分则相对谨慎。

②应用性研究报告，是提供给政府决策部门或实际工作部门的研究报告，一般对研究方法和过程的介绍十分简短。这类报告的研究结果常常采用比较直观的统计图、表等表现形式，并且根据研究结果提出政策建议是应用性研究报告的必要组成部分。

(3)定量研究报告与定性研究报告

①定量研究报告以对数据资料的统计分析结果及讨论为主要内容，数量化、表格化、逻辑性强是其表达研究结果的主要特征，定量研究报告的格式规范且比较固定，报告的各个组成部分之间的界限分明。

②定性研究报告主要以对文字材料的描述和定性分析为主要特征。在报告的结构上，既无严格的规范，也没有十分固定的格式。在内容上，描述和分析、资料与解释之间的界限也不十分明显。通常来讲，定性研究报告的篇幅比定量研究报告的篇幅要长，报告中所带有的主观色彩较浓厚。

3. 简述研究报告的撰写步骤。(中财 2017 年研；南航 2015 年研)

相关试题：研究报告该如何撰写？(论述题，南林 2017 年研)

答：研究报告的撰写步骤如下：

(1)确立主题

研究报告的主题即研究报告所要表达的中心问题。在研究报告中，研究的主题必须以书面语言的形式清楚明确地表示出来。仅仅指出某个问题，比如“有关我国儿童的问题”是不够的，必须将这种一般性的、含糊的问题变为以研究问题的形式或研究假设的形式出现的特定问题。

(2)拟定提纲

主题明确后，应先构思好报告的整体框架，并将这种框架转变为具体的提纲。拟定提纲的主要作用是理清思路，明确报告包含的内容，设计好报告的总体结构，为撰写实际报告打下基础。拟定提纲的方法首先是对研究的结果进行分解，然后将分解后的每一部分进一步具体化。

(3)选择材料

在撰写研究报告前，必须对所用的材料进行筛选，选择有用的材料。选择材料应以拟定的提纲范围和要求为依据，即应按照研究报告的“骨架”来选择填充的“血肉”，这样才能保证所选取的材料与报告的主题具有紧密关系。此外，要坚持精练、典型和全面的原则，使所用的材料具有最大的代表性和最强的说服力。

(4)撰写报告

具体的撰写方法通常是从头到尾一气呵成，而非在细节上推敲修改。这样做有利于整个报告紧紧围绕所确立的主题来展开，使得报告在整体思想、体系结构、内容形式、行文风格等方面都前后一致，浑然一体。当完成研究报告后，再反复地从头阅读、审查和推敲每一个部分，认真打磨好每一个细小的环节，使得整体报告不断丰富和完善。

在实际撰写报告过程中研究者可能又发现了新的问题或产生出新的想法，这种新的问题或新的想法又导致研究者去重新分析、整理和探讨研究的资料和数据。这种分析和探讨的结果可能又会导致一些新的发现和新的结论，它们又将影响和改变研究报告的撰写过程。

三、论述题

研究报告通常在结构上包含哪几个部分？每部分主要内容是什么？（中财2015年研）

相关试题：

(1)结合你所熟悉的社会调查项目，阐述研究报告所应具备的主要结构。（南航2018年研）

(2)请阐述研究报告的一般结构。（中财2017年研）

(3)定量研究报告有比较固定的格式，在结构上它通常由哪几个部分构成？（简答题，广西民大2017年研）

(4)试举例说明一个实证研究报告的基本结构。（西北师大2016年研）

答：研究报告通常在结构上包含导言、方法、结果与讨论以及小结、摘要、参考文献及附录。对于每部分的主要内容的分析如下：

(1)导言，又称引言或绪论，主要说明所研究的问题及研究的意义，它是研究报告的第一部分。主要包括：

①研究的缘起(或研究的背景、研究的动机)；

②研究的问题及其界定；

③对前人相关研究的回顾(有时这一内容也可以单独作为一个部分)；

④研究的目的和意义。

(2)方法，即说明研究所采用的方式方法、研究的程序和工具等，这是研究报告中更为关键的部分。方法部分的主要任务就是明确具体地告诉读者研究者是如何做这项研究的。

(3)结果。在篇幅较短的论文或较简单的研究报告中，结果和讨论两部分常常结合在一起，作为“结果与讨论”部分，在这种情形中，结果在表达时同时也被讨论。在比较复杂的研究中，会将结果和讨论两部分分开，在结果部分里分别表达和讨论那些不同的事物，即分别讨论和表达各个分支的结果。而在靠后的讨论部分中则着重于研究整体结果的表达和讨论。

(4)讨论，主要包括研究发现与研究局限。讨论一般是从告诉读者研究者从研究中掌握了什么开始。一开头就说明研究假设是否得到证实，或者回答导言部分所提出的研究问题。在讨论部分，研究者可以把自己的研究结果和在文献评论中列举的那些研究结果进行比较，看是否再次得到验证。同时还可以讨论自己的研究存在的缺陷。

(5)小结、摘要、参考文献及附录。在小结中，需要再次对报告前面几个部分的主要内容做一个纲要式的总结。摘要在报告的最开头，并且是单独作为一个部分与原报告隔开。参考文献是指在研究报告的结尾处要列出与研究报告相关的参考书目。研究报告的附录是将一些与研究相关的内容如问卷、态度量表、实验中的刺激材料，以及实验设备或研究背景的照片和草图等，或者某些数据表格或者附加的数据分析，放在报告的后面，作为正文的补充，以帮助读者了解研究的细节。

第三编

定性研究方式

第十二章　定性研究概述

12.1　复习笔记

【视频导学(名师点拨)】

定性研究概述

扫码看视频导学

【知识梳理(庖丁解牛)】

- 定性研究概述
  - 定性研究的类型
    - 定性研究方法著作和教材中的基本类型
    - 从不同角度进行不统一的、不同标准的分类
    - 实地研究、参与观察及民族志的异同
  - 定性研究的本质特征
    - “到现场”“到实地”
    - “重情景”“重关联”
    - “重意义”“重主观”
  - 定性研究的方法论意义
  - 定性研究与定量研究的差别
    - 回答的问题不同：“我关心的不是你关心的”
    - 研究的程序不同：“一切视情况而定”
    - 研究的策略不同：“还原现实的复杂性”
    - 研究的工具不同：“我自己才是最重要的工具”
  - 定性研究与定量研究的结合

【考点难点归纳(去粗取精)】

考点一：定性研究方法的类型　★★

1. 定性研究专家对定性研究方法的分类(见表 12－1)

表 12－1　定性研究专家对定性研究方法的分类

代表人物	对定性研究方法的分类
邓津和林肯	包括：①个案研究；②民族志、参与观察、表演民族志；③现象学、常人方法学；④扎根理论；⑤生活史、证据学；⑥历史方法；⑦行动研究与应用研究；⑧临床研究

续表

代表人物	对定性研究方法的分类
德尔伯特·米勒	包括：①叙事研究；②现象学；③扎根理论；④民族志；⑤个案研究
弗里克	①以口述资料为中心的深度访谈、焦点小组等； ②以观察资料和媒介资料为中心的观察法和民族志以及文本分析等； ③以文本资料为中心的谈话分析、话语分析、叙事分析等
科瑞恩·格莱斯	包括：①民族志；②生活史；③扎根理论；④案例研究；⑤行动研究

2. 从不同角度对定性研究方法的分类(不同标准、不统一)

(1)从基本特征的角度，可以将定性研究的方法分为两大类，如表12－2所示。

表12－2　从基本特征的角度对定性研究方法的分类

类型	主要内容
实地类 (深入实地)	包括以收集和分析观察资料、访谈资料为主的实地研究、民族志和参与观察(最重要、最具代表性)
文本类 (“专注于文本”)	包括各种形式的文本研究，比如，话语分析、叙事分析、谈话分析、历史比较研究等

(2)在划分出定性研究方法的上述两大类型的基础上，可以从其他角度进行补充：

①从研究对象数目的角度，增加个案研究；

②从研究目标的角度，增加扎根理论；

③从影响和干预现实的角度，增加行动研究。

拓展：在定性研究中，实地研究(或民族志、参与观察)、个案研究、扎根理论、文本分析、行动研究等，是最基本、最应该熟悉和掌握的研究方式。其中，扎根理论方法是指在纯粹归纳的基础上建构理论。这种方法从观察而不是假设入手，寻求发现模式并自下而上发展理论。其方法基础在于定性资料的归纳与持续比较。扎根理论分为范畴比较、合并分类、划定理论界限与组织理论四个阶段。

考点二：定性研究的本质特征(见表12－3)　★★★

表12－3　定性研究的本质特征

特征	主要内容
“到现场” “到实地”	即研究者深入研究对象所处的真实的社会生活环境开展研究。这是定性研究为更好地认识和理解社会现象而采取的最重要的研究策略和指导思想，同时也是与定量研究相区分的突出标志
“重情景” “重关联”	即要将社会现象放到情景当中进行理解，同时，由于社会现象是相互联系的，因此，要理解具体的社会行为和社会现象，必须将社会现象放到其对应的“情景”之中
“重意义” “重主观”	关注人们是如何赋予各种社会行为、社会事件、社会事物之意义的同时，也关注人们的各种行为、意图对其自身的意义(重视意义、依赖研究者的主观性)

考点三：定性研究与定量研究的结合形式(见表12－4)　★★★

表12－4　定性研究与定量研究的结合形式

形式	主要内容
“阶段性”的结合	在以定量研究为主体的前提下，“结合”一点定性研究的具体方法或技术，即定性研究的某些具体方法和技术只作为定量研究的一个组成部分
主辅式结合	一般是在定量研究的过程中，结合定性研究方法的内容，辅助分析或解读定量研究的结果(定性研究中很少“结合”定量研究)
真正意义上的结合	即对研究总问题的不同方面、中心问题的不同子问题、研究项目中的不同主题等分别使用定性研究和定量研究来进行探讨，并用不同方式研究的结果分别讨论，最终一起完成回答研究中心问题或总问题的任务的过程(即用定性和定量两种不同的研究方式分别回答不同性质的问题)

12.2　课后习题详解

1. 定性研究最突出的方法论意义是什么？为什么说在社会研究领域，无论是定量研究还是定性研究的方式，都不能包打天下？

答：(1)定性研究最突出的方法论意义如下：

①定性研究方式具有“到实地、到现场，重情景、重关联，重意义、重主观”等基本特征，提供了认识世界的另一种视角，这是定性研究方式最突出的方法论意义。

②社会现象的复杂性、多样性、变化性、特殊性，使得很多社会现象无法用自然科学的手段来研究，并且定量研究往往为了概括而简化了许多东西，忽略了许多东西；而定性研究在研究的具体方式、方法、形式上具有多样性，针对不同的研究对象和目的有不同的适用方法，在了解、认识、理解各种复杂的社会现实的过程中发挥着独特的、无法替代的作用。

(2)无论是定量研究还是定性研究的方式，都不能包打天下，具体原因如下：

①无论是定量研究还是定性研究，都有自己的优势和局限所在。定量研究标准化和精确化程度高，逻辑推论比较严谨，能人人推动理论的抽象化和概括化，但是过于简单化以至于忽略很多因素；定性研究方法上的高度开放性和灵活性，使其在了解、认识、理解各种复杂的社会现实的过程中发挥出独特的、无法替代的作用，但其结果受研究者的主观意识影响较大。在社会研究中选用定量或是定性，取决于这项研究所要探讨的社会现象的性质，特别是这项研究所要回答的问题的性质。

②社会研究者应依据研究问题的性质来做出采用定性的或是定量的研究方式的决定。如果研究的问题是有关某一总体的现状、特征，或者是有关某一种社会现象与另一些社会现象之间的相互关系，或者是有关某一种理论命题是否在研究者关注的社会现实中成立等等，就应采用定量研究方式；而如果研究的问题是有关某一类不太为社会大众所知晓的特殊人群(如同性恋者)的行为方式、心理特征，或者是有关一个特定群体的内部结构及其相互之间的复杂关系，或者是有关一个特定事件的发生、发展和变化过程等，就应采用定性研究方式。

③研究方式和方法的选择要以适合研究问题、适合研究目的、适合研究对象为标准。社会行为和社会现象的纷繁复杂，既决定了社会研究方式是多样的，同时也在一定程度上

决定了不同研究方式的适用程度。对于社会研究来说，永远没有最好的方式，而只有最合适的方式。社会研究的不同目标往往只适合采用不同的研究方式来达到。

2. 定性研究具有哪些突出的特征？试结合社会研究实际，说明采用定性研究方式的必要性和合适性。

答：(1)定性研究的突出特征

①“到现场”“到实地”

研究者深入研究对象所处的真实社会生活环境开展研究，是体现在定性研究各种具体方式和方法中的一种最具代表性的特征。“到现场”“到实地”一方面是定性研究区别于各种定量研究方法的突出标志，另一方面，是定性研究为深入认识和理解社会现象所采取的至关重要的研究策略和指导思想。

②“重情景”“重关联”

对于如何看待和探索社会世界，定性研究有一个重要的前提，即任何一种社会现象既是“此时此地”的，也是相互联系的。“此时此地”和相互联系的观点突出强调了社会现象和社会现实都存在于一定的社会情景和各种社会联系之中。社会中不同人群的行为、这些行为的意义，以及由这些行为和意义构成的社会现象，只有在与其相联系的情境中才能更好地被理解和解释。

③“重意义”“重主观”

定性研究认为所有事实都是被社会建构的，格外重视对社会所建构的各种“意义”的理解。定性研究一方面特别关注人们是如何赋予各种社会行为以意义的，另一方面也特别看重人们的行为、意图对其自身所具有的意义。正是因为看重和追求“意义”，使得定性研究在本质上更加依赖研究者的主观性，即研究者作为研究主体在整个研究过程中具有重要作用。

(2)采用定性研究方式的必要性

①社会现象是复杂和多样的，以实验研究、调查研究为代表的定量研究方式在面对和处理复杂的社会现实方面具有局限性，因此催生了各种各样、相对适应复杂多样的社会现象的定性研究方式。

②调查研究中为便于资料的精确测量而大规模收集，以及在统计分析时过度“裁剪”现实、“简化”现实、“假定”现实的做法，存在其在社会现实的描述上，特别是在对社会现实的理解上过于“表面化”“静态化”和“简单化”的弊端。

(3)采用定性研究方式的合适性

定性研究在研究的具体方式、方法、形式上具有多样性，即不同的研究对象、不同的研究主题、不同的研究目标，将形成不同的研究方式和研究方法。定性研究方式的出现弥补了以调查研究和实验研究为代表的定量研究方式的不足。定性研究具有高度开放和灵活的研究策略、研究类型、研究设计，以及研究方法，并且能主动适应社会研究在研究主题、研究现象、研究内容上的复杂性和多样性，这使得各种纷繁复杂的社会现象没有变成相对孤立的变量，而是“保持着其复杂性和整体性，并在其所处的日常生活情境中得到研究”。

3. 在定性研究中，研究者最重要的研究工具是什么？这种工具在使用中具有什么样的利弊？

答：（1）在定性研究中最重要的研究工具是研究者自身。研究者对特定的研究对象、对处于具体“情景”中的社会现象的某种深入“理解”，特别是“从内部”的理解，一方面可以更好地应对和适应研究对象和社会现象的多样性和复杂性，另一方面也可以更好地、更有效地理解研究对象，特别是从研究对象的角度来理解他们的主观认知，定性研究就只能以研究者自身作为最主要的研究工具。以研究者自身作为研究工具，既是定性研究对“移情理解”以及“人对人的理解”的需要，也是定性研究对参与真实社会生活、实地体验的需要。

（2）以研究者自身为研究工具的利与弊如下：

①以研究者自身为研究工具的好处

只有以研究者自身作为研究工具，定性研究才能恰当自如地去面对纷繁复杂的社会现象，研究者才能理解不同“情景”中人的行为，特别是站在研究对象的角度去“理解”这些行为。

②以研究者自身为研究工具的局限

a. 强调研究者自己作为研究工具，强调研究的参与性，使得定性研究更多地带上了受研究者主观经验影响的色彩，不可避免地局限了定性研究的眼光和认识，也很自然地导致了定性研究的“客观性缺失”。

b. 以研究者自身作为研究工具，使得研究者个人的主观因素，比如素养、心智、品质、眼光、观察能力、沟通能力，特别是悟性等特质，在研究中变得格外重要。同时，它也使得定性研究更容易受到研究者主观偏见的影响。

4. 定性研究为什么要采用“化简为繁”的研究策略？而定量研究为什么又要采用“化繁为简”的研究策略？

答：（1）定性研究采用“化简为繁”的研究策略的原因

定性研究的目标不是通过将现象分解成变量来减少复杂性，而是通过将情境背景因素包括在分析之中以此来提高其复杂性。所以，在某种意义上可以说，定性研究是在“扩简为繁”。即通过将所研究的现象放回具体的现实情境、时空背景和社会互动中去考察、理解和诠释，以此达到真正认识这种特定社会现象的目的。正是通过这种“扩充”，定性研究者才能够更加准确和全面地认识和理解其所研究的现象。

（2）定量研究采用“化繁为简”的研究策略的原因

定量研究的主要策略和指导思想可以说就是“化繁为简”。将原本复杂的社会现象操作化成几个关键的“变量”，并以此来开展研究。无论是描述、解释不同现象之间的相关关系，还是挖掘某些核心变量之间的因果关系；无论是大规模的调查研究，还是严格的实验研究，抑或内容分析、二次分析、现有统计资料分析等，这些定量研究都是围绕着经过简化的、少数的“变量”进行的。

5. 定性研究与定量研究在研究程序上有什么不同？定性研究为什么在研究程序上有很强的灵活性、开放性、变动性？

答：（1）定性研究与定量研究在研究程序上的不同之处

在广义的研究程序层面，定性研究表现出与定量研究明显不同的特征，具体阐释如下：

①定量研究在这种广义的“一般程序”上，具有很强的系统性、固定性、结构性。即各种不同的定量研究方式基本上都严格遵循从选择研究问题开始，经过研究设计、资料收集、

资料分析，最终到达研究结果为止的“标准程序”。

②定性研究却有着很强的灵活性、开放性、变动性。即不同的定性研究方式不仅在具体操作步骤上有所差异，在大的研究阶段上也可能不一致。定性研究通常都不会严格遵循定量研究的“标准程序”，而是随着研究的开展视情况而不断进行修正、调整和反复。

(2)定性研究在研究程序上有很强的灵活性、开放性、变动性的原因

定性研究没有标准的一般程序，实地情况的某些变化、参与观察中研究者的某种体验和感受、资料收集过程中研究者的某些突发奇想，都有可能成为研究者改变和调整研究程序、研究方向，甚至研究目标的触发器。而各种不同的研究方式、研究对象、研究主题，也都会使研究者在实际研究中采取不同策略。所以定性研究在研究程序上有很强的灵活性、开放性、变动性。

6. 如何理解定性研究与定量研究的结合？从社会学、教育学、政治学、管理学、传播学的专业期刊上找几篇二者结合的例子进行分析讨论。

提示：参考风笑天2010年《社会学研究》中《独生子女：媒介负面形象的建构与实证》，论文采用内容分析方法，对大众媒介新闻报道中的独生子女形象做系统解读，通过将相关调查统计结果与媒介构建的形象相比较，发现当前大众媒介所建构的独生子女形象与独生子女在社会中的客观表现之间存在明显差距。同时，论文进一步对媒介新闻的形成方式、叙事逻辑和所用材料进行分析，揭示出大众媒介对独生子女的形象建构存在明显“妖魔化”的倾向。

此题为开放题，可从《社会学研究》等相关社科期刊中选择几篇论文，分析其是如何将定性研究和定量研究相结合的，言之成理即可。

12.3　考研真题与典型题详解

一、概念题

扎根理论(人大2019年研)

答：扎根理论是定性研究方法的一种，是指在经验资料的基础上建立理论，研究者在研究开始之前一般没有理论假设，直接从实际观察入手，从原始资料中归纳出经验概括，然后上升到理论。由经验资料建立的理论称为扎根理论，是一种“事后的解释”。它的建构程序是：①未经研究假设而直接从实际观察入手；②从观察资料中归纳出经验概括；③由经验概括上升到理论。这种方法从观察而不是假设入手，寻求发现模式并自下而上发展理论。其方法基础在于定性资料的归纳与持续比较。扎根理论分为范畴比较、合并分类、划定理论界限与组织理论四个阶段。

二、简答题

试述实地研究、参与观察及民族志的异同。

相关试题：民族志(概念题，华中师大2019年研；中央民大2018年研)

答：(1)实地研究、参与观察及民族志的含义

①实地研究是一种深入研究对象的生活背景，以参与观察和无结构访谈的方式收集资料，并通过对这些资料的定性分析来理解和解释现象的社会研究方式。

②参与观察是研究者深入研究对象的生活背景，在实际参与研究对象日常社会生活的过程中所进行的观察。它是一种非结构性的观察。

③民族志是人类学的一种研究方法，是建立在人群中田外野地工作基础下第一手观察和参与之上的关于习俗的撰写，或者通常说是关于文化的描述，以此来理解和解释社会并提出理论的见解。

(2)实地研究、参与观察及民族志的异同

实地研究、参与观察及民族志的相同之处远多于不同之处。特别是在社会学中，实地研究与参与观察的概念几乎到了可以相互替换的地步。

①参与观察与实地研究之间的关系取决于对“观察”概念所采用的理解。“观察”一词可以有广义和狭义两种不同的理解。狭义上，如果将“观察”仅仅理解成亲自用眼睛去看研究对象生活的环境，那么，这种参与观察就只是实地研究中用来收集资料的一种具体方法。广义上，将参与观察理解为“参与”和“观察”的结合。这里的“参与”即深入研究对象的生活环境，参与研究对象的全部日常生活；这里的“观察”不仅包括亲自用眼睛去看，还包括亲耳所闻，以及访谈、互动、体验和感悟，即包括研究者在实地研究中所进行的各种活动。那么，参与观察和实地研究就是一回事。

②民族志，从其来源看，是人类学家研究社会文化的主要方式。这种特定的研究目标在很大程度上决定了其所使用的方法和途径必须是深入实地的、长时间的、参与互动的。来源于人类学的民族志是一种更为极端的实地研究——它不仅要求研究者在实地生活的时间更长，参与当地社会生活的程度更深，同时其主要的关注点也更多地集中于对当地社会的文化现象进行描述与分析上。

三、论述题

试论述定性方法的哲学基础及方法论争论。(东财2014年研)

答：定性研究方法是指通过参与观察、深入访谈、文献分析等方法对某一社会现象进行深入的调查，并采用分类、比较、归纳、矛盾分析等方法对调查资料进行加工分析，从而对该社会现象的总体有较深入认识的一种研究类型。定性研究强调通过对个案的深入调查而直接深入到纷繁复杂的社会事务中进行深入的考察，在调查过程中强调通过人的主体性去理解研究对象行为及其环境的真实意义，从而直接探寻社会现象的内在本质特征，从个别的、典型的材料中得出普遍性的结论。

(1)定性方法的哲学基础

定性研究基于人文主义的哲学基础，认为社会与自然有本质上的不同，因此不能将自然科学的方法论简单地应用到社会研究中，而应该重视人的主观性，强调通过投入理解的方法来获得对社会现象和人的行为的真实意义的理解。人文科学方法论的主要特征包括：①个案研究，注重具体、独特的现象；②对具体个体的理解、阐释；③深度描述的方法。

(2)定性方法的方法论争论

①主观性的方法(不管是研究者的主观描述和阐释，还是本地人的叙述和阐释)不能提供共识性的东西，也缺乏判断真假、对错的标准和研究规范。

②个案缺乏代表性，由此得出的理论概括缺乏普遍意义和充分理由(扎根理论的局限)。

③阐释方法、深度描述的方法的内在矛盾(“释义学循环”、Emic方法的认识论矛盾)。

第十三章　实地研究

13.1　复习笔记

【视频导学(名师点拨)】

实地研究

扫码看视频导学

【知识梳理(庖丁解牛)】

- 实地研究
  - 实地研究的概念、特征
  - 实地研究的过程
    - 选择研究背景
    - 获准进入
    - 取得信任和建立友善关系
    - 收集资料(观察或访谈)
    - 整理和分析资料
    - 报告研究结果
  - 观察法
    - 观察的概念及类型
    - 参与观察中观察者的角色
    - 参与观察法的优点和缺点
  - 无结构访谈
    - 无结构访谈的含义、类型
    - 无结构访谈的优缺点及注意事项
    - 访谈控制的方法：提问控制、表情与动作控制
    - 集体访谈(座谈会)
  - 实地研究的优缺点

【考点难点归纳(去粗取精)】

考点一：实地研究的概念、特征(见表 13－1)　★★★

表 13 -1　实地研究的概念、特征

要点	具体内容
概念	以参与观察和无结构访谈的方式收集资料，深入研究对象的生活背景，并通过对所收集的资料的定性分析来理解和解释现象的研究方法
特征	①既是定性研究，又是理论建构型的研究。 ②研究者一定要深入研究对象的社会生活环境，且要在其中生活相当长一段时间，靠观察、询问、感受和领悟，去理解所研究的现象，即强调"实地"(基本特征)。 ③从研究方式和资料收集方法上看，其特征是参与观察；从研究背景和对象范围上看，其特征是个案研究

拓展：实地研究的议题与方法

(1)适合实地研究的议题

①实地研究尤其适合在自然情境下研究态度和行为。

②实地研究特别适合跨越时间的社会过程研究。

③实地研究适用于相对有限的时空内发生的社会事件。

(2)扩展的个案方法

波罗威认为在理论和个案研究之间多少存在差异。在他看来，扩展的个案方法还有发现现有理论的缺陷并修改现有理论的目的。波罗威将扩展的个案方法看做是重建、发展理论，而不是证明或者驳斥理论的方式。因此，他寻找观察与既有理论相冲突的方式和"理论缺口和缄默"。

考点二：实地研究的阶段和记录(见表 13 -2)　★★

表 13 -2　实地研究的阶段和记录

要点	具体内容
阶段	①选择研究背景； ②获准进入； ③取得信任和建立友善关系； ④收集资料(观察或访谈)； ⑤整理和分析资料； ⑥报告研究结果
记录	包括参与观察记录和访谈记录，其中，访谈记录可以分两种情况： ①比较正式的、事先约好的访谈。 ②非正式的、偶然的、闲聊式的、非常随便的访谈

考点三：观察法　★★★★

1. 观察的概念及类型(见表 13 -3)

表 13 -3　观察的概念及类型

要点	主要内容
概念	即带着明确的目的，用自己的感官和辅助工具去直接地、有针对性地了解正在发生、发展和变化着的现象(要求观察者对所观察到的事实给出解释，并且要求观察者的活动具有系统性、计划性和目的性)

续表

要点	主要内容
类型	①根据观察中研究者所处的位置或所采取的角色，可分为：a. 局外观察；b. 参与观察。 ②根据观察地点，可分为：a. 实验室观察；b. 实地观察。 ③根据观察方式的结构程度，可分为：a. 结构观察；b. 无结构观察

2. 参与观察中观察者的角色(见表 13－4)

表 13－4　参与观察中观察者的角色

要点		主要内容
作为观察者的参与者(公开的观察者)	概念	即研究者的身份对于所研究的群体来说是公开的，同时研究者又为这一群体所接受，允许他参与他们的成员关系和群体活动，使研究者能够进行观察和研究
	优点	观察者可以以公开身份观察和收集其关心的问题，受到的限制较少
	缺点	观察者的行为、活动常常因受到影响而表现出不正常的情况
完全的参与者(隐蔽的观察者)	概念	即研究者将自己的真实身份隐藏起来，以所观察社区或群体中一个真实成员的身份去参与其中并进行观察(虚伪角色)
	优点	观察者不会打扰研究对象，观察到的内容都是研究对象的真实反应和状态
	缺点	伦理道德问题，即研究者是否有欺骗研究对象的权利

3. 参与观察法的优点和缺点(见表 13－5)

表 13－5　参与观察法的优点和缺点

要点	主要内容
优点	所获得的资料更接近真实状态和情况
缺点	①由于程序的不明确以及观察的不系统，其得到的资料常常缺乏可靠性(即信度)，同时也难以用数量表示，研究结果无法重复。 ②非常依赖观察者的敏感性、领悟能力和互动技巧。 ③很难有比较客观的评价标准(受主观因素的影响很大)

拓展：参与观察法的应用

①采用参与观察方式进行的研究，目的是对现象发生的过程提供直接的和详细的资料，以便对其有比较深入的理解。

②参与观察能否成功很大程度上取决于能否被其所研究的群体接纳，得到所研究的群体中关键人物的支持和帮助常常是研究者获得成功的关键环节。

③在参与观察之初，研究者要尽快“进入角色”，以达到“移情理解”的目的。当要对观察到的现象和行为进行判断、分析和解释时，研究者又要能随时“跳出角色”，重新审视被观察对象的行为表现，发掘其所具有的客观含义，以达到“超脱理解”的目的。

考点四：无结构访谈——深度访谈、自由访谈（见表13－6）★★★

表13－6　无结构访谈

要点	具体内容	
含义	由访谈员与被访者围绕一个主题或范围进行的比较自由的交谈（没有事先设计的问卷，也没有固定的程序）	
优点	①弹性大、灵活性强，它有利于充分发挥访谈双方的主动性和创造性； ②与结构访谈相比，无结构访谈的最大特点是深入、细致	
缺点	①对访谈员的要求比结构访谈的要求更高； ②所得的资料难以进行统计处理和定量分析； ③耗费时间，使得访谈的规模受到较大的限制	
类型	根据访谈的性质划分	①正式访谈：事先有计划、有准备、有安排、有预约的访谈。 ②非正式访谈：实地参与的过程中，随时遇到的、无事先准备的交谈（类似闲聊）
	根据被访对象的数量划分	①个别访谈：由一个访谈员同一个被访者单独交谈，不依据问卷表，只围绕访谈的主题，灵活地询问和交谈 ②集体访谈：将若干个研究对象集中在一起进行访谈
注意事项	①访谈前，要对访谈的主要目标和所要了解的主要内容有一个明确的认识； ②访谈前最好能对被访者的各方面情况和特征尽可能详细地进行了解； ③访谈的时间和地点的确定应该以被访者方便为主要原则； ④访谈时，要有恰当的开场白； ⑤开始访谈时，访问员的表现对资料的信度有着重要影响； ⑥在被访者回答问题的过程中，访问员应当认真聆听，做好笔记； ⑦应当掌握正确的记录方法	

考点五：实地研究的优缺点（见表13－7）★★

表13－7　实地研究的优缺点

要点	主要内容
优点	①适合在自然条件下观察和研究人们的态度和行为； ②效度较高； ③方式灵活（弹性大）； ④适合研究现象发展变化的过程及其特征
缺点	概括性差、信度低、对研究对象有影响、非常耗时、存在伦理问题

13.2　课后习题详解

一、基本概念

1. 实地研究

答：实地研究是指一种深入研究对象的生活背景，以参与观察和无结构访谈的方式收集资料，并通过对这些资料的定性分析来理解和解释现象的社会研究方式。它是一种定性研究方式，也是一种理论建构型的研究方式。其基本特征是强调“实地”，即研究人员一定要深入研究对象的社会生活环境，而且要在其中生活相当长一段时间，依靠观察、询问、感受和领悟，去理解所研究的现象。研究者所获得的资料并不限于已记录下的材料，它还包括现场的体验和感性认识。按照不同的标准，可将实地研究区分为参与观察、个案研究等。

2. 观察

答：观察指的是带着明确的目的，用自己的感官和辅助工具去直接地、有针对性地了解正在发生、发展和变化着的现象。与日常生活中的观察不同，它是有目的、有计划的，并要求观察者对观察结果作出系统描述和实质性解释。有效的观察，需有明确而具体的观察目的，以及关于所观察对象的一定预备知识，对客观事物的分析和综合能力，记录和整理材料的具体方法等。

3. 实验室观察

答：实验室观察，指在备有各种观察设施的实验室内，对研究对象进行的观察。在社会学研究中，由于受到研究对象的限制，多半局限于对儿童进行的观察研究。由于实验室观察有一定的条件要求，且观察的范围和对象又要受到一定的局限，所以在社会研究中采用此法的很少，而在心理学以及社会工作研究中经常使用。

4. 实地观察

答：实地观察，指在现实生活场景中所进行的观察。实地研究人员在研究中采用的主要是这种类型的观察。实地观察与实验室观察的区别除了地点或场景的不同外，还体现在它通常是一种直接的、不借助其他工具或仪器的观察。从实际情况看，大部分的实地观察是一种无结构的观察，尽管它也可以是结构式的。

5. 非参与观察

答：非参与观察，又称局外观察，即观察者处在被观察的群体或现象之外，完全不参与其活动，尽可能地不对群体或环境产生影响。形象地说，局外观察就是“冷眼旁观”或“坐山观虎斗”。

6. 参与观察

答：参与观察就是研究者深入研究对象的生活背景，在实际参与研究对象日常社会生活的过程中所进行的观察。它是一种非结构性的观察。这种方法是人类学家研究原始的非本族文化时最常用的一种方法。

7. 结构观察

答：结构观察指的是按照一定的程序、采用明确的观察提纲或观察记录表格对现象进行的观察。它与结构访谈的形式有点相似。通常，结构观察多采取局外观察的方式进行。

8. 无结构观察

答：无结构观察指的是没有任何统一的、固定不变的观察内容和观察表格，完全依据现象发生、发展和变化的过程所进行的自然观察。它与无结构访谈的特征相类似。它可能是全面观察，也可能是观察某些方面的内容，主要依靠具体观察者的感官和主观描述，这种主观描述不是以数量表示的，也不是标准化的，很难相互对比。

9. 完全参与者

答：完全参与者是指完全按照背景中的一个真实成员角色来行动，扮演着社会背景中的一个完全真实的角色，而其真正的作为研究者的身份则不被其他人所了解。因此，他是一个隐蔽的观察者。完全参与者的角色要求研究者涉入背景中，隐藏其观察者的身份，尽可能自然地行动，寻求完全成为群体的成员。

10. 作为观察者的参与者

答：作为观察者的参与者，扮演着公开的观察者的角色，研究人员的身份对于所研究的群体来说是公开的，同时研究人员又为这一群体所接受，允许他参与他们的成员关系和群体活动，使研究人员能够进行观察和研究。即从一开始，群体成员就知道观察者的身份，然后观察者努力与群体中的成员建立密切的关系。这种角色意味着观察者既可以在活动中通过参与进行观察，也可以通过向群体成员询问来了解正在发生的事情的各个方面。

11. 无结构访谈

答：无结构访谈又称深度访谈或者自由访谈，是指不依据事先设计的问卷和固定的程序，而是只有一个访谈的主题或范围，由访谈员与被访者围绕该主题或范围进行比较自由的交谈。无结构访谈适合于并主要应用于实地研究。

12. 正式访谈

答：正式访谈是实地研究中的无结构访谈的一种，是指研究者事先有计划、有准备、有安排、有预约的访谈。正式访谈前，访问者应做好充分的准备、拟定好询问提纲，这种提纲中列出了一些根据研究文献和研究者个人经验认为应该了解的问题。但提纲通常只起到某种提示作用，访谈的实际进程仍有相当大的灵活性与变化性。

13. 非正式访谈

答：非正式访谈是指研究者在实地参与研究对象社会生活的过程中，随时碰上的、无事先准备的、更接近一般闲聊的交谈。这种非正式的访谈没有预先制定的计划，交谈的进程不由研究者严格控制，交谈内容也不是完全根据研究者的研究目标决定，只能随具体的谈话情景、谈话对象而定。所以一般情况下研究者只能因势利导、见机行事。

二、复习思考题

1. 实地研究中有哪几个主要的阶段？为什么取得信任和建立友善关系特别重要？

答：(1)从实施的程序上看，实地研究通常可分为以下几个主要的阶段：

①选择研究背景。研究人员要根据客观条件和所研究的问题情况，尽量选择与观察类型相适应的背景。

②获准进入。研究人员要通过一些关键人物或中间人的帮助，获得正式、合法、顺利进入实地的便利条件。

③取得信任和建立友善关系。研究人员能否获得研究对象的信任并与之建立友善的关系，一定程度上决定着实地研究的成败。

④收集资料(观察或访谈)。

⑤整理和分析资料。

⑥报告研究结果。

(2)取得信任和建立友善关系特别重要，其原因在于，研究人员能否取得当地人的信任并与之建立友善的关系，一定程度上决定着实地研究的成败。研究人员获准进入，只是形式上的“进入”，要想得到真实的资料，必须经过与当地人的交流沟通才能获得，这需要建立信任及友善的关系。

2. 观察有哪几种类型？各种不同类型的观察具有什么特点？

答：(1)根据观察地点的不同，可将观察分为实验室观察与实地观察。

①实验室观察，指在备有各种观察设施的实验室内，对研究对象进行的观察。在社会学研究中，由于受到研究对象的限制，多半局限于对儿童进行的观察研究。由于实验室观察有一定的条件要求，且观察的范围和对象又要受到一定的局限，所以在社会研究中采用此法的很少，而在心理学以及社会工作研究中经常使用。

②实地观察，指在现实生活场景中所进行的观察。实地研究人员在研究中采用的主要是这种类型的观察。实地观察与实验室观察的区别除了地点或场景的不同外，还体现在它通常是一种直接的、不借助其他工具或仪器的观察。从实际情况看，大部分的实地观察是一种无结构的观察，尽管它也可以是结构式的。

(2)根据观察中研究者所处的位置或所采取的角色不同，可将观察分为局外观察与参与观察。

①局外观察，又称非参与观察，即观察者处在被观察的群体或现象之外，完全不参与其活动，尽可能地不对群体或环境产生影响。最理想的局外观察是观察者隐蔽起来，让被观察者一点也察觉不到研究者正在观察他们。这种观察方法常用来研究儿童的行为，或用于研究公共场合或闲暇活动中人们的行为。在一项研究的最初阶段，研究者有时也采用这种观察方法去了解最基本的情况，以便形成问题的焦点或者研究的假设。

②参与观察，指研究者深入研究对象的生活背景，在实际参与研究对象日常社会生活的过程中所进行的观察。它是一种非结构性的观察。参与观察的研究人员通常不是从对研究主题的先验印象和一整套测量工具开始，而是经常在收集资料的过程中形成他们的概括与方法论，他们依靠的是研究对象对其“文化”的解释和理解。研究人员开始是带着问题到实地去，寻求资料和“理论性的解答”。

(3)根据观察方式的结构程度不同，可将观察分为结构观察与无结构观察。

①结构观察，指按照一定的程序、采用明确的观察提纲或观察记录表格对现象进行的观察。结构观察多采取局外观察的方式进行。其观察的内容是固定的，并设计严格的记录表格，对资料进行准确的分类、记录、编码。因而其结果可以用来进行定量分析。

②无结构观察，指没有任何统一的、固定不变的观察内容和观察表格，完全依据现象发生、发展和变化的过程所进行的自然观察。无结构观察多采用参与观察的方式进行，其观察的结果不具有统一的形式，所得资料通常只能进行定性分析。这种无结构的观察是实地研究中最主要的观察方式。

3. 实地研究中的访谈与调查研究中的访谈有什么不同？实地研究中这种无结构访谈的主要优点是什么？相比之下，哪种访谈对研究者的要求更高？为什么？

答：(1)实地研究中的访谈通常是一种无结构访谈，有时甚至只是一般的、随意的闲聊，而调查研究中的访谈则是结构性访谈。二者的差别如下：

①结构访谈要求在访谈过程、访谈内容和访谈方式等方面都尽可能统一，做到标准化。无结构访谈与结构式访谈相反，其没有事先设计好的问卷，没有固定的程序，而只有一个访谈的主题或范围，由访谈员与被访者围绕这个主题或范围进行比较自由的交谈。

②结构访谈获得的资料便于进行统计处理和定量分析，无结构访谈所获得的资料难以进行统计处理和定量分析。

③结构访谈无法了解更加具体、更加详细的资料，无结构访谈可以获得丰富生动的定性资料。

(2)实地研究中，无结构访谈的主要优点是弹性大、灵活性强，它有利于充分发挥访谈双方的主动性和创造性。与结构访谈相比，无结构访谈的最大特点是深入、细致。

(3)相比之下，无结构访谈对访谈者的要求更高，因为无结构访谈的控制是访谈过程中最重要、最难掌握的工作任务，访谈者必须能够充分发挥访谈双方的主动性和创造性，引导和适当控制访谈对象，达到访谈目的。

4. 参与观察与非参与观察之间的差别是什么？在实地研究中，哪种观察更为常见？

答：(1)参与观察与非参与观察之间的差别在于，参与观察中，研究者要深入到所研究对象的生活背景中，实际参与研究对象的日常社会生活。非参与观察中，研究者处在研究对象的群体或现象之外，完全不参与其活动。

(2)在实地研究中，参与观察更为常见。

参与观察为获得社会现实的真实图像提供了最好的方法，研究者往往能够直接地、真切地感受被观察者的思想情感和行为动机，特别有利于研究者“设身处地”地“理解”被观察者。同时，实地研究中最主要的观察方式为无结构的观察，而无结构观察多采用参与观察的方式进行。因此在实地研究中，参与观察更为常见。

5. 如果要进入一个正式组织(如医院)、一个公共场合(如火车站)，以及一个私人背景(如家庭)开展实地研究，请你分别描述三种不同的获准进入的方式。

答：(1)进入一个正式组织(如医院)进行研究，可以采用一个正式的、合法的身份，通过研究者单位及组织的介绍信，取得这个正式组织的认可后进入。

(2)进入一个公共场合(如火车站)，可以采取直接进入的方式进行观察研究。

(3)进入一个私人背景(如家庭)开展实地研究，可以通过生活在研究对象所在社区的“关键人物”或“中间人”的帮助，他们既认识研究者(是研究者的朋友、亲戚更好)，同时又认识研究者所希望研究的那些研究对象。总之，他们能够十分便利地将研究者“带入”研究对象的生活世界。

6. 如果一个高等院校以外的年轻的研究者希望以实地研究的方式研究大学生中的小群体及其活动，你觉得他应该如何进入你们的圈子？应该以什么样的方式与大学生接触？

答：高等院校以外的研究者在对大学生进行研究时，遇到的主要问题是如何获准进入以及如何与大学生建立友善关系，进而使研究顺利进行。

(1)获准进入

研究人员要通过一些关键人物或中间人的帮助，获得正式、合法、顺利进入实地的便利条件。

(2)建立友善关系

研究人员能否获得研究对象的信任并与之建立友善的关系，一定程度上决定着实地研究的成败。

总而言之，该研究者首先要清楚以上的规则，然后经由一个生活在大学生群体中的“关键人物”的介绍，将研究者“带入”到大学生群体的生活世界中。然后尽快取得大学生的信任，寻找机会，与大学生建立亲密友善的关系。最好在参与大学生的生活过程中，寻找合适的契机，逐渐进入大学生群体，被大学生群体所接受。

7. 一个年轻的研究者希望观察大学生的学习生活，以了解当今大学生的学习动力和就业倾向。他可以采取哪些不同的观察方法？每种方法各有什么利弊？

答：该研究者可以采取的方法包括实地观察、非参与观察、参与观察、结构观察和无结构观察等方法。不同方法的具体内容及其利弊如下：

(1)实地观察，即研究者到一个大学校园中进行实地观察。

实地观察的优点和缺点，具体参见本章考研真题与典型题论述题第3题答案。

(2)非参与观察，又称局外观察，即研究者处于大学生群体之外，完全不参与其活动，尽可能不对大学生群体产生影响。

①非参与观察的优点

观察者处在被观察的群体或现象之外，完全不参与其活动，尽可能地不对群体或环境产生影响。最理想的局外观察是观察者隐蔽起来，使被观察者察觉不到有研究者正在观察他们。

②非参与观察的缺点

研究者不参加被调查者的任何行动，有时候不能够完全理解被调查者的心态和内在行为原因。

(3)参与观察，即研究者深入到大学生的生活背景中，在实际参与大学生日常社会生活的过程中进行观察。

①参与观察的优点

参与观察导致研究者把他自己的看法和观点强加于他试图理解的那个社会世界的可能性最小，它常常是在“没有先入之见”的情况下进行这种探讨的。因此，它为获得社会现实的真实图像提供了最好的方法。

②参与观察的缺点

a. 参与观察所得到的资料往往缺乏信度(即缺乏可靠性)，作为一种研究方法，其程序不明确，观察不系统，获得的资料难以用数量表示，研究结果无法重复。

b. 参与观察在很大的程度上依赖于观察者的敏感性、领悟能力及互动技巧。

c. 在参与观察的整个过程中，研究者的主观因素的作用和影响很大，观察的结果易受到其主观情感、看问题的角度及思维模式的影响。

(4)结构观察，即研究者按照一定的程序、采用明确的观察提纲或观察记录表格对现象进行的观察。

①结构观察的优点

结构观察的内容是固定的，观察者根据统一的要求，对每一个观察对象进行统一的观察和记录。因而其结果可以用来进行定量分析。

②结构观察的缺点

结构观察的弹性小，灵活性差，不利于充分发挥访谈双方的主动性和创造性。无法了解更加具体、更加详细的资料，也无法对所访谈的问题进行更为深入的讨论。

(5)无结构观察，即研究者没有统一的、固定不变的观察内容和观察表格，完全依据现象发生、发展和变化的过程所进行的自然观察。没有严格界定的观察项目和标准化记录方式的约束，既是无结构观察的优点，也是它的缺点。

①无结构观察的优点

它的优点在于它的弹性。观察者在观察过程中可以表现出足够的灵活性，所收集的资料不会受到事先规定的观察项目和记录标准的干扰和限制，能更深入、全面、客观地收集真实反映事物的本来面目的信息。

②无结构观察的缺点

它的缺点和局限则在于观察过程、观察内容、观察记录会因观察者不同而不同，所收集的资料带有较多的观察者个人色彩，观察结果缺乏必要的信度，难以重复验证。另外，无结构观察所获得的资料没有统一的形式，通常只能进行定性的分析。

8. 试将实地研究的方式与调查研究、实验研究的方式进行比较，说明它们所具有的不同特点，并举出几个适合不同研究方式的例子。

答：(1)实地研究

实地研究是一种深入到研究对象的生活背景中，以参与观察和无结构访谈的方式收集资料，并通过对这些资料的定性分析来理解和解释现象的社会研究方式。

实地研究是一种定性研究方式，也是一种理论建构型的研究方式。实地研究方式的基本特征是强调“实地”，即研究人员一定要深入研究对象的社会生活环境，而且要在其中生活相当长一段时间，依靠观察、询问、感受和领悟，去理解所研究的现象。

(2)调查研究

调查研究是指采用自填式问卷或结构式访问的方法，系统、直接地从一个取自总体的样本中收集资料，并通过对资料的统计分析来认识社会现象及其规律的社会研究方式。其主要特征有：

①要求从被调查总体中抽取一定规模的随机样本，这种随机、有相当规模的样本特征往往是其他研究方式所不具有的；

②要采用调查问卷收集资料，且有一套系统的、特定的程序要求；

③研究得到的是大量可以量化的资料，且必须在计算机的辅助下对资料进行统计分析，才能得出研究的结论。

(3)实验研究

实验是指根据事先拟订的研究假设，通过对研究对象采取某项措施或施加一定的影响，来进行观察、记录、分析，以发现或证实变量间或社会现象间的因果关系的方法。实验的基本目标是决定两个变量之间是否具有因果关系。在实验过程中，研究人员通过引入(或操纵)一个变量(即自变量)，来观察和分析它对另一个变量(即因变量)的影响。

从方法论上看，实验是定量研究的一种特定类型，在检验变量之间的因果关系方面，实验研究具有最强大的力量。实验包括三对基本要素：①自变量与因变量；②前测与后测；③实验组与控制组。

(4)举例

①实地研究，如折晓叶：《村庄的再造：一个超级村庄的社会变迁》；周敏：《唐人

街——深具社会经济潜质的华人社区》；怀特：《街角社会》；利博：《塔利的角落：对黑人流浪者的研究》；斯塔克：《都是我们的亲戚》；林德夫妇：《中镇》。

②调查研究，如风笑天：《青年发展状况调查》；田丰：《中国未婚青年性观念开放程度及影响因素》。

③实验研究，如英克尔斯：《从传统人到现代人——六个发展中国家中的个人变化》。

9．选择一个合适的研究题目，利用暑假开展一个月的实地研究，并将参与观察或自由访谈的经历写成报告，在课堂讨论。

提示：此题为开放题，可根据研究兴趣和实际情况选择研究题目并进行实地研究，记录参与观察或自由访谈的过程及体会，言之成理即可。

13.3　考研真题与典型题详解

一、单项选择题

1．美国社会学家威廉·福特·怀特的《街角社会》主要采用的是哪种研究方法？(　　)(中财2008年研)

A．问卷调查　　B．实地研究　　C．文献法　　D．实验法

【解析】《街角社会》主要采用的是实地研究的调查方法。它是采用实地研究方式中参与观察方法的典型案例。实地研究是一种深入研究对象的生活背景，以参与观察和无结构访谈的方式收集资料，并通过对这些资料的定性分析来理解和解释现象的社会研究方式。《街角社会》描述了在意大利贫民区“科纳威里”的研究发现，怀特在长期的观察中，收集了丰富生动的资料，得出了有关群体结构与个体表现之间关系的一系列结论。

2．非介入性研究的一个突出特点是不直接观察或接触社会成员，因此不会出现霍桑效应，下列不属于非介入性研究方式的有(　　)。(中财2009年研)

A．内容分析　　B．局外观察　　C．痕迹测量　　D．深度访谈

【解析】霍桑效应是指那些意识到自己正在被别人观察的个人具有改变自己行为的倾向，即当人们在意识到自己正在被关注或者观察的时候，会刻意去改变一些行为或者是言语表达的效应。而非介入性研究不会直接接触成员，不会改变成员的表现和行为。内容分析、局外观察、痕迹测量都属于非介入性研究。D项，深度访谈又称无结构访谈或者自由访谈，它由访谈员与被访者围绕一个主题或范围进行比较自由的交谈，通过研究者主观的、洞察性的分析，从中归纳和概括出某种结论，因此，深度访谈属于一种介入研究。

二、多项选择题

实地研究中，根据参与的程度和方式的不同，可以把观察者的角色分成(　　)。(中财2008年研)

A．完全的观察者　　B．作为参与者的观察者
C．作为观察者的参与者　　D．完全的参与者
E．线人

【解析】戈尔德根据参与的程度和方式的不同，将在实地研究中的观察者的角色分为四

1B　2D　▎　ABCD

种：①完全的观察者；②作为参与者的观察者；③作为观察者的参与者；④完全的参与者。

三、概念题

1. 实地研究（广西民大 2018 年研；南航 2017 年研；重庆工商 2017 年研；华中农大 2016 年研；山东大学 2015 年研）

答：参见本章课后习题基本概念第 1 题答案。

2. 观察法（山东大学 2016 年研）

答：观察法是指通过直接感知和直接记录的方式，获得由研究目的和研究对象所决定的一切有关的社会现象和社会行为的资料的方法。它是对某个对象、某种现象或事物有计划的知觉过程。与日常生活中的观察不同，它是有目的，有计划的，并要求观察者对观察结果作出系统描述和实质性解释。

3. 参与观察（北师大 2024 年研；石河子大学 2024 年研；华中农大 2012 年研；武大 2011 年研）

相关试题：参与式观察（南京大学 2025 年研；北师大 2008 年研）

答：参见本章课后习题基本概念第 6 题答案。

4. 非参与观察（中央民大 2019 年研）

答：参见本章课后习题基本概念第 5 题答案。

5. 结构观察（河北大学 2017 年研）

相关试题：结构观察与无结构观察（辨析题，华中师大 2018 年研）

答：参见本章课后习题基本概念第 7 题答案。

6. 无结构观察（南航 2017 年研；安师大 2015 年研）

答：参见本章课后习题基本概念第 8 题答案。

7. 深度访谈（中财 2008 年研）

相关试题：

(1) 无结构访谈（吉林大学 2018 年研；华中农大 2018 年研）

(2) 深度访问（山东大学 2017 年研；江西师大 2016 年研）

答：深度访谈是指通过访谈进行深层追寻以探究受访者的内心世界的方法。访问者事先确定访谈的要点，在与受访者自由交谈的过程中努力捕捉时机，把问题逐步引向深入，以了解受访者的内在动机和情感，及其对具体事物的真实态度和看法。

8. 集体访谈（南京大学 2025 年研；西北师大 2015 年研）

答：集体访谈又称座谈会，是指调查者邀请若干被调查者，通过集体座谈、开会的方式了解社会情况或研究社会问题的调查方法。一般由调查团队的一名或几名调查员主持，与公众进行座谈，以了解他们的意见和看法。集体访谈的最大特点是，访谈过程中不仅存在着访谈员与被访者之间的社会互动，同时还存在着不同的被访者相互之间的社会互动。集体访谈是一种了解情况快、工作效率高、经费投入少的调查方法，但对调查员组织会议能力的要求很高。另外，它也不适合调查某些涉及保密、隐私、敏感性的问题。

四、判断并改错题

美国著名社会学家威廉·福特·怀特所进行的“街角社会”调查是参与观察法的典范，在怀特使用的参与观察法中其角色属于“完全的参与者”。（中财 2012 年研）

答：错误。正确表述为：

美国著名社会学家 W. F. 怀特的《街角社会》，被称为以参与观察方式进行研究的一个经典实例，在怀特使用的参与观察法中，其角色属于“作为观察者的参与者”，即公开的观察者的角色。怀特的身份对于所研究的群体来说是公开的，同时又为这一群体所接受，他们允许怀特参与他们的成员关系和群体活动，使他能够进行观察和研究。而“完全的参与者”或隐蔽观察者的角色，是指研究者将自己的真实身份隐藏起来，而以所观察社区或群体中一个真实成员的身份去参与其中并进行观察。

五、简答题

1. 简述实地研究的过程。（中财 2018 年研）

相关试题：实地研究分哪几个主要阶段？（华中农大 2015 年研）

答：实地研究的过程具体如下：

(1)选择研究背景

研究人员要根据客观条件和所研究的问题情况，尽量选择与观察类型相适应的背景。

(2)获准进入

研究人员要通过一些关键人物或中间人的帮助，获得正式、合法、顺利进入实地的便利条件。

(3)取得信任和建立友善关系

研究人员能否获得研究对象的信任并与之建立友善的关系，一定程度上决定着实地研究的成败。

(4)收集资料(观察或访谈)

可以采用局外观察和参与观察的方法，或访谈的方法收集研究所需资料。

(5)整理和分析资料

对获得的现场笔记进行有序整理，可采用定性、定量方法进行分析。

(6)报告研究结果

研究人员将研究的结果形成正式的报告文件，以供其他人参阅。

2. 简述参与观察与非参与观察的差异。（中南财大 2010 年研）

相关试题：参与观察与非参与观察之间的差别是什么？在实地研究中，哪种观察更为常见？（暨南大学 2018 年研）

答：参见本章课后习题复习思考题第 4 题答案。

3. 如何理解“作为观察者的参与者”与“作为参与者的观察者”？（北科大 2009 年研）

相关试题：什么是“作为参与者的观察者”？举例说明。（浙大 2009 年研）

答：(1)“作为观察者的参与者”或公开的观察者的角色，是指研究人员的身份已经为研究对象所知，同时又为这一群体所接受，允许研究人员参与他们的成员关系和群体活动，使研究人员能够进行观察和研究。该方式的典型例子是美国社会学家怀特所做的“街角社会”的研究。在这个研究中，他成为当地一个青少年帮派成员的朋友，但同时又没失掉他研究人员的身份，即那个青少年帮派的成员知道他是一个研究人员，但仍然接纳他从事观察和研究。

(2)“作为参与者的观察者”，在这一角色中，研究人员主要是一个访问者，虽有一些观察，但却不会包含任何的参与。作为参与者的观察者的角色不参与所研究的活动中，但是研究人员的身份对于研究对象来说是公开的。例如，有关警察部门的人类学研究经常采取这种类型的角色。因为出于法律的考虑以及会干扰正常警务的原因，进行参与的机会非常少。

4. 在实地研究的参与观察中，观察者的角色主要包括哪几种？请分别简要地予以说明。

相关试题：

(1)参与式观察的四种角色说。(人大2018年研)

(2)论述参与观察中参与者的角色。(湖南师大2016年研)

(3)在实地研究的参与观察中，观察者可以采取怎样的角色？各自的优缺点是什么？(中财2009年研)

答：在实地研究的参与观察中，根据不同社会学家的分类标准，有关观察者的角色的各种观点可以分为“四种角色说”“三种角色说”和“两种角色说”。

(1)“四种角色说”

戈尔德提出了“四种角色说”，将观察者分为四种角色：

①完全参与者。完全参与者扮演着社会背景中的一个完全真实的角色，而其真正的作为研究者的身份则不被其他人所了解。因此，他是一个隐蔽的观察者。

②作为观察者的参与者。该角色与完全参与者一样，但社会背景中的人们知道研究者作为研究者的身份。研究者与周围的人进行正常的互动，参与他们的日常生活，在这种互动和参与中进行观察。

③作为参与者的观察者。在该角色中，研究者主要是一个访问者，虽然有一些观察，但却不会包含任何的参与。

④完全观察者。研究者不与背景中的人们互动。人们根本就不知道研究者的存在。

(2)“三种角色说”

①查姆布里斯和舒特提出的三种角色

a. 完全参与的角色。这种角色完全按照背景中的一个真实成员角色来行动，研究是隐蔽的或秘密的，其他的成员都不知道这个研究者正在进行研究。

b. 参与和观察混合的角色。大多数研究者采取一种在现场，包括某些主动地参与的角色。通常他们会将自己的研究兴趣告诉群体中的部分成员，然后参与足够多的群体活动来发展与群体成员之间的关系，获取群体成员所经历的直接感觉。

c. 完全观察的角色。在该角色中，研究者试图在事件发生时观察它们，而不会主动参与事件。

②甘斯提出的三种角色

a. 完全的参与者。研究人员完全涉入所研究的背景中，一旦情景显现时，他必须马上恢复研究人员的立场，写下记录。

b. 参与的研究者。研究者参与一种情景但只是部分卷入，因此他能够在整个情景发展过程中充分地作为研究者来工作。

c. 完全的研究者。这种角色强调在情景中进行观察但没有参与。当采取这种角色时，研究者不参与到事件的过程中。

这些角色可以同时存在于任何项目中。实地研究过程的不同阶段可以选择三种不同的角色服务于不同的目的。

(3)“两种角色说”

①巴比的“两种角色说”

a. 完全参与者。完全参与者可能是研究情境下的真正参与者或可假装是真正的参与者。

b. 完全观察者。完全观察者是在任何情况下观察社会过程都不成为其中一部分。

②两位纳克米亚斯的“两种角色说”

a. 完全参与者。在完全参与者这种角色中，观察者是完全隐蔽的。研究对象不知道自己在被观察，研究者也企图成为研究对象的一员。完全参与者尽可能地在其所感兴趣的和所能接近的各个日常生活领域中与被观察者发生互动。

b. 作为观察者的参与者。观察者参与被观察群体的活动，而且告知被观察群体自己的真实身份和研究目的。研究者作出成为群体积极成员的长期承诺，并努力与该群体的成员建立起密切的关系，这一群体的成员后来就成为信息提供者和回答者。

5. 何为深度访谈？对于实地研究中的深度访谈来说，应该注意哪些方面？（中央民大2024年研；中财2012年研）

相关试题：

(1)进行无结构访谈应注意哪些方面？（广西民大2017年研）

(2)在实地研究中进行无结构访谈，应该注意哪些方面？（中财2015年研）

(3)什么是无结构访谈法，运用无结构访谈法时应注意哪些问题？（南林2015年研）

答：(1)深度访谈的含义

深度访谈是指通过访谈进行深层追寻以探究受访者的内心世界的方法。访问者事先确定访谈的要点，在与受访者自由交谈的过程中努力捕捉时机，把问题逐步引向深入，以了解受访者的内在动机和情感，及其对具体事物的真实态度和看法。

(2)在实地研究中进行深度访谈需要注意的方面

①访谈准备

a. 根据访谈目的和主题，确立访谈提纲。

b. 寻找符合要求的访谈对象，预约访谈时间和地点，访谈者事先要对被访者有必要了解，以便应对访谈中可能出现的各种情况。

c. 对访谈人员进行培训，使其熟悉访谈主题，明确访谈目的，掌握一定的访谈技巧。

②访谈过程

a. 营造融洽的气氛，使被访谈者感到访谈是平等、可信任、安全的。

b. 从访谈提纲延伸开去，访谈要从半结构化走向开放。

c. 访问者要倾听、引导、追问，指引谈话方向。

d. 做好访谈记录，记录方式需征得被访者同意，交流中应不时记录关键词。

③访谈结果

a. 发现重要问题遗漏、不清楚或需要更深入的了解，可以联系被访者进行回访。

b. 根据访谈资料客观地分析访谈结果，得出访谈结论。

6. 简述无结构式访问的优点及其适用性。（山东大学 2018 年研）

答：无结构式访问又称非标准化访问，是一种半控制或无控制的访问。因此与结构式访问相比，它并不事先准备统一的访问问卷和提问的程序，而是大致确定一个题目和访问的内容后，由访问者与被访问者自由交谈，并根据情况来不断调整访问的内容和方式。

（1）无结构式访问的优点

无结构式访问的弹性大，能充分发挥访问者与被访问者的积极性，访问的双方可围绕访问的主题进行深入广泛的交谈。在这种交谈中，被访问者提供的许多想法和事情往往是调查者所不曾料到甚至是被访者自己也不曾意识到的，从而给调查者以很大启发，使之找到研究的新思路或提出新的研究问题。因此无结构式访问常常用于探索性研究，用于提出假设和建构理论。

（2）无结构式访问的适用性

无结构访问中的访问者能对问题做全面、深入的了解。无结构式访问的过程，不仅是收集资料的过程，同时也往往是评价解释资料的过程。它一般被用于深入了解只按表面程式抓不住的复杂事实，从而可以分析如动机、态度、价值观念、思想等无法直接观察的问题。

7. 分析观察法使用中产生观察误差的原因。（南师大 2015 年研）

答：观察法中产生的观察误差既可能来自观察主体，也可能来自观察客体。观察者偏差是一种自我—他人的归因偏差现象，是指观察者自己的动机、期望和先前经验等因素妨碍了观察的客观性。对于观察误差的产生原因的分析如下：

（1）从观察的主体，即观察者的角度来看，观察误差产生的原因主要包括：

①观察者的立场、观点、方法不同，观察同一对象的感受与结论就会不同。观察者在世界观与方法论上的一些缺陷，有可能会造成观察误差。

②观察者的知识水平与结构不同，实践经历与经验不同，观察问题的参照物会有不同，因而对于同一对象的观察重点与结果会产生较大差异。

③观察者的兴趣、需要和情绪等心理因素会对观察结果产生一定影响。当观察者过于兴奋喜悦，或过于紧张有压力时，也会出现观察误差。

④观察者各种感官的感受能力在生理上具有一定的局限性。当观察者在观察过程中，其感觉器官产生错觉时，会导致观察误差。

（2）从观察的客体，即观察对象的角度来看，观察误差产生的原因主要包括：

①由于客观事物发展不成熟，其本质未能通过现象充分暴露出来，往往是边发展、边调整，一旦无法捕捉这些变化，就有可能造成观察误差。

②观察活动引起的被观察者的反应性心理和行为，也有可能造成反应性观察误差。被观察者在得知自己被观察时，会进行一定程度上的印象管理，这种反应也许并无欺骗观察者的动机，但还是与其真实的一面有些差距，从而导致观察误差的出现。

③人为的假象。

六、论述题

1. 问卷调查法和实地研究法是社会学调查研究中最为常用的两种经验研究方式，请从适用范围、所使用的具体方法、资料分析方法、与理论的关系等方面对这两种研究方式进行比较分析。（中财2012年研）

答：(1)问卷调查法与实地研究法的含义

①问卷法是目前国内外社会调查中较为广泛使用的一种方法。问卷是指为统计和调查所用的、以设问的方式表述问题的表格。问卷法就是研究者用这种控制式的测量对所研究的问题进行度量，从而搜集到可靠的资料的一种方法。

②实地研究法是定性研究中最为重要的研究方法。实地研究是指一种深入研究对象的生活背景，以参与观察和无结构访谈的方式收集资料，并通过对这些资料的定性分析来理解和解释现象的社会研究方式。实地研究中用来收集资料的主要方式有观察和访谈两种。实地研究可以说是参与观察与个案研究的合称。

(2)问卷调查法与实地研究法在适用范围上的差异

①问卷调查的适用范围主要包括：

a. 社会生活状况调查，通常是对某一时期、某一地区或某一社会群体的社会生活状况进行的调查。

b. 社会问题调查，即针对社会中所存在的各种社会问题进行系统的调查，找出问题的症结，为解决社会问题提出建议。

c. 市场调查，即为了解市场规模、拓宽商品的销路，围绕某类产品或某种商品市场占有率、顾客购买情况、商标宣传效果等等所进行的调查。

d. 民意调查，即对社会民众的意见、态度、意识等主观意向进行的调查。

e. 学术性调查，即广泛应用于社会学、人口学、经济学等社会科学的调查。这类调查的目的是对某类社会现象所具有的一般规律或普遍法则进行探索和研究。

②实地研究法的适用范围主要包括：

a. 在自然条件下观察和研究人们的态度和行为。特别适合那些不便于或者不可能进行简单的问卷调查的社会现象和问题。对于人们的情感通常不宜将其归纳成可以输入计算机的数字，而是要通过人对人的观察，作出主观的估价，并以文字方式详细记录。

b. 研究现象发展变化的过程及其特征。由于实地研究不仅要深入实地，而且要在当地生活相当长的一段时间，因而对于研究社会现象的发展变化过程来说，是一种较好的方式。尤其是在对个人或小群体的研究中，这种优点更为明显。

(3)问卷调查法与实地研究法在所使用的具体方法上的差异

①问卷调查法用来收集资料的主要工具是问卷，它在形式上是一份精心设计的问题表格，其用途则是用来测量人们的行为、态度和社会特征。问卷往往都包含这样几个部分：封面信、指导语、问题、答案、编码等。

②实地研究用来收集资料的主要方式有观察和访谈两种。包括非正式的、随生活环境和事件自然进行的各种观察、旁听和闲谈，也包括正式的采访、座谈和参观等。

a. 观察是指带着明确的目的，用自己的感官和辅助工具去直接地、有针对性地了解正在发生、发展和变化着的现象。

b. 实地研究中的访谈通常是一种无结构访谈，即通常这种访谈都只有一个访谈的主题或范围，由访谈员与被访者围绕这个主题或范围进行比较自由的交谈。

(4)问卷调查法与实地研究法在资料分析方法上的差异

①问卷调查研究一般使用定量的资料分析方法，通常是在研究者收集了全部的资料并将它们变成数字和输入计算机后才开始进行的，在对资料进行分析时使用专门的、标准化的资料分析程序和技术。并且，这种分析程序和技术在不同的社会研究项目之间是一样的，即假设检验的模式和统计分析方法没有什么变化。

②实地研究通常使用定性资料分析的方法，它很少有标准化的分析程序或技术。不同方式、不同视角的定性研究需要采取各种不同的资料分析类型。由于定性研究的内在逻辑是归纳的，即是从具体到抽象、从特殊到一般的。因此，研究者在开始从事一项具体研究时，往往无法预料整个资料分析过程的各个细节，他通常只能有个大概的估计，而最终每个研究者所走过的分析过程也不会完全相同。

(5)问卷调查法与实地研究法在与理论的关系上的差异

①在问卷调查研究中，研究者遵循价值中立的原则。问卷是调查研究中用来收集资料的主要工具，它是一份精心设计的表格，用来测量人们的行为、态度等社会特征。问卷设计要紧紧围绕所研究的变量来进行。既不漏掉一些必需的资料，也不包含一些无关的资料。收集的定量资料分析更多的是通过操纵代表经验事实的数字来检验某种带有变量结构的抽象假设，因此定量资料分析更多的是被用来检验理论。

②实地研究更加注重"人在情景中"。实地研究是一种定性研究方式，也是一种理论建构型的研究方式。其基本的逻辑结构是：研究者在确定了所要研究的问题或现象后，不带任何假设地进入现象或对象所存在或生活的背景中，通过参与观察，收集各种定性资料，在对资料进行初步的分析和归纳后，又开始了进一步的观察和进一步的归纳。通过多次循环，逐步达到对所研究现象和过程的理论概括和解释。在对实地研究中收集的定性资料进行分析时，研究者是在没有变量、没有概念的背景下进行资料分析的，他们往往是通过对经验材料的分析和归纳，通过将经验证据与抽象概念相结合，来提出或创造新的概念和理论。因此，定性资料分析更多地是用来建构理论。

2. 有人分别对一个正式组织、一个公共场合、一个私人背景开展实地研究，却采用了同一种获准进入的方式。请对这样的研究方法进行评析。(北科大 2009 年研)

答：(1)获准进入的含义

获准进入在实地研究中才具有其真正的含义，它是实地研究中非常重要同时也十分关键的一个环节。正式的、合法的身份以及单位或组织的介绍信，并非是能获准进入的保证。研究者要想参与研究对象的实际社会生活，还需要某些"关键人物"或"中间人"的帮助。这些关键人物或中间人就生活在研究对象所在的社区，或者就工作在研究对象所在的单位，他们既认识研究者(是研究者的朋友、亲戚更好)，同时又认识其希望研究的那些研究对象。总之，他们能够十分便利地将研究者"带入"到研究对象的生活世界中。

(2)获准进入方式的评析

对正式组织、公共场合和私人背景的实地研究，采用同一种获准进入的方式是不恰当的，在不同的场合中应该采取不同的获准进入的方式。

①一个正式组织，必须要有正式的、合法的身份以及单位或组织的介绍信。

②一个公共场合，最好要有正式的、合法的身份以及单位或组织的介绍信，也可以采取直接进入的方式进行观察。

③一个私人背景的实地研究，需要有“熟人”身份，以及某些“关键人物”或“中间人”的帮助。

3. 请论述实地研究方式的优缺点。（中财2014年研）

相关试题：

(1)实地研究的特点与过程。（郑州大学2024年研；吉林大学2018年研）

(2)简述实地研究的主要优点。（简答题，西北师大2015年研）

(3)简述实地研究的优点。（简答题，东财2014年研）

(4)实地研究方式的主要优缺点有哪些？（南航2013年研）

答：实地研究是一种深入研究对象的生活背景，以参与观察和无结构访谈的方式收集资料，并通过对这些资料的定性分析来理解和解释现象的社会研究方式。

(1)实地研究方式的主要优点

①实地研究适合在自然条件下观察和研究人们的态度和行为。实地研究者寻求的是一种更具有情感性和人文主义类型的资料。这种方式特别适合那些不便于或者不能简单通过问卷调查来研究的社会现象和问题。

②实地研究的效度较高。实地研究的深入观察，设身处地的感受、理解，具有很高的效度。实地研究中的研究者常常列举出生动、详细的实例来说明某一个概念的含义，来揭示现象背后所蕴含的深层次的文化含义。

③实地研究的方式比较灵活，弹性较大。相对于实验研究和调查研究，实地研究的操作程序没有那样严格，需要准备的工作也较少。在研究进行的过程中，可以随时修正研究的目标和设计。对于不同的研究背景或不同的研究对象，具体操作也比较灵活。

④实地研究适合研究现象发展变化的过程及其特征。由于实地研究不仅要深入实地，而且要在实地生活相当长的一段时间，因此对于研究社会现象的发展变化是一种较好的方式。尤其是在对个人或小群体的研究中，这种优点更为明显。

(2)实地研究方式的主要缺点

①实地研究的概括性较差。实地研究所得到资料大多是定性资料，很多情况下是以某个个案为研究对象，获得的资料既难以进行定量分析，也无法概括总体，其所得结论难以推广到更大的范围。

②实地研究的信度较低。实地研究收集资料时主要采用参与观察和无结构访谈的方式，这不能主动控制观察的场景，所得的资料比较琐碎和凌乱，不易系统化。同时它强调研究者的主观作用，强调对所观察的对象进行移情理解，导致其信度难以检验。另外，研究过程中由于时间、地点、人物变动或流失的影响，难以进行重复观察或研究。

③实地研究对研究对象的影响。实地研究者的观察会影响研究对象的行为，造成观察结果失真。

④实地研究所需时间较长。由于参与生活的需要，实地研究方式的周期一般都比较长。通常少则几个月，长则好几年。时间长度对研究者和研究对象都是一个困难。

⑤实地研究的伦理问题。这一问题主要是针对参与观察中隐藏研究者身份的做法提出的。它所包含的实际问题是：第一，研究者有没有为了研究的目的而欺骗研究对象的权利？第二，研究者作为社会的成员，应不应该为了研究而欺骗研究对象？

七、设计题

实地研究是参与观察与个案研究的合称，需要你调查某一村庄的50名留守儿童问题，你如何组织调查，包括调查总体内容、调查指标、调查方法及调查步骤。（暨南大学2017年研）

答：(1)调查题目：关于某村庄50名留守儿童问题的研究。

(2)调查总体内容：

①儿童的主要特征：生理、心理、社会；

②父母与孩子的交流频率；

③留守儿童存在哪些问题。

(3)调查指标和项目：留守儿童的年龄、是否在读、如果在上学成绩如何、与谁生活在一起、平时和谁玩耍、都玩些什么、和同学之间的关系如何、与父母的关系如何、有无斗殴等不良行为、事实监护人是否有能力进行监护、成长环境如何等等。

(4)调查方法：采用实地研究的方法。深入实地参与观察，全面观察留守儿童在该村庄的生活状况，做好访谈，了解其需要和问题，进行个案研究，通过对事物进行深入的洞察，获得非常丰富、生动、具体、详细的资料，能够较好地反映出事物或事件发生、发展及变化的过程，而且能为后来较大的总体研究提供理论假设。

(5)调查步骤：

①选择研究背景。某村庄的50名留守儿童的现象值得关注。

②获准进入。在确定研究的背景、目的等之后，就要通过在留守儿童所生活村庄的某些“关键人物”或“中间人”的帮助获准进入该村庄，能够十分便利地将研究者“带入”到研究对象的生活世界中。

③取得当地人的信任和建立友善关系。经过一段时间的共同生活，与留守儿童及其监护人、老师等建立友善的关系，取得他们的信任。

④收集资料（观察或访谈），同时做好记录。参与观察的记录通常是先看在眼里，然后再记录在本子上。一般必须在当晚进行回忆和记录。白天观察时，尽可能多地记住所观察到的行为、现象、人物和事件，以及关键人物的言行。并且只要有机会，白天就记下提示性的词语、句子或其他记忆线索。到了晚上，再对白天的观察进行回忆并详细记录下来。

⑤整理和分析资料。归纳整理材料，并进行分析。

⑥报告研究结果。根据调查内容和相应的数据形成调查报告。

第十四章　个案研究

14.1　复习笔记

【视频导学(名师点拨)】

个案研究

扫码看视频导学

【知识梳理(庖丁解牛)】

- 个案研究
  - 个案研究的概念与类型
    - 个案与个案研究
    - 个案研究的类型
    - 与个案研究有关的几种定性研究方式
  - 个案研究的特征与设计
    - 个案研究的主要特征
    - 个案研究的设计
    - 个案的选择
  - 个案研究方式的意义与应用
    - 个案研究方式的意义
    - 个案研究方式的应用
    - 个案研究的优缺点
  - 个案研究结果的推广问题：概化问题

【考点难点归纳(去粗取精)】

考点一：个案研究的概念、类型与特征(见表 14－1)　★★

表 14－1　个案研究的概念、类型与特征

要点	主要内容
概念	使用任何合适的方法和资料，对一个(或少数几个)个案进行详细深入的研究
类型	①整体性的个案研究、嵌入性的个案研究； ②斯达克提出的分类：内在的个案研究、工具性的个案研究和集体性的个案研究； ③单个案研究和多个案研究

续表

要点	主要内容
特征	①焦点特别集中，对现象的了解特别深入、特别详细； ②可利用多种不同的资料来源和资料收集手段； ③主要用来提出概念和建构理论，但也可用来检验理论； ④研究结果难以进行概化和推广

拓展：个案研究资料的调查主要包括以下几个部分：相关背景、重大事件、发展历史、社会关系、性格特点(针对个人案例)等。

考点二：个案研究方式的应用(见表14－2)　★★★

表14－2　个案研究方式的应用

要点	主要内容
探索性个案研究	目的在于定义将要研究的问题或假设，或判断预定研究方案的可行性，它常常被看作进一步社会研究的前奏，特别是进行大规模抽样调查的前奏
描述性个案研究	主要是提供对现象及其情境的完整描述
解释性个案研究	提供因果关系的信息，解释事情是如何发生的

考点三：个案研究的优缺点(见表14－3)　★★★★

表14－3　个案研究的优缺点

要点	主要内容
优点	①帮助研究者详细、全面、深入地描述、了解许多特殊的、不寻常的以及目前还不被人们了解和认识的现象； ②由于个案研究所具有的深入性、详细性特征，因而效度也相对更高； ③对各种不同来源的资料的详细描述和分析，可以更好地理解现象之间因果关系的复杂性； ④通过揭示某些典型个案的重要特征，不仅可以发展出对某一类个案更为深入的理解，还可以为经验结果的概念化以及形成相关理论命题提供重要帮助； ⑤适合于对相关的社会过程以及因果机制的细节进行分析探讨； ⑥通过选取特定的个案展开研究和分析，不仅有助于构建新的理论，还可以用来对现有理论进行验证； ⑦个案研究的结果也常常为后续大规模定量研究中相关概念的经验测量提供可靠的基础
缺点	①个案研究的结果通常只能反映所研究的特定个案，很难将研究结论推广到更大的范围； ②相比于实验研究、调查研究来说，个案研究往往缺乏严密的、明确的、固定不变的程序，因而更容易受到研究者主观因素的影响，给研究结果带来偏差； ③个案研究与实地研究一样，在具有较高效度的同时，其信度往往相对较低，即对于同样一个现象或问题，选取不同的个案进行研究时所得到的结果之间往往具有较低的一致性

拓展：个案研究方法应用中的两个关键

(1)研究问题与个案研究方法运用。对于研究方式的选择来说，出发点始终是所要研究的问题。

(2)要特别重视个案的选择。根据回答研究问题的需要来进行个案的选择。

考点四：个案研究结果的推广方式（见表14－4） ★★

表14－4 个案研究结果的推广方式

方式	主要内容
概念化	研究者发展出一个或多个新的概念来解释所研究的某些方面。要发展这种新概念，可能要求那种只有在个案研究中才有可能做到的深入研究
形成命题	研究者基于所研究的个案，提出一个或多个连接个案内概念或因素的命题——这些命题也可以称作假设

拓展：个案的个性与共性

一个个案往往既具有其独有的、在某些方面与其他个案不同的特性，即个性；也具有与其他个案之间在另一些方面的相似性，即共性。关注个案研究结果的推广性，关键在于我们究竟是希望聚焦于特定个案的独特之处，还是聚焦于它与其他个案的相似之处。

14.2 课后习题详解

一、基本概念

1. 个案

答：个案是指一个有界限的系统，或在一个有界限的范围内发生的某种现象。它可以是一个人，也可以是一个家庭或一个群体，或一个社会组织，甚至是一个社区，一个民族乃至一个社会。对这一个社会单位作系统、深入的调查，弄清其来龙去脉，取得理论性或实用性成果，就是个案研究或个案调查。

2. 个案研究

答：个案研究是一种典型的定性研究，是指对研究对象总体中的某个单一元素所进行的调查，比如对某个个体，某个事件，某个单位、组织或集团，或者对某个社区进行的研究。目的主要是为了深刻揭示蕴涵在研究对象中丰富的个体特性和详细的事件发展过程，通过深入的观察或访谈来获得详细、具体和生动的研究资料。

3. 内在的个案研究

答：内在的个案研究是指聚焦于某个特定个案，力图深入、全面、详细地掌握这一个案尽可能多的资料和情况，以理解这一特定个案的复杂性、整体性以及这一个案所处的背景的研究。这类个案研究的主要意义在于对我们暂时无知的现象获得最初的了解和认识。

4. 工具性的个案研究

答：工具性的个案研究是指力图从对特定个案的详细了解和分析中，归纳、总结出某种内在的关系、原因或机理，形成特定的概念和命题的研究，以便为理解这一特定类型的现象提供某种一般性的理论解释，供后续的研究者进行检验和验证。

5. 集体性的个案研究

答：集体性的个案研究又称“多个案研究”，是指通过对多个不同类型个案的深入了解和比较分析，力图能够反映出某一类现象的一般状况的研究，即将对特定个案的研究结果推广到某一类现象身上。这类个案研究中的“多”仅仅是相对于“一个”而言的。并且，这种“多”也是有限度的。从研究的实践上看，这个数量经常处于2～10个之间。

二、复习思考题

1．与其他社会研究方式相比，个案研究方式的突出特征有哪些？

答：与其他社会研究方式相比，个案研究方式的突出特征主要有：

（1）整个研究完全“聚焦于一点”（与其他研究方法的根本区别），这也是个案研究最本质的特征。个案研究将研究的注意力全部集中于一个（或少数几个）特定的个案上。通过对其进行深入、细致、全面、详尽的考察和研究，来达到对这一个案的最好的认识和理解。

（2）充分利用多种不同的资料来源，使用多种不同的资料收集手段，全方位地了解和描述个案。其他研究方式通常只依据某一种资料来源、使用某一种资料收集方法。

（3）个案研究主要用来提出概念和建构理论，但也可以用来检验理论。一般情况是，个案研究用来检验理论时，往往只是对否定理论起到较大作用，即当个案研究的结果与理论不符时，就有理由怀疑理论的正确性。而当个案研究的结果与理论相吻合时，也不能说理论得到了“证明”，而只能说理论得到了这个特定个案的“支持”。

（4）研究结果难以进行概化和推广。个案研究最主要的不足就是个案研究的结果在推广和概化上存在明显局限和困难，通常很难将个案研究中所得到的结果作为普遍的结论进行推广。

2．研究者采用个案研究方式最常见的目的是什么？你怎样理解个案研究方式所具有的意义？

答：（1）个案研究方式最常见的目的有探索、描述和解释三种。

①探索性个案研究。目的在于定义将要研究的问题或假设，或判断预定研究方案的可行性，它常常被看作进一步社会研究的前奏，特别是进行大规模抽样调查的前奏。

②描述性个案研究。目的主要是提供对现象及其情境的完整描述，回答“是什么”的问题。

③解释性个案研究。目的是提供因果关系的信息，解释事情是如何发生的，回答“为什么”的问题。

（2）可以从两个不同角度来认识个案研究方法所具有的方法论意义。

①从研究目标的角度。探讨个案研究究竟能为我们做些什么。在认识和探索社会现象的过程中，研究者选择哪条研究路径、采用哪种研究方式，往往是依据研究所希望达到的目标来决定的。一般来说，个案研究可用于探索、描述和解释三种目的，回答“是什么”和“为什么”的问题。

②从研究策略角度。在社会研究中，研究者往往都会面临这样一种境地，即要从“研究的深度和强度”与“研究的广度和范围”这两个目标之间进行选择和权衡。研究者在研究方法的选择上，往往也要根据研究的问题和研究目标，在二者中作出某种权衡和取舍。从这一点来说，个案研究所具有的方法论意义为：当我们需要对某种社会现象达到详尽了解、深度理解时，当我们需要了解和认识研究对象众多方面的特征时，个案研究就可以为我们提供达到目标的有效途径和方式。

3．社会研究中选取个案的方法主要有哪几种？不同的个案选取方法的目的或作用有什么不同？

答：社会研究中选取个案的方法及其相应的目的或作用如下：

(1)选择典型个案。选择典型个案是研究者在个案研究中使用最多的个案选择方法。这种个案选择方法往往包含着一个潜在的假定，即典型个案在同一类型的个案中具有较好的代表性。这一方法的作用为可以选取更具代表性、更具典型性的个案。

(2)选择极端个案。所谓极端个案，指的是在研究者感兴趣的变量上具有极值的个案。选择极端个案展开研究，往往是为了更好地凸显研究者所关注的焦点问题。

(3)选择反常个案。反常案例分析的目的通常是为了寻求新的尚未被详细阐述的解释。如果研究者选择一个与自己的观点或理论明显"相反"的个案，其所得出的结论的说服力就会更强，对理论的检验效果就会更好。通过将相反的个案与相似的个案进行比较分析，往往可以得出更多的结果，能够解释的现象范围也会更大。

(4)选择拥有丰富信息的个案。即选择那些在研究现象中拥有丰富信息的个案，特别是对于研究来说是关键信息提供者的个案。这种个案选择方法所考虑的主要因素是所选择的个案要拥有丰富的信息。选择它们作为研究的个案，无论是在获得各种相关信息的数量上还是信息的重要性程度上，都会比选择一般个案的效果更好，收效也更大。

(5)选择不同类型的个案。对于多个案研究来说，在个案的选择上研究者除了要依据回答研究问题的需要，按某种标准来考虑外，往往还会考虑到另外一种因素，即个案之间要有利于比较。因此，在选择个案时往往会关注不同类型的典型。选择此种类型的个案，有利于个案之间的比较和分析，找出个案的个性和个案之间的共性。

无论研究所选择的个案是典型的、极端的、反常的或是其他类型的，研究者都必须就做出这样选择的理由给出清楚的说明和解释，并最好有其道理。

4. 个案研究方式在研究资料的收集方面有什么样的特点?

答: 个案研究方式在研究资料的收集方面主要有以下特点:

(1)可以利用多种不同的资料来源。关于个案研究中的资料来源，它们是：文件、档案记录、访谈、直接观察、参与观察和人工实验。虽然个案研究中最经常使用的是参与观察、深度访谈等定性研究方式，但实际上可以采用多种不同性质的资料，比如个人访谈资料、参与观察资料、现有统计资料、现有官方文献、问卷调查资料等。

(2)可以采取多种不同的资料收集手段。为了收集这些不同类型的资料，个案研究中可以采取多种不同的方式，如深度访谈、参与观察、问卷调查、现有统计分析等。因而，在一定意义上，个案研究不完全是一种定性研究方式，尽管其主要特征和大部分的个案研究都是相当定性的。它同样可以利用定量的资料来源，也可以使用诸如现存统计资料分析等定量方式。

当然，具体采用什么方式、收集什么资料，都应围绕研究所要回答的问题特别是围绕研究的焦点来决定。

5. 与其他社会研究方式相比，个案研究方式的主要优点和不足分别是什么?

答: (1)与其他社会研究方式相比，个案研究方式的主要优点

①个案研究可以帮助研究者详细、全面、深入地描述、了解许多特殊的、不寻常的以及目前还不被人们了解和认识的现象，增加人们对这一类现象的认识和理解。

②由于个案研究所具有的深入性、详细性特征，因而它比调查研究等方式的效度相对更高。

③个案研究通过对各种不同来源的资料的详细描述和分析，可以更好地理解现象之间因果关系的复杂性。

④个案研究通过揭示某些典型个案的重要特征，不仅可以发展出对某一类个案更为深入的理解，还可以为经验结果的概念化以及形成相关理论命题提供重要帮助，特别是便于归纳出相关的理论概念、假设和命题。

⑤个案研究特别适合于对相关的社会过程以及因果机制的细节进行分析探讨。

⑥通过选取特定的个案展开研究和分析，不仅有助于构建新的理论，还可以用来对现有理论进行验证。

⑦个案研究的结果也常常为后续大规模定量研究中相关概念的经验测量提供可靠的基础。

(2)与其他社会研究方式相比，个案研究方式的不足

①个案研究的结果通常只能反映所研究的特定个案，很难将研究结论推广到更大的范围。这也是个案研究经常受到责难的地方。

②相比于实验研究、调查研究来说，个案研究往往缺乏严密的、明确的、固定不变的程序，因而更容易受到研究者主观因素的影响，给研究结果带来偏差。

③个案研究与实地研究一样，在具有较高效度的同时，其信度往往相对较低，即对于同样一个现象或问题，选取不同的个案进行研究时所得到的结果之间往往具有较低的一致性。

6. 选择两篇采用个案研究方式进行研究的论文，讨论一下它们的研究结果及其推广问题。

答：(1)论文一：《外语专业本科新生学术素养社会化民族志个案研究》。

该研究采用民族志个案研究方法，探究了5位外语专业本科新生两个学期的学术素养社会化过程和影响因素。

①研究结果。a. 外语专业本科新生的学术素养社会化具有阶段性，前一阶段为后一阶段奠定基础；b. 外语专业本科新生的学术素养社会化受宏观、中观及微观因素的影响，3个层面相互作用，其中宏观环境是总控，通过中观的学校、课堂环境对微观个体产生影响。个体能动性是学术素养社会化的动力源。

②研究结果的推广性。该研究选取了5位外语专业本科新生，探讨了其学术素养社会化过程和影响因素，得出的结论有助于高校师生深入理解学术素养社会化，并为促进学生学术素养社会化提供重要启示。但是，该研究限于特定地区、特定对象，虽然能够很好的解释这5位调查对象的情况，但推广性不强。未来研究可扩大研究对象范围，针对不同性质、不同类型、不同层次及不同地域高校外语专业学生的学术素养社会化开展深入探究，以进一步验证外语专业本科新生学术素养社会化模型，为我国高校本科生教育与培养提供有益借鉴。

(2)论文二：《"夹缝之舞"与"背水之战"：硕士研究生就业过程的个案研究》。

该研究以B大学为个案，采用质性研究方法探究该校硕士研究生就业过程中的自我呈现。遵循目的性抽样与理论抽样的原则，借助"滚雪球"的策略确定了13名主要参与者，涵盖2019年、2020年、2021年三个毕业年份。

①研究结果。硕士研究生在就业过程中需要为用人单位呈现一场多元表演，包括在简历、面试以及实习中通过印象管理技术，呈现出适合的前台表现。研究发现，在就业过程中硕士研究生在简历中进行了面向想象他人的滤镜呈现，在面试中进行了面向前台情境的脚本呈现，在实习过程中进行了面向职场环境的反思呈现。

②研究结果的推广性。该研究以 B 大学为个案展开研究。B 大学是教育部直属重点高等教育机构，以教师教育、教育科学和文理基础学科为主要办学特色，该校硕士研究生培养历时较长，具备深厚的理论积淀和丰富的培养经验，因而具有一定的典型性。可见是选取的典型个案。采取“滚雪球”的策略确定了 13 名主要参与者，做到了随机性。但是，在现实生活中，不同层次高校、不同学科以及不同能力水平的硕士研究生在就业过程中所展示出的情况是不一样的，只能说该研究结果具有一定的借鉴意义，但不能推广到大部分或所有硕士研究生群体。

7. 你怎么看待个案研究结果的概化或推广？

答：对于个案研究结果的概化或推广问题，可以从以下三个层面进行探讨：

(1)从研究的评价标准或评价方式的层面

个案研究方式在实际应用中，最常遭到的质疑和批评就是认为其研究的结果不能进行推广，不能反映总体。实际上，这种质疑和批评的背后，常常存在着一种对社会研究的不正确的、不恰当的评价方式和评价标准。而无论是质疑和批评个案研究的结果不能进行推广，还是希望“走出个案”的某些努力，在一定程度上都与对个案研究方法的这种评价标准和评价方式有关。这里的一个重要的认识是，推广性既不是评价各种研究的唯一标准，也不是适用于一切研究的普遍标准。特别是，我们不能用定量研究的思维方式和衡量标准来评价个案研究。在定量研究的思维里，科学的抽样、有代表性的样本、严格的操作化指标、精确的测量、固定的操作程序、严谨的统计分析，以及对总体有代表性的结果，是评价一项研究的常见标准。对个案缺乏推广性的质疑和批评，可以说在一定程度上正是潜在地、不自觉地采用了定量研究的这种思维方式和评价标准的缘故。

(2)从研究目的的层面

社会研究的基本目的通常可以概括为探索、描述和解释三种。对于以探索为主要目的的个案研究来说，推广性并不是其目标。因为对于社会生活中的某些现象，人们可能一无所知或者知之甚少。除了探索性的目的外，大量的研究都具有描述和解释的目的。这些研究既可以是定量的，也可以是定性的。但是，不同的研究方式在这两个方面有着较大差别。在描述方面，以调查研究为代表的定量研究关注的主要是总体的结构、分布、变量之间的关系等等；而以个案研究、实地研究为代表的定性研究关注的则主要是个体的主观认知、现象的内在机制、变化的过程和细节等等。推广性往往也只是定量的描述研究的目标，而不是个案研究等定性的描述研究的主要目标。

总之，从研究目的来看，主要关注于“探索”目的的个案研究，既不具有将结果进行推广的目标，也不具备这种推广的能力。而相对更加关注于“解释”的个案研究，才具有将结果进行推广的“企图”。

(3)从共性与个性关系的层面

一个个案往往既具有其独有的、在某些方面与其他个案不同的特性，即个性；也具有与其他个案之间在另一些方面的相似性，即共性。问题在于我们究竟是希望聚焦于特定个案的独特之处，还是聚焦于它与其他个案的相似之处。当推论是研究的目标时，我们聚焦于个案中潜在的一般性因素。这即是说，与调查研究等定量研究通过概率抽样和研究样本，并通过统计分析来推论总体的方式有所不同的是，个案研究除了通过多个案的比较外，主要还是通过从资料中进行抽象、形成概念和发展命题，从而达到对一类现象的理解和说明来实现其推广性。需要注意的是，由于作为解释的这种理解和说明只是一种尝试性的、暂时的、尚未经过验证的解释，因而其推广性同样也需要经过后续研究的验证才能获得。

8. 在老师指导下进行一项个案研究的实践，并对照本章内容进行讨论和小结。

提示：此题为开放题，根据具体的实践，使用本章个案研究的相关内容讨论，言之成理即可。

14.3 考研真题与典型题详解

一、概念题

1. 个案研究(北京工业大学2025年研；华东师大2018年研；河北大学2018年研；南航2018年研；安师大2016年研；北科大2014年研；华中农大2014年研)

答：参见本章课后习题详解基本概念第2题答案。

2. 解释性社会研究(北科大2014年研；中财2007年研)

答：解释性社会研究是指那种探寻现象背后的原因，揭示现象发生或变化的内在规律，回答各种"为什么"的社会研究的类型。解释性研究的目标是回答"为什么"，是解释原因，是说明关系，因而它的理论色彩往往更浓。它通常是从理论假设出发，经过深入实地收集经验材料，并通过对资料的分析来检验假设，最后达到对社会现象进行理论解释的目的。在内容上特别注重研究内容的适用性和针对性。在分析方法上往往要求进行双变量和多变量的统计分析。

3. 社区研究(北科大2009年研)

答：社区研究是指以个案研究的方式对社区进行研究的方法。在社区研究中，研究者通常采用参与观察、访谈，以及收集当地现有文献等方法来收集资料。研究者通常要在社区中生活一段时间(少则几个月，多则几年)，参与当地人的社会生活。我国著名社会学家费孝通先生所做的"江村研究"，就是采用社区研究方式的一个典范。

二、简答题

1. 简述个案研究及社区研究的特点。(东财2010年研)

答：(1)个案研究

个案研究是对一个个人、一件事件、一个社会集团，或一个社区所进行的深入全面的研究。它的特点是焦点特别集中，对现象的了解特别深入、详细。个案研究能从个案的详细描述与分析中，较好地反映出事物或事件发生、发展及变化的过程。

(2)社区研究

当研究的个案是一个社区时，通常又称为社区研究。社区是人们在社会中赖以生存的一种重要形式，同时社区也是构建整个社会的一种重要单位。它与人们的社会生活以及整个社会的发展都有着密不可分的关系。因而社区研究也越来越成为社会研究中的一个热点。社区研究的方式也为众多的社会研究者所熟悉和采用。常用的方法有：观察法、客观描述法、深度访问法、社会测量法、个案研究法等。

(3)个案研究及社区研究的特点

个案研究以及社区研究具有深入、全面的特点。但困难的是如何发掘个案研究所具有的概括意义。

2. 简述个案分析的形式。(浙大2007年研)

答：对个案进行分析时，一般采用下列两种形式：

(1)描述和解释这个个案，提供有关当前的状况和它不断运行的动力的信息。这种分析可称作列举性分析。它是利用一般规律或规则进行特殊个案的分析，即用一个已知的概括做出一个特殊的分析。最著名的研究是马克斯·韦伯的《新教伦理与资本主义精神》，他用价值观和行为之间一般的、大家公认的关系来解释资本主义的起源。

(2)通过对单个个案的分析，发展出经验的概括或理论，不是以个案去发现它作为一个系统的有关的一切，而是把它作为理论建构的经验基础，是用特殊个案发展一般的陈述。著名的例子是米歇尔的《政党》。

三、论述题

以《江村经济》为例论述社会研究方法。(安师大2018年研)

答：费孝通先生的《江村经济》是中国社会学界具有里程碑意义的经典学术著作。书中所体现的社会研究方法主要包括：

(1)微型研究方法、个案研究

本书命题为《江村经济——中国农民的生活》，其背后具有丰富的涵义，它反映的是作者从细微入手，利用微型研究方法，选取江村为个案，向读者介绍中国农民的生活，在社会学意义上，江村即为一个有效的微型社区研究样本。费孝通先生历时两个月对开弦弓村社会生活的各个方面进行研究，包括对开弦弓村的家庭、财产与继承、亲属关系的扩展、户与村、生活、职业分化、劳作、农业、土地、养蚕业等进行了详细的描述与分析。作者的目的不仅限于描述、概括、分析太湖东南岸的一个村子，他的最终目的是要了解整个中国社会农民的生活状况，他对中国社会的认识就是通过一个个微型社区的深入研究和比较研究获得的。以至于马林诺夫斯基这样评价《江村经济》：通过熟悉一个小村落的生活，我们犹如在显微镜下看到了整个中国的缩影。

(2)实地研究法

实地研究方法是通过观察、访问等收集资料的方法去收集基本信息或原始资料，然后依靠研究者本人的理解和抽象概括从第一手资料中得出基本结论。它需要依靠研究者本人对现象本质和行动意义的深层描述，最适用于对少数有代表性的或独特的个案或社会事件进行详细、深入的考察，特别是那些只有在现场自然情境中才能更好地解释的群体事件、社会过程和态度行为。在《江村经济》一书中，作者所获取的都是第一手资料，作者深入农村社区，对其进行了多方面多角度的实地调查。

(3)《江村经济》的研究步骤

①选点。为了对人们的生活进行深入细致的研究，研究人员有必要把自己的调查地点

限定在一个小的社会单位里进行，同时，被研究的社会单位不宜太小，它应该能提供人们生活的完整切片。所以，作者选取了江村作为调查地点。

②进入现场。实地研究法强调进入现场时，需要得到“局内人”的认可，通常采用以某种程序或仪式进入、“局内人”推荐、“关键人物”帮助等方式。作者在选择开弦弓村的时候，便考虑到自己具备这种特殊的便利条件：首先，作者是当地人，语言沟通上没有障碍；其次，作者的姐姐生活在江村，通过与姐姐的关系可以很好的获得村民们的配合与支持。

③抽样。包括三种适用于实地研究的抽样方法：定额抽样、滚雪球抽样和特异个案。在《江村经济》中，作者选定村子以后就没有再进一步抽样，而是进行了全面的调查。

④资料分析：审查、编码、分类整理。

⑤撰写报告。

第十五章　定性资料分析

15.1　复习笔记

【视频导学(名师点拨)】

定性资料分析

扫码看视频导学

【知识梳理(庖丁解牛)】

- 定性资料分析
  - 定性资料及其分析
    - 定性资料的概念及特点
    - 定性资料分析与定量资料分析的差别
    - 定性资料分析的目标
  - 定性资料分析的性质
    - 概括性的问题
    - 测量与比较的问题
    - 推断因果关系的问题
    - 实地证据的总结和表达问题
  - 定性资料的整理步骤
    - 整理笔记与建立档案
    - 定性资料的编码
    - 形成概念
    - 撰写分析型备忘录
  - 定性资料分析的过程与方法

【考点难点归纳(去粗取精)】

考点一：定性资料分析的特点和目标(见表15－1)　★★★

表15－1　定性资料分析的特点和目标

要点	主要内容
特点	①来源多样：既有观察得到的资料，也有访谈得到的记录，还有其他一些随笔式的、日记式的、感想式的笔记和现场得到的其他相关材料。 ②结构不统一，形式不规范。 ③不同阶段的形式不同(变异性)

续表

要点	主要内容
与定量资料分析的差别	①分析程序与技术的标准化程度不同。 ②资料分析的开始点不同。 ③与社会理论间的关系不同。 ④分析的方式和所用的工具不同
目标	①基本目标：描述和理解。 ②最终目标：发展出理论概括或理论解释。 ③主要目标：将大量的、特定的细节组织成一幅清楚的图画，一种概括的模式，或一组相互连接的概念

拓展： 过程分析也是定性资料分析的目标。定性资料分析可以帮助说明事件的顺序，或者一种社会过程的阶段性特征。这种暂时的顺序是变量间相关关系的基础，同时对因果关系的探讨也有参考作用。

考点二：定性资料的整理步骤(见表 15 - 2) ★★★★

表 15 - 2　定性资料的整理步骤

步骤	具体内容	
整理笔记与建立档案(基础)	借助计算机整理(原样输入→备份→修改)，整理的同时要建立资料档案，包括：①背景档案；②传记档案；③参考书目档案；④分析档案等	
编码 (资料的机械减少与类别化分析)	含义	在研究问题的指导下，将原始资料组织成概念类别，创造出主题或概念，然后用这些主题或概念来分析资料(重要的主题或概念始终指引着研究者的研究)
	类型	①开放式编码：同时设置主题与分配代码或标签，将零散、混杂的资料分类。 ②轴心式编码：从一组初步的主题或初步的概念开始，在编码的过程中随时提出新的观点(思想)，添加新的编码，同时不断组织各种观点、主题，识别作为轴心的关键概念。(重视主题) ③选择式编码：在浏览资料和进行开放式或轴心式编码工作的基础上，有选择地查找那些说明主题的个案，并对资料进行比较和对照(围绕几个核心概括)
形成概念 (基础和框架)	定性资料分析过程中，概念化是用以组织资料、概括资料含义的主要方式	
撰写分析型备忘录	分析型备忘录的含义 (实地笔记的一个特殊类型)	即实地研究者对于编码过程的想法和观点的一种备忘录或一种讨论记录(包含对相关概念或主题的讨论)
	分析型备忘录的作用	①是连接具体资料(粗略证据)与较为抽象的理论思考的桥梁。 ②是研究报告中资料分析的基础

拓展： 备忘录的类型

斯特劳斯和科宾区分了三种类型的备忘录：编码记录、理论记录和操作记录。

①编码记录将编码标签及其意义对应起来。研究者很有必要记下分析中所用到的编码所对应的清晰含义。

②理论记录覆盖了很多主题：维度和概念的深层含义的反映、概念之间的关系、理论假设等。研究者需要不断地思考事物的本质，并试图发现本质、理解其中的意义。

③操作记录所关注的主要是方法论问题。其中部分会关注资料收集环境，这对后面理解资料也有影响。还有一些则是指向以后的资料收集的记录。

考点三：定性资料分析的过程与方法(见表 15－3)　★★★★

表 15－3　定性资料分析的过程与方法

要点		具体内容
基本过程	初步浏览阶段	①含义：粗略浏览。 ②目的：熟悉和了解全部资料的整体，回忆实地场景和感受。 ③作用：提供背景和分析基础
	阅读编码阶段	①含义：重新按顺序仔细阅读每一段实地记录，分析每一段笔记的内容，同时进行资料的各种编码工作。 ②目的：进一步整理资料，使其逻辑清晰顺畅(边阅读、边记录)
	分析抽象阶段	根据不同的标准或从不同的角度，仔细审阅和思考资料中所做的各种记号，思考和比较不同的主题及分析型备忘录，从中归纳或抽象出解释和说明现象和社会生活过程的主要变量、关系和模式
分析方法	连续接近法	通过不断重复的步骤，实现下列过程：模糊的观念、混乱的资料→具有概括性的综合分析
	举例说明法(最普遍)	即用经验证据来说明某种理论，将理论应用于某种事件或背景中(根据先前存在的理论来组织资料)
	比较分析法	①含义：从先前已有的理论或从归纳中发展出相关的规律或关系模型的思想开始，然后将注意力集中在少数规律上，用其他替换的解释与之进行比较。 ②分类：一致性比较法、差异性比较法。 ③作用：考察不限于某一特定背景的规律性
	流程图法	①含义：以历史和现时发展过程为标准，对定性资料进行描述。 ②作用：能够很好地展现事物发展变化的过程

15.2　课后习题详解

一、基本概念

1. 定性资料

答：定性资料是指研究者从实地研究中所得到的各种以文字、符号表示的观察记录、访谈笔记，以及其他类似的记录材料。定性资料有两个来源——实地源和文献源。定性资料的实地源包括访谈、个案研究、开放式问卷、非结构观察；文献源包括与研究主题相关的著作、论文等。

2. 开放式编码

答：参见本章课后习题复习思考题第 2 题答案。

3. 轴心式编码

答：参见本章课后习题复习思考题第 2 题答案。

4. 选择式编码

答：参见本章课后习题复习思考题第 2 题答案。

5. 分析型备忘录

答：分析型备忘录是实地笔记的一个特殊类型。它是一种备忘录或一种讨论记录，用于记录研究者在实地进行研究时头脑中产生的对于编码过程的想法和观点。这种备忘录既是研究者写给自己看的，也可以说是研究者自己与自己进行讨论的一种笔记。每一种编码主题或者概念都是形成一个单独的备忘录的基础。

6. 连续接近法

答：参见本章课后习题复习思考题第4题答案。

7. 举例说明法

答：举例说明法是定性资料分析中最为普遍的一种方法，即用经验证据来说明某种理论。使用该方法，研究者将理论应用于某些事件或背景中，或者根据先前存在的理论来组织资料。先前存在的理论好比一只“空盒子”，研究者将资料中可以作为证据的内容收集起来，用于填满这只空盒子。这种用来填满盒子的经验证据既可以支持理论，也可以否定理论。

8. 比较分析法

答：比较分析法是指研究者从先前已有的理论或从归纳中发展出相关的规律或关系模型的思想开始，然后将注意力集中在少数规律上，用其他替换的解释与之进行比较。在此基础上，研究者进一步探究那些不限于某一特定背景（如某一特定时间、特定地点和特定群体等）的规律性。以具体的比较方式为划分标准，定性资料分析中的比较分析法可以分为一致性比较法和差异性比较法。

9. 一致性比较法

答：一致性比较法将注意力集中于各个不同个案所具有的共同的特性上，并通过运用一种排除的过程来进行比较和分析。其基本思想是：研究者先从不同的个案中找出它们所具有的某种一致的结果特性，然后再比较各种可能作为原因的特性。如果某种被看作原因的特性不是那些具有一致结果的个案所共同具有的，那么，研究者就将这种特性从可能的原因中排除掉，所剩下的那种为所有个案所共有的特性则为可能的原因。

10. 差异性比较法

答：差异性比较法的基本思想是：研究人员先找出那些在许多方面都十分相同，但在少数方面具有差异的个案作为第一组；接着，找出使这些个案具有相同原因和结果的那些特性，同时找出在这种结果上与第一组不同的个案作为第二组，即找出那些不出现第一组个案中的结果的另一组个案；这样，研究人员就可以比较两组个案，查找那些在不出现结果特性的个案中，也没有出现的原因特性。这种没有出现的特性就是结果的原因。

11. 流程图方法

答：流程图方法是定性资料分析的一种方法，是指以历史和现时发展过程为标准，对定性资料进行的描述。这种方式的最大好处是能够很好地展现事物发展变化的过程。

二、复习思考题

1. 举例说明定性资料分析与定量资料分析有哪些主要的不同。

答：定性资料分析与定量资料分析的不同点主要包括以下几个方面：

（1）分析程序与技术的标准化程度不同

①定量资料分析使用专门的、标准化的资料分析程序和技术，并且，这种分析程序和技术在不同的社会研究项目之间是一样的，即假设检验的模式和统计分析方法没什么变化。

②定性资料分析很少有标准化的分析程序或技术。在实践中，资料分析类型多种多样，其定性研究的方式和视角也多种多样。每个研究者所走过的分析过程也不会完全相同。

(2)资料分析的开始点不同

①定量资料分析通常是在研究者收集了全部的资料并将它们变成数字和输入计算机后才开始进行的。并且，定量资料分析工作也主要是探索这些数字，以便从中发现各种模式和关系。定量资料分析往往是整个研究过程中划分分明的一个特定阶段。

②定性资料的分析工作实际上与资料收集工作同时开始，并且从头至尾一直在进行。早期的资料分析结果不断地指引着后续的资料收集工作。因此，定性资料的分析工作通常贯穿和伴随整个研究过程。

(3)与社会理论间的关系不同

①定量资料分析更多的是通过操纵代表经验事实的数字，来检验某种带有变量结构的抽象假设，更多的是被用来检验理论。

②在定性资料分析中，研究者是在没有变量、没有概念的背景下进行资料分析的，通过对经验材料的分析和归纳，通过将经验证据与抽象概念相结合，来提出或创造新的概念和理论。定性资料分析更多地是用来建构理论。

(4)分析的方式和所用的工具不同

①定量资料分析中，研究者主要和数字打交道，他们主要借助统计的法则，寻找大量数字中所存在的各种变量关系和变化规律，以此来揭示社会生活的性质。

②定性资料分析中，研究者所依赖的则是那种不精确的、零散的、片段式的文字记录材料，而其所采用的分析方式也主要是主观的、顿悟性的和感知的，其对社会生活事件的描述和对社会生活内涵的表达，也主要是采用基于上下文的，而且可能具有多种不同含义的文字表述。

2. 定性资料的编码与定量资料的编码有什么不同？定性资料编码有哪几种方式？

答：(1)定性资料与定量资料编码的不同之处

定性资料分析中的编码与定量资料分析中的编码含义不同，其所扮演的角色也不同。在定量资料分析中，编码可以看作是一种简单的“秘书性质的”工作。但在定性研究中，编码则是资料分析中的一个完整的部分。研究者将原始资料组织成概念类别，用以创造出主题或概念，再用这些主题或概念来分析资料。定性资料的编码是在研究问题的指导下进行的，最后结果又会导致提出新的研究问题。它使得研究者摆脱了原始资料的细节，在一个更高的层次上来思考这些资料，并引导研究者走向概括和提炼理论。

(2)定性资料编码的方式

①开放式编码

a. 具体做法是：

第一，研究者先设置主题，将最初标签分配到资料中，使其转变成不同的类别。研究者阅读记录，寻找项目、事件、主题，标上记号。

第二，在记录卡片边缘写一个初步标签，作出标记。

第三，在开放式编码结束后都应有一张这样的主题名单。

b. 有三种主要作用：

第一，它可以帮助研究者一眼就看到新出现的主题；

第二，在今后的开放式编码中发现主题；

第三，建立一个研究中全部主题的空间。

②轴心式编码

a. 从一组初步主题开始，研究者头脑中带着初步编码主题看待阅读资料。研究者会产生出新的观点、思想，或添加新编码，在分析过程中不断将各种主题组织起来，同时识别作为轴心的关键概念。

b. 轴心式编码着重于发现和建立类别之间的各种联系。

c. 轴心式编码可刺激对概念与主题间联系思考，提出新问题。可提示放弃某些主题或是更深入地探讨另一些主题。加强证据与概念间的连接和主题与资料间的连接。

③选择式编码

选择式编码是研究人员在查阅资料和进行开放式或轴心式编码工作的基础上，有选择地查找那些说明主题的个案，并对资料进行比较和对照。研究人员是在发展出某些概念，并开始围绕几个核心概念或观点来组织他们的总体分析时着手进行这种工作。

3. 在定性资料分析中，撰写分析型备忘录的目的是什么？

答：(1)分析型备忘录的含义

分析型备忘录是实地笔记的一个特殊类型。它是一种备忘录或一种讨论记录，用于记录研究者在实地进行研究时头脑中产生的对于编码过程的想法和观点。这种备忘录既是研究者写给自己看的，也可以说是研究者自己与自己进行讨论的一种笔记。每一种编码主题或者概念都是形成一个单独的备忘录的基础。这种备忘录中包含着对这一概念或主题的相关讨论。

(2)撰写分析型备忘录的目的

分析型备忘录是研究报告中资料分析的基础。分析型备忘录具有概念的和理论建构的目的。对高质量的分析型备忘录进行修改完善，可以成为定性分析最终报告的一部分。

4. 定性资料分析的常用方法有哪几种？简要说明每一种方法的主要操作技术。

答：定性资料分析的常用方法及各自的主要操作技术具体如下：

(1)连续接近法

连续接近法是指通过不断地反复和循环的步骤，使得研究者从开始时一个比较含糊的观念以及杂乱、具体的资料细节，到达一个具有概括性的综合分析的结果的方法。具体操作如下：

①研究者从所研究的问题和一种概念与假设的框架出发，通过阅读和检查资料，寻找各种证据，了解概念对资料中的特性的提示程度。同时，对经验证据进行抽象创造新的概念，或修改原来的概念，使之能更好地与证据相适应。

②研究者又从资料中收集另外的证据，对第一阶段未能解决的问题进行探讨。

③不断重复上面的过程，使证据和理论不断地相互塑造，连续接近。

(2)举例说明法

举例说明法即用经验证据来说明某种理论。这是定性资料分析中最为普遍的一种方法。使用该方法，研究者将理论应用于某些事件或背景中，或者根据先前存在的理论来组织资料。先前存在的理论好比一只“空盒子”，研究者将资料中可以作为证据的内容收集起来，用于填满这只空盒子。这种用来填满盒子的经验证据既可以支持理论，也可以否定理论。举例说明法在具体操作上可以分为两种不同的方式：

①表明理论模型是如何说明或解释了某种特定的个案或特定的现象。研究者所列举的主要是一个个案或一种现象的证据。

②对一种理论模型的“平行说明”，即研究者平行列举多个不同的个案，例如多个不同的单位或时间周期等，来说明这种理论模型可以应用于多个不同的个案或者解释或说明多个个案中的情况。或者反过来，研究人员采用来自多个平行个案的材料来共同说明某种理论。

(3)比较分析法

比较分析法是指研究者从先前已有的理论或从归纳中发展出相关的规律或关系模型的思想开始，然后将注意力集中在少数规律上，用其他替换的解释与之进行比较。在此基础上，研究者进一步探究那些不限于某一特定背景(如某一特定时间、特定地点和特定群体等)的规律性。根据具体的比较方式的不同，定性资料分析中的比较分析法可以分为两种类型：

①一致性比较法。一致性比较法将注意力集中于各个不同个案中所具有的共同的特性上，并通过运用一种排除的过程来进行比较和分析。其基本思想是：研究者先从不同的个案中找出它们所具有的某种一致的结果特性，然后再比较各种可能作为原因的特性。如果某种被看作原因的特性不是那些具有一致结果的个案所共同具有的，那么，研究者就将这种特性从可能的原因中排除掉，所剩下的那种为所有个案所共有的特性则为可能的原因。

②差异性比较法。差异性比较法是一致性比较法的“双倍应用”。差异性比较法的基本思想是：研究人员先找出那些在许多方面都十分相同，但在少数方面具有差异的个案作为第一组；接着，找出使这些个案具有相同原因和结果的那些特性，同时找出在这种结果上与第一组不同的个案作为第二组，即找出那些不出现第一组个案中的结果的另一组个案；这样，研究人员就可以比较两组个案，查找那些在不出现结果特性的个案中，也没有出现的原因特性。这种没有出现的特性就是结果的原因。

(4)流程图方法

流程图方法是指以历史和现时发展过程为标准，对定性资料所进行的描述。这种方式的最大好处是能够很好地展现事物发展变化的过程。

贝克利的《成为大麻吸食者的过程》试图概括出个人态度和经历的一系列有关变化，以解释吸食大麻的问题。流程图：学习吸食大麻——学习领悟大麻的效力——学会喜欢这种效力。

5．在举例说明法中，所谓的“空盒子”指的是什么？

答：举例说明法中的“空盒子”是指先前存在的理论。

(1)举例说明法即是用经验证据来说明某种理论，这是定性资料分析中最为普遍的一种方法。使用该方法，研究者将理论应用于某些事件或背景中，或者根据先前存在的理论来组织资料。先前存在的理论好比一只“空盒子”，研究者将资料中可以作为证据的内容收集起来，用于填满这只空盒子。这种用来填满盒子的经验证据既可以支持理论，也可以否定理论。

(2)以具体操作为划分标准，举例说明法可以分为两种不同的方式：

①理论模型是如何说明或解释特定个案或特定现象的；

②研究者采用来自多个平行的个案的材料来共同说明某种理论。

6. 一致性比较法与差异性比较法之间的差别是什么？二者能否同时使用？说明为什么能或者为什么不能。

答：(1)差异性比较法与一致性比较法的不同之处在于，差异性比较法的原理比一致性比较法要复杂一些，理解起来也更困难。但它在使用效果上却比一致性比较法更为有力，可以说是一致性比较法的“双倍应用”。差异性比较法的信息来源不仅有正面的个案(即那些具有共同的原因和结果特性的个案)，同时还有反面的个案(即那些缺乏结果特性的个案)，因而从这种比较方法中得出的结论更加准确。

(2)一致性比较法与差异性比较法能够同时使用。这主要是因为：二者的运行原理不同，研究者运用一致性比较法能够找出各个不同个案共有的结果特性，并且可以比较各种可能的作为原因的特性。而研究者使用差异性比较法可以找出出现某些特性的原因。研究者可以运用这两种方法，然后对比结论，从而使得研究结果更加完善。

7. 从怀特的《街角社会》、费孝通的《江村经济》、周敏的《唐人街：深具社会经济潜质的华人社区》、折晓叶的《村庄的再造：一个超级村庄的社会变迁》这四本书中选择一本认真阅读，并在课堂上讨论这些作者是如何进行定性资料分析的。

提示：此题为开放题，任选以上四本书中的一本进行阅读，讨论其是如何进行定性资料分析的，言之成理即可。

15.3 考研真题与典型题详解

一、名词解释

1. 定性资料(东财 2007 年研)

答：参见本章课后习题基本概念第 1 题答案。

2. 选择式编码(北京工业大学 2025 年研；东财 2014 年研)

答：参见本章课后习题复习思考题第 2 题答案。

3. 开放式编码(安师大 2017 年研)

答：参见本章课后习题复习思考题第 2 题答案。

4. 连续接近法(北京工业大学 2025 年研；东财 2014 年研；北科大 2009 年研)

答：参见本章课后习题复习思考题第 4 题答案。

5. 差异性比较法(东财 2014 年研)

答：参见本章课后习题基本概念第 10 题答案。

6. 分析型备忘录(东财 2014 年研)

答：参见本章课后习题基本概念第 5 题答案。

二、简答题

1. 定性资料的编码主要有哪些类型？（江西财大 2008 年研）

相关试题：

(1) 定性资料的常见编码方法有哪些？（南航 2018 年研）

(2) 简述定性资料的编码方法。（安师大 2016 年研）

答： 参见本章课后习题复习思考题第 2 题答案。

2. 定性资料分析的常用方法有哪几种？简要说明每一种方法的主要操作技术。（华中农大 2016 年研）

相关试题：

(1) 试述定性的资料分析策略。（论述题，吉林大学 2017 年研）

(2) 简要回答对于定性资料有哪些常用的分析方法。（中财 2015 年研）

(3) 常见的定性资料分析方法有哪些？（南航 2014 年研）

(4) 试述定性资料的分析方法。（北科大 2013 年研）

答： 参见本章课后习题复习思考题第 4 题答案。

3. 定性资料的分析过程是怎样的？（南林 2017 年研）

答： 定性资料分析的过程主要在资料收集结束后，大致可以分为以下三个阶段：

(1) 初步浏览阶段

先对整个实地观察记录和访谈笔记等资料粗略地浏览一遍，其目的是对全部资料的整体有所了解和熟悉，同时也可以重新回想起许多实地参与中的情景和感受。这种浏览实际上起到了某种提供背景和分析基础的作用。它使得研究人员在对原始资料进行各种处理时更加心中有数。

(2) 阅读编码阶段

在第一阶段初步浏览的基础上，研究人员重新开始仔细阅读每一段实地记录，分析每一段笔记的内容，并且在阅读的过程中进行资料的各种编码工作。通常，研究人员一边阅读一边根据具体内容做记号，以标签的形式标记各种具体事例、行为、观点的核心内容或实质，并将其归入所属的各种不同主题或概念备忘录中，形成整理后的、具有更为清晰的内容框架的资料。

(3) 分析抽象阶段

研究人员根据不同的标准或从不同的角度，仔细审阅和思考资料中所做的各种记号，思考和比较各种不同的主题及分析型备忘录，看看哪些字句反复出现，哪些资料中存在突出差异，并从中归纳或提炼出解释和说明现象和社会生活过程的主要变量、关系和模式。

三、论述题

试论定性资料分析与定量资料分析的差异。（北科大 2008 年研）

相关试题：

(1) 简述定性资料分析与定量资料分析的差别。（简答题，安师大 2018 年研；河北大学 2016 年研）

(2) 请阐述定性资料分析与定量资料分析的差别。（暨南大学 2016 年研）

(3) 简述定性资料分析与定量资料分析有哪些主要不同。（赣南师大 2014 年研）

答： 参见本章课后习题复习思考题第 1 题答案。

第十六章　定性研究的结果表达

16.1 复习笔记

【视频导学(名师点拨)】

定性研究的结果表达

扫码看视频导学

【知识梳理(庖丁解牛)】

- 定性研究的结果表达
  - 定性研究报告与定量研究报告的不同之处：结构、表达方式、写作程序、撰写规则和规范
  - 写作程序与方法的建议
    - 从现场“撤离”
    - 写作计划的考虑
    - 阅读与标记资料
    - 按框架选择资料
    - 先把想写的全部写出来
    - 回到中心议题
    - 写作中研究者的角色
    - 定性研究报告的人称与匿名化
  - 定性研究报告各部分的写作：导言、方法、主体、结尾、讨论等部分

【考点难点归纳(去粗取精)】

考点一：定性研究报告与定量研究报告的不同之处(见表16－1)　★★★

表16－1　定性研究报告与定量研究报告的不同之处

不同之处	主要内容
一般结构	①定量研究报告：一般情况下，结构和格式比较固定。 ②定性研究报告：没有固定格式，具有灵活性、多样性以及“非正式性”
表达方式	①定量研究报告：类似自然科学的研究报告。(一般用第三人称，客观立场) ②定性研究报告：多以第一人称的方式表达(具有主观性)

续表

不同之处	主要内容
写作程序	①定量研究报告：先有资料分析的结果，之后才能开始写研究报告。 ②定性研究报告：资料分析与研究报告的写作同时进行
撰写规则和规范	相比于定量研究报告，定性研究的规范、规则太少，因而写作或者表达起来会更加困难

考点二：定性研究报告各部分的写作(见表16－2)　★★★

表16－2　定性研究报告各部分的写作

结构	写作内容
导言部分	①选题缘由。 ②选题的个人化因素。 ③受到的学术训练，或使用的研究方法。 ④研究的问题
方法部分	要以回答别的研究者可能针对研究所提出的质疑为指导思想来进行方法的介绍和写作，该部分内容可以融入导言部分(通常在导言部分的结尾处)，也可以单独一节
主体部分	①叙事逻辑：述说到归纳。 ②内容安排：通过讲述故事、描述资料，阐明和证实研究者对研究问题的判断。 ③行文中表达材料与观点的两种方式：a. 夹叙夹议式；b. 总述总议式
结尾部分	定性研究报告结尾部分的内容通常并不固定。一般来说，结尾部分包括“总结”“讨论”“对研究的反思”等内容。在定性研究报告的最后，应阐明研究的局限性

16.2　课后习题详解

1. 从社会学、教育学、人类学的专业期刊中，选择三篇定性研究报告，逐一分析每一篇报告的总体结构、表述方式，并进行讨论。

答：(1)社会学

参考《社会》中《“新代理人”：项目进村中的村治主体研究》。此文是基于一个乡镇的个案研究，属定性分析的范畴，是华中农业大学青年学者李祖佩在我国南部玉镇(化名)半年田野调查的结晶。

①报告的总体结构

a. 问题的提出。提出学术界关于项目制研究的3条路径，并选择第3条路径展开论述，从项目制的基层实践出发，观察项目制实践对基层治理机制的冲击和重塑。

b. 文献回顾。回顾了村治主体研究的三方面研究成果：士绅研究、地方精英研究、体制代理人研究。

c. 主体。主要包括以下部分：

第一，项目进村与权威再造：“新代理人”形成的结构背景。结合玉镇实际，研究玉镇村治“新代理人”形成的结构背景，发现是项目进村这一新兴基层治理方法提供了契机。

第二，精英替代：“新代理人”上台的机制分析。从“精英替代”这一角度分析“新代理人”如何代替旧的“代理人”，并指出“新代理人”的特征所在。

第三，利益治理与村庄权利结构稳定："新代理人"的治理逻辑和治理绩效。发现经过"新代理人"的利益治理，村庄社会对村治主体的种种不轨行为保持着足够的容忍度，村庄权利结构因而出现稳定态势。

第四，从"代理人"到"新代理人"：比较分析与延展讨论。比较不同村治主体的特征，归纳"新代理人"的特性所在。

d. 结论。指出文章研究背景和结论，并反省研究局限所在。

②报告的表述方式

a. 研究报告中很少使用数字和统计表格，同时报告中多以第一人称的方式"我"或"我们"来进行表述，多是研究者个人看法、观点。

b. 研究资料的分析与研究报告的写作同步进行，在分析中得出结论。最后，结果表达没有固定的、统一的模式，多是按照研究者本人的逻辑行文，没有固定程序。

(2)教育学

参考《在沪务工人员子女的教育公平问题——对闵行区的个案研究》，这篇硕士论文以上海市闵行区为个案研究对象，运用质的研究方法，对来沪务工人员子女作深入观察和实地调查，了解来沪务工人员子女的异地教育问题，判断其是否享受到平等的受教育的权利。

①报告的总体结构

a. 研究背景。介绍选题缘由和自己这一研究的目的和意义所在，以及研究方法、研究计划和访谈内容。

b. 来自被访者的声音。分别记录了老师、来沪务工人员及其子女、民工学校校长以及教育局管理人员的观点和想法。

c. 我看教育公平——思考、建议与对策。根据各个不同身份的被访者的发言，作者提出了自己认为行之有效的短期和长期措施。

②报告的表述方式

a. 报告中运用的表格和数据非常少，即使是偶尔使用也是用作背景调查。此文用大量篇幅记载了实地田野调查的访谈记录，且都是口头表述，极具生活气息。

b. 与上文的理论分析不同，这篇报告着重于问题的解决，但全部解决措施均是作者自己针对各方人员的想法提出来的，极具主观性。

c. 报告中多以第一人称的方式"我"或"我们"来进行表述，行文也没有统一、固定的模式。

(3)人类学

参考《重建中的社会与宗教体系——一个西双版纳的历史人类学个案》。这是作者杨清媚通过对清代至20世纪50年代西双版纳宗教史和社会史的简要考察，以时间为轴，分析南传上座部佛教的佛寺体系与当代社会结构之间的关系，及其形成的历史原因、特点以及时代变迁中的运动轨迹。

①报告的总体结构

a. 交错式社会结构。封建制度与佛寺体系的咬合。具体分析封建的土司制度和佛寺体系是如何在细节层面上相互交织的。

b. 政教并举。改土归流后西双版纳知识格局的变化。列举雍正帝改土归流使西双版纳的知识格局发生的一系列变化，即佛教开始面对一种倚身于国家意志的知识体系，使佛教成为一种地方性的文化风俗。

c. 破坏与重建。佛寺体系与社会互动的过程。陈述民国至现阶段西双版纳佛教随政治事件等的升降起伏。

d. 讨论。比较从改土归流到帝制时代结束、新式教育制度引入等不同时期西双版纳佛寺体系与社会关系的特点。

②报告的表述方式

全文没有运用任何表格和数据，作者也不是按照固定的模式写作，而是按照自己的研究思路或者说是时间顺序来展开论述，结构灵活。文中对历史史料和前人的研究有大量的引用，文字也大多书面化，专业性较强。研究资料的分析与研究报告的写作交织在一起，于分析中得出结论。

2. 定性研究报告与定量研究报告的写作主要有哪几个方面的不同？从社会学或教育学、政治学、传播学、管理学的专业期刊中，选择探讨同一主题或对象的两篇(一篇定量的、一篇定性的)研究报告，从报告的结构、撰写方式等方面进行比较。

答：期刊可参考《在沪务工人员子女的教育公平问题——对闵行区的个案研究》和《教育不平等的年代变化趋势(1940—2010)——对城乡教育机会不平等的再考察》两篇文章，两篇文章都在论述教育不平等，但第一篇是教育学专业的定性的个案研究，第二篇则是定量的趋势研究。

(1)研究报告结构的不同

①定量研究报告的一般结构和格式比较固定(有人将其称为“八股文”)，其在形式上一般由“问题与背景(或导言)、文献回顾、研究设计(或研究方法)、结果与分析、结论与讨论”等几个部分构成，并且所有的研究报告几乎千篇一律。

②定性研究报告在一般结构上往往具有很大的灵活性和多样性，其所体现的常常不是定量研究报告那种“正式性”，而是一种“非正式性”，或者说是一种“自然性”。

③在《教育不平等的年代变化趋势(1940—2010)——对城乡教育机会不平等的再考察》中，作者按照定量研究报告中固定的形式进行写作：从研究的缘起、国内外研究现状、研究问题和研究假设、研究方法和数据、数据分析结果、结论和讨论六个部分进行展示。而在《在沪务工人员子女的教育公平问题——对闵行区的个案研究》中作者根据自己研究的逻辑和重点安排文章的结构，第一部分：研究背景，第二部分：来自被访者的声音，第三部分：我看教育公平——思考、建议与对策。

(2)研究报告表达方式的不同

①定量研究报告在表达方式上与自然科学的研究报告相对接近。除了基本的研究内容叙述和相关的结论讨论外，研究报告中往往以各种统计数字和统计图表为主要的证据和结果，在研究结果的表述语言上，非常强调客观性和准确性，避免带有感情色彩。

②定性研究报告中极少使用数字和统计图表(偶有使用大概率也是在背景介绍或基本情况中插入用以描述)，同时报告中多采用第一人称的叙述方式。

③《教育不平等的年代变化趋势(1940—2010)——对城乡教育机会不平等的再考察》一文使用了大量的数据、表格、公式等非常客观地证实了前文提出的研究假设；《在沪务工人

员子女的教育公平问题——对闵行区的个案研究》使用了一些表格来更加清楚地描述研究的背景，但主要是利用大量的访谈记录和自己的感受来表述研究过程和发现。

(3)研究报告写作程序的不同

①在先后顺序上，定量研究是先有资料分析的结果，然后研究者才能开始撰写研究报告。

②定性资料的分析与定性研究报告的写作之间不存在明显的先后顺序，研究资料的分析与研究报告的写作总是交织、融合在一起，相辅相成，二者总是同时进行的。

(4)研究报告撰写规则和规范的不同

定性研究的结果表达没有固定的、统一的模式。因为它的撰写规则和规范太少，故而其写作往往更加困难。

3. 结合本课程的学习，选择一个小的题目，采用定性研究的方法开展研究，并撰写一篇定性研究报告。

提示：此题为开放题，可参考《社会》期刊中《“新代理人”：项目进村中的村治主体研究》，采用定性研究的方法开展研究，撰写定性研究报告，言之成理即可。

16.3　考研真题与典型题详解

简答题

简述定性研究报告与定量研究报告的含义与区别。

答：(1)定性研究报告与定量研究报告的含义

根据研究的性质，研究报告可以区分为定性研究报告和定量研究报告。

①定量研究报告是以调查研究的统计资料或其他数据资料为基础撰写的研究报告。它主要通过对量化资料的统计分析来展现研究的结果和发现，其特点是多采用公式和图表等数量化的工具来表达其研究结论，并且更注重报告的格式以及各个部分之间的逻辑关系。

②定性研究报告是以实地研究资料为基础撰写的研究报告。它主要通过对定性资料的文字描述和分析来展现研究的结果和发现，其特点是非数量化和以文字表述为主。定性研究报告通常不具有固定的格式，在结构和文字的表现上比较灵活，在描述和解释之间没有明显的区分。现在由于定性研究受到越来越多的重视，很多研究同时具有定量和定性两种性质。在实际的社会研究中，常常需要在一篇报告中同时展现定量的和定性的研究资料。

(2)定性研究报告与定量研究报告的区别

参见本章课后习题第2题答案。

